元宇宙与碳中和

熊焰 王彬 邢杰 ◎ 著

中国出版集团
中译出版社

图书在版编目（CIP）数据

元宇宙与碳中和/熊焰，王彬，邢杰著. -- 北京：中译出版社，2022.4（2022.7重印）
　　ISBN 978-7-5001-6986-4

　　Ⅰ．①元… Ⅱ．①熊… ②王… ③邢… Ⅲ．①信息经济—研究 Ⅳ．① F49

中国版本图书馆CIP数据核字（2022）第031461号

元宇宙与碳中和

著　　者：熊　焰　王　彬　邢　杰
策划编辑：于　宇　李梦琳　刘香玲　张　旭
责任编辑：于　宇
文字编辑：李梦琳　方荟文
营销编辑：吴一凡　杨　菲
出版发行：中译出版社
地　　址：北京市西城区新街口外大街28号102号楼4层
电　　话：（010）68359827；68359303（发行部）；
　　　　　68005858；68002494（编辑部）
邮　　编：100088
电子邮箱：book@ctph.com.cn
网　　址：http://www.ctph.com.cn

印　　刷：北京顶佳世纪印刷有限公司
经　　销：新华书店
规　　格：710mm×1000mm　1/16
印　　张：27
字　　数：324千字
版　　次：2022年4月第1版
印　　次：2022年7月第4次印刷

ISBN 978-7-5001-6986-4　　　　定价：78.00元

版权所有　侵权必究
中　译　出　版　社

序 一

我国二氧化碳排放力争于 2030 年前实现达峰，2060 年前实现碳中和的目标，是党中央经过深思熟虑作出的重大战略决策，事关中华民族永续发展和构建人类命运共同体。

为实现碳达峰、碳中和目标，我国将建立健全绿色低碳循环发展的经济体系，将碳达峰、碳中和纳入生态文明建设总体布局，以经济社会发展全面绿色转型为引领，以能源绿色低碳发展为关键，加快形成节约资源和保护环境的产业结构、生产方式、生活方式、空间格局，坚定不移走生态优先、绿色低碳的高质量发展道路。同时，我国组织制定并将陆续发布"1+N"政策体系。

"双碳"目标的实现，要靠技术进步，尤其是要靠信息技术的进步。在各国应对气候变化战略中，大都提出积极推进信息化、大数据应用，促进低碳转型。近年来，我国数字化、智能化技术和产业创新日趋活跃，已建成全球规模最大的信息网络，5G 商用迈出坚实步伐，巨大市场、完整产业和信息化深度融合正在构成中国的强大优势。习近平总书记指出，数字技术正以新理念、新业态、新模式全面融入人类经济、政治、文化、社会、生态文明建设各领域和全过程，给人类生产生活带来广泛而深刻的影响。

元宇宙已成近期地方"两会"的热点话题，上海、武汉、合肥等地将元宇宙写进政府工作报告或十四五规划。我把元宇宙理解为新一代的互联网，新一代的大数据、VR、AI和区块链等信息技术的集成。

元宇宙对于碳中和目标的达成具有极其重要的意义。元宇宙将大幅度的提高GDP中的数字经济比重，它在数字设计、数字仿真方面的作用将极大地提升GDP中的信息化和数字经济的比重，提升多元化、智能化能源体系的水平和降低碳排放。元宇宙所实现的数字孪生将极大地降低人与人、物与物移动的成本和阻力，提高能源利用效率和降低碳排放量。元宇宙的高度发展使得各种计算趋于精密，使得人与虚拟世界高度融合，这将极大的推动低碳技术的突破。

推动元宇宙支持碳中和时，一定要注重与技术创新、产业链构建和市场拓展的深度融合，使技术进步落实到发展目标的全过程。

本书作为中国产业发展促进会"元宇宙与碳中和"课题的基础资料，本书的作者中既有当年中国碳市场的推动者、建设者，也有元宇宙、信息产业的年轻新锐。他们思想敏锐、眼界开阔、踏实认真，为我们提供了一部非常难得的作品。

刘燕华

国家气候变化专家委员会名誉主任

科技部原副部长

序 二

质量、运动与信息,是物质世界的三大基本要素。能量是物质的动态形式,是质量与运动的倍乘组合,是维持自然界生态平衡的动力和源泉。而信息大多以数据的形态展现,是客观规律的表达,但需要经常去发现和挖掘。信息和数据的关系,就像金子和沙子的关系。人类文明史很大的一部分,就是不断地利用能量,产生、积累和利用数据,再去发现和掌握更大的能量,产生和积累更大量的数据,从而不断实现文明进阶和晋级的过程。

从可追溯物理数据的角度上说,信息发展史起于宇宙大爆炸之初。随着人类的出现,文明的发展,不断地以各种数据形式表达、记录、处理和传输,数据量也越来越巨大。从结绳记事到算盘,到20世纪50年代电子计算机的出现,将人类的信息处理能力升级到机器时代。计算机互联网、移动互联网极大提高了人类产生、传输、处理、使用数据的能力。今天人类又来到人机融合的时代序幕前。

起源于科幻概念的元宇宙,很好地契合了这一发展机遇,70多年来,IT(信息技术)和互联网的发展,为人类在算力、算法、存储和传输等方面做了很好的积累和铺垫，随着人工智能、虚拟现实与增强现实、区块链、脑机接口等技术的发展，以新媒体、电商、社交等简单信息交互为主的传统互联网经济将被重新定义，元宇宙形式的应用场景会越来越丰富和深入，将为我们开辟虚实融合的生活、生产和生命空间。

同时，数据作为生产要素，也第一次被列入国家的要素市场建设纲要，成为重点关注的七大生产要素之一，成为未来数字经济的基础生产资料。而数据要成为要素可交易和流转，就必须解决权属和防篡改等问题，区块链是解决这一问题的一条有效的技术路径。

元宇宙应用会带来数据量成千上万倍增加，数据要素化会成百上千倍地增加算力需求，而支撑巨量数据和算力需要大量的能量——电力。目前我们的清洁能源产能有限，元宇宙的发展可能受到碳中和目标的约束。但我也相信，如书中所言，随着绿色能源革命的推进，通过IT技术自身的不断发展进步，单位能量将能处理更多的数据，且元宇宙的深度应用，会降低很多产业的能耗，新的清洁能源技术还在不断涌现和放量，元宇宙一定能摆脱能量的约束，迎来光辉灿烂的明天。

宏大主题，独特洞察，娓娓叙事，把复杂的问题简单化阐述，正是作者的风格和能力。熊焰是我多年的朋友，于工作之余，笔耕不辍，令人佩服。

高文
中国工程院院士
鹏城实验室主任
北京大学信息与工程科学部主任、教授
2022年2月于深圳

序 三

2020年9月以来，我国先后宣布了碳达峰、碳中和的目标愿景，并提出一系列国家自主贡献目标及具体政策举措。这不仅是我国积极应对气候变化的国策，也是基于科学论证的国家战略；是国内贯彻新发展理念、建设生态文明和对外构建人类命运共同体的融合点，也是推动双循环、促进新发展格局的抓手。作为世界上最大的发展中国家，用全球历史上最短的时间实现从碳达峰到碳中和，这需要中国做出艰苦卓绝的努力，也充分展现了中国在这个问题上负责任大国的担当。

在实现"双碳"目标的长期路径上，数字经济需要与绿色经济互相促进、协同发力，成为推动我国经济高质量、可持续发展的主要力量。碳中和作为划时代的变革，其中一个核心：技术必是战略制高点。而在一系列"连点成线""连线成面"各种技术创新和场景数智化交互作用下涌现的元宇宙，可以被看作是互联网时代各行业的一次重要的科技汇聚与升级。元宇宙吸纳了信息革命（5G/6G）、互联网革命（Web 3.0）、人工智能革命，以及虚拟现实（VR）、增强现实

(AR)、混合现实（MR），特别是虚拟现实技术革命的成果，引导着信息科学、量子科学、数学和生命科学的互动，为人类数字化转型提供了富有更多想象的路径。元宇宙加速了部分产业数智化的升级，又将为碳达峰、碳中和"3060"目标带来怎样的数字化力量，以及如何赋予生产效率和减碳效率的双重提升，是非常值得探索与研究的。

本书以元宇宙是碳中和最大工程和最强工具为独特视角，通过庖丁解牛般的叙事逻辑，从不同视角向我们阐述了元宇宙与碳中和协同演进的力量，加速人类可持续发展的进程。作者分别从元宇宙的三个世界、三条主线和六大技术去解构为什么元宇宙是最大的碳中和工程和最强工具，结合具体的应用案例翔实地说明了高度数字化、智能化的元宇宙社会，将从前端能源替代、中端节能减排、后端循环利用全方位为碳中和赋能。

数字技术的发展为"双碳"目标的实现，开辟了新的机遇和实现途径。利用数字技术构建碳中和360度的行业拼图，利用数据要素的流通，打通能源全产业链各环节，最大范围内实现协作共享，将更好地助推"双碳"目标的实现。元宇宙作为数字经济全新的经济形态，改变了传统产业商业模式创新，以及从技术到硬件的迭代过程，元宇宙与碳中和作为数字经济发展的两股主要力量，如何交相辉映呈现螺旋上升的力量，曲折发展，波浪前进实现21世纪的伟大叙事，本书具有一定的借鉴意义。

杜祥琬
中国工程院原副院长、院士

序 四

在2020年之前的中国，几乎没有多少人听说过"碳中和"这个词。自从习主席在第75届联合国大会上提出中国力争在2030年前实现碳达峰，2060年前实现碳中和目标之后，碳达峰、碳中和在中国已经家喻户晓。

碳中和是指人类生产、生活活动产生和释放到大气中的二氧化碳量与地球自然过程中（如海洋、土壤、植被、森林等）所能吸收或固化的二氧化碳的量，以及人类社会有目的的应对气候变化所采取的各种工程措施等人为行为所能回收、固化和利用的二氧化碳量，三者相加的算术和为零，即为碳中和。西方也经常称为净零排放。在这里强调对碳中和概念的共识和认知，目的是让我们清楚，应该把主要精力和资源用在哪里。自然过程对二氧化碳等温室气体固化的总量对一般国土面积有限的国家来说都不是很大。由此，各国应该把主要精力放在尽量减少对温室气体的排放和全力开展温室气体回收、储存、固化和利用上。

习近平主席指出，力争2030年前实现碳达峰、2060年前实现碳中和，是党中央经过深思熟虑作出的重大战略决策，事关中华民族永续发展，事关构建人类命运共同体。他还指出，实现碳达峰、碳中和是一场广泛而深刻的经济社会系统性变革。这是我们提高对碳达峰、碳中和重要性理解和认识的唯一遵循。我们只有站在这样的战略高度，把思想统一到党中央的认识上来，才能真正认识和理解碳达峰、碳中和对未来中国的重要性、对未来世界的重要意义以及对我们每一个人的重要意义，才能有行动上的主动性和自觉性。

实现碳达峰、碳中和是一个历史过程，既不可能一蹴而就，也不可以没有章法的顺其自然。碳达峰、碳中和一定要建立在经济发展、新能源替代、传统能源转型以及人民群众和社会的承受力基础之上的总体平衡。国家层面已经出台了总体目标下的发展规划和分阶段、分领域的执行计划。每个地区、每个企业，机构、单位都要制定自己的发展目标指导下的时间表、路线图和施工图。用发展目标指导发展规划的制定，用执行计划落实发展规划，用阶段性（里程碑）目标保障执行计划，这样既可以防止"一刀切"和"运动式"减排，又能实现有章有度、持续不断的努力和平稳有序的绿色低碳转型。

碳达峰、碳中和的路径选择。方向定了路径选择就至关重要。不同地区、不同行业、不同企业都存在着实现碳达峰、碳中和的路径选择问题。大力发展绿色能源，加快传统化石能源转型，加快产业结构调整，推动经济结构转型都涉及路径选择问题。

还有一个领域需要引起重视。这就是化石能源特别是煤炭在我国能源结构中占比大，大幅度降低占比或大规模退出的时间可能要比我们想象的时间长很多。那么我们是否要延迟碳达峰、碳中和的时间呢？完全没有必要。这就需要在思路上改变，在路径选择上改变。化石能源不是人类的敌人,二氧化碳等温室气体才是我们的麻烦。我们应该花更大的力气来应对二氧化碳等温室气体,而不是简单地弃用化石能源。就是选择走大幅度提高能效和对二氧化碳的回收、固化、贮藏和利用(CCUS)的路径。无论未来推动改变和实现既定目标的是哪些技术,有一点是可以确定的,那就是所有这些技术都是建立在数字技术和智能技术基础上的应用技术。

由于长期从事石油对外合作工作的关系,我比较早地介入了绿色能源转型的工作。以前从未想到,碳中和居然可以和元宇宙挂上钩,直到看到由熊焰先生所著的《元宇宙与碳中和》一书才使我眼前一亮且异常兴奋。眼前一亮是因为长期从事碳中和工作,突然出现了一个陌生的、全新的碳中和概念相关的领域。异常兴奋不是因为我懂元宇宙,而是因为不懂而好奇、而追其究竟。

刚刚兴起的元宇宙热,把很多想探究未来世界的人都圈进来了,我也是其中之一。由于不懂,请教了众多业界人士其中不乏大咖,结果还是不懂。在业界人士中,无论是定义上、概念上,还是技术及结构上基本上都说法不一,各有其理。对其未来前景,认为元宇宙是一些企业的噱头,甚至是误人子弟的大有人在;认为可以创造未来新世界的亦大有人在。总之,对元宇宙的看法和态度上表现为极性化。《元宇宙与碳中和》一书把元宇宙和碳中和视为未来世界两大趋势,显然熊焰先生对元宇宙的看法是积极、正面、乐观和肯定的。

我所理解的元宇宙,就是通过数字技术包括 AR、VR 等技术把现实世界与虚拟世界融到一起,相互转换、相互促进、相互强化。不断地用虚拟世界完善现实世界,不断地把虚拟世界转化为现实世界。我们人类就是生活在现实世界与虚拟世界相混合的多维世界之中。首先，我们所生活、所感知的现实世界只是全部真实世界的一小部分。其次，在我们所能感知到的这一小部分真实世界之外，我们还有思想，还有灵感，还有意志，还有观念以及理性，这些就存在于我们的虚拟世界中。在现实生活中，大到今天人们习以为常的火箭、卫星、太空站以及空天领域的高科技武器，小到已经成为人们日常生活中离不开的电冰箱、洗衣机、电视机、手机，在这些技术没有出现之前，它们就存在于我们那时的虚拟世界。同样，随着虚拟和现实技术的不断进步，今天的虚拟世界中的很多事情就会变成明天的现实世界。列宁曾经说过："世界不会满足人，人决心以自己的行动来改变世界"。所以人总是不满于现实的，总是想把现实世界变为未来世界。这个未来世界就是我们今天心中的虚拟世界。人类所有活动的目的，就是把今天心目中的虚拟世界转化为明天的现实世界。从这个角度看，元宇宙与碳中和既是现实世界，又是未来世界、虚拟世界，它们是虚拟与现实世界的结合体。

《元宇宙与碳中和》一书，给我们另一个视角来看待未来世界，来理解元宇宙和碳中和。未来的智能世界是建立在大算力基础之上的，其能耗是超出今天的想象的，这就构成了与碳中和的一对矛盾。熊焰先生说："元宇宙全方位赋能碳中和，碳中和关键性支撑元宇宙"。这就是《元宇宙与碳中和》一书的魅力所在。

傅成玉
碳中和国际研究院（苏州）创始人
长江商学院大型企业实践教授

序 五

没有负熵，就没有元宇宙

兼论元宇宙与碳中和的共同目标

"宇宙的能量是恒定的。""宇宙的熵趋向一个最大值。"

——鲁道夫·克劳修斯，1865

我非常高兴为熊焰、王彬、邢杰三位友人共同撰写的《元宇宙与碳中和》一书作序。在这篇序言中，我不想过多介绍本书的思想和内容，而是希望为这本书缺失的方面做一些拾遗补阙，主要集中在"元宇宙""碳中和"与"熵"的关系。因为元宇宙与碳中和都无法绕过熵，而熵是衡量元宇宙是否生长真正价值的基本尺度单位。元宇宙的本质是一种特定的信息集合状态，但是，这并不意味着元宇宙可以脱离物理状态的宇宙。不论是从理论意义和实践意义上说，元宇宙和物理宇宙存在着不可分割的关系。人类历史已经进入了极为激动人心的时刻：一方面，物理宇宙需要虚拟元宇宙的诞生；另一方面，虚拟元宇宙需要物理宇宙作为其基础。虚拟元宇宙和物理宇宙开始了互动和共存的历史进程。

（一）

在物理宇宙中，存在相当可观数量的定律。但是，按照爱因斯坦的看法：熵定律是科学定律之最——"熵理论对于整个科学来说是第一法则"。为什么？因为早在1850年，基于早期的热力学第二定理，英国数学物理学家，被称为热力学之父的威廉·汤姆森（William Thomson，1824—1907）就推导出宇宙终极命运的热寂（heat death of the universe）猜想。根据这个猜想，如果宇宙的熵达到极大值，宇宙其他有效能量都转化为热能，物质温度进入热平衡，宇宙中的任何生命能量将不复存。

还有，熵理论也是斯蒂芬·霍金的科学体系和理论宇宙学中的基石。霍金提出了黑洞面积定律（Hawking's area theorem）：黑洞事件视界的面积不可能随着时间的推移而减少。黑洞所包含的熵更是直接被证明与黑洞事件视界的面积，也就是黑洞表面积成正比。因为这个定律与由热力学第二定律导出的熵增原理非常相似，肯定孤立系统自发进行的演化只能让系统的熵增加，该定律后来被称为"黑洞热力学第二定律"。[①] 总之，在宇宙的尺度下，热力学第二定律不可改变，只是改变了存在方式。黑洞会将其吸入的物质转化为能量，以辐射形式释放出来，从而导致物质无序化。黑洞本身也会因为这种辐射而损失

---

① 环球科学. 霍金50年前提出的黑洞理论，终于被验证［J］. 环球科学，2021-07-05.

质量，所以，宇宙中的熵是永增不减。①

最近，意大利国际高等研究院（SISSA）等机构的科学家在最新一期《天体物理学杂志》上撰文称，首次对恒星级黑洞的数量进行统计，计算出了其在整个宇宙中的分布情况，并据此计算出目前可观测宇宙中黑洞的数量约为 4 000 亿亿个。② 如果黑洞和熵增并存，熵在宇宙中至关重要，进而宇宙"热寂"的假说至少是难以否定的。

总之，熵定律关乎地球和人类生命的生死存亡的终极问题。理所当然，熵定律，是物理学，乃至科学定律体系中的核心定律。因为虚拟元宇宙与物理宇宙的关系，避免熵增乃是元宇宙存在的前提所在。

（二）

现在，从宇宙回到地球。1906 年，奥地利物理学家路德维希·玻尔兹曼（Ludwig Edward Boltzmann，1844—1906），在度假期间自杀身亡，时年 62 岁。他在一生的大部分时间中，都在为自己的理论辩护，造成导致他自杀的严重抑郁症。玻尔兹曼的理论就是把物理体系的熵和概率联系起来，证明任何的自发过程，都是从概率小的状态向概率大的状态变化，从有序向无序变化。所以，熵增是不可避免的和不可逆转的。1877 年，玻尔兹曼推导出熵与状态概率之间的数学关系 $S = \log W$，构建了统计力学和热力学之间的桥梁。玻尔兹曼的贡献是不可替代的。所以，作为对玻尔兹曼的致敬，他的墓碑上刻有他著

---

① 黑洞是熵增还是熵减少，https://www.zhihu.com/question/381247142
② 科普中国. 元宇宙究竟有多少黑洞？终于有答案了［J］.科普中国，2021-01-23.

名的熵公式。在这个公式的背后，还有玻尔兹曼以音乐和艺术的天赋对熵的感知。熵并非仅仅是一种热力学现象。二十多年之后的1900年，马克斯·普朗克（Max Karl Ernst Ludwig Planck，1858—1947）对玻尔兹曼的熵公式做了修正。

当然，熵理论的开拓者应该归于德国物理学家和数学家，热力学奠基人之一的鲁道夫·克劳修斯（Rudolf Julius Emanuel Clausius，1822—1888）。1850年，克劳修斯发表《论热的动力以及由此推出的关于热学本身的诸定律》的论文。克劳修斯在这篇论文的第二部分，提出热力学第二定律的核心思想：热不能自发地从较冷的物体传到较热的物体。因此，克劳修斯成为热力学第二定律的两个主要奠基人之一，而另外一位是上文提到的英国物理学家开尔文勋爵。1868年，克劳修斯在出了热力学第二定律的基础上，系统提出了熵理论。在孤立系统自发状况下，一是，热能传递具有不可逆的方向性，只能从较热的物体传递到较冷的物体；二是，具有传递性，热能传递不能从单一热源吸取能量；三是，熵值是随时间向增大的方向变化，孤立系统在自发状态下熵总向增大的方向变化，不会减少。熵理论不仅符合热力学宏观理论，在微观层次也具有同样的意义。

如果比较克劳修斯和玻尔兹曼对熵理论的贡献，克劳修斯是基于热力学原理对熵加以定义：在热力学过程中，有用能转化为无用能的不可逆程度的一种量度；玻尔兹曼是基于统计学定义熵，即分子随机热运动状态的概率分布大小的量度，或者是物质系统内部分子热运动和状态的混乱无序度。

总之，基于热力学的熵增律告诉人们，在一个封闭系统中，热量总是从高温度的物体流向低温物体，从有序化到无序，如果没有外界向这一系统输入能量,那么熵增过程就是不可逆的,而系统陷入混沌无序后,最终的最大熵导致物理学的热寂。所以,在很多人看来,熵定律是令人绝望的物理定律。

自18世纪的工业革命以降,工业经济时代到来,形成了门类齐全的工业行业和部门。人类通过大机器开发自然资源,形成包括煤炭、石油和天然气为整体的化石能源体系,制造出持续不断的物质产品和物质财富。也因此,导致了熵的膨胀,集中体现为碳排放,全球在加速变暖。2019年,为有卫星观测记录以来的最高值。2020年,尽管发生疫情,全球气温比工业化前上升了1.2摄氏度。如此下去,冰川融化,干旱和沙漠化面积扩张,极端天气常态化,农业难以为继,人类生存危机深化。所有这样的现象,都证明了地球的"熵"增的态势。

人类如何面对不可逆转的熵增的大趋势?1944年,量子力学奠基人薛定锷在《生命是什么》中提出和阐述了负熵概念:在自然界中,所有事情的发生都是所在的那个局部世界的熵在增加,并开始走向最大值熵。如果说存在解决办法,就是从自然环境中汲取抵消熵增的负熵。自然界的水分、空气和阳光都属于所谓"负熵",生物依赖负熵为生。"新陈代谢的本质乃是使有机体成功地消除了当它自身活着的时候不得不产生的全部的熵。"[1]

在这样的背景下,实现"碳中和"成为世界各国的根本性选择。在2020年9月22日,在第75届联合国大会一般性辩论上,作为最大排碳国的中国承诺在2030年前达到碳排放峰值,争取2060年前实现碳中和。

---

[1] 薛定谔.生命是什么[M].北京:北京大学出版社,2018.

（三）

长期以来，有一种说法很具有影响力：自然界和人类活动决定于三个要素，即物质、能量、信息。但是，物质、能量和信息的关系究竟如何？如果假定信息实际上是物质与能量的运动状态与方式，那么，是否存在信息和熵的内在联系？

1929年，德国物理学家利奥·西拉德（Leo Szilard，1898—1964）在该国的《物理学期刊》上发表《精灵的干预使热力学系统的熵减少》论文。人们公认，西拉德首次提出经典热力学中从未出现过的概念和术语："负熵"，并开创性地阐述了熵、负熵与信息之间的关系，将熵的对象从分子热运动，扩展到了非分子热运动。在这篇论文中，西拉德将热力学的熵称作约束信息，将信息熵称作自由信息，信息熵和热力学熵既存在相关性，又存在差异。西拉德最主要的贡献是定义了信息熵，即信息熵所表达的是物质和社会系统状态和运动的确定性。西拉德进而提出计算信息量的公式：$I = -k(w_1 \ln w_1 + w_2 \ln w_2)$。式中：$I$ 是信息、w 是热力学概率。西拉德的工作是现代信息论的先导，但令人遗憾的是，西拉德这篇开创性的论文当时也没有被人们充分理解，而他本人也没有沿着这条道路继续探索下去。值得赞赏的是，西拉德曾参与美国曼哈顿计划，却倡导和平利用核能和反对使用核武器。

西拉德的思想得到重新的认识，已经是第二次世界大战之后的事。首先，美国数学家和控制论创始人诺伯特·维纳（Norbert Wiener，1894—1964）在1948年的《控制论》著作中，给予信息的著名定义：

"信息就是信息，既非物质，也非能量。"几乎是同时，香农（C. E. Shannon，1916—2001）创立了信息论，他在题为《通讯的数学理论》的论文中提出："信息是用来消除随机不确定性的东西"。香农的信息论的核心思想是：不确定性的计算与信息出现的概率有关。香农的信息量的计算公式与玻尔兹曼的物理熵公式以及西拉德的信息量计算公式都极为相似：$H(xi) = -P(xi)\log P(xi)$。据说，是冯·诺依曼（John von Neumann，1903—1957）根据西拉德的"物理熵减少同获得的信息联系"的结论，向香农推荐将这个公式命名为信息熵。

香农的信息熵，被定义为信息 $\log(xi)$ 的期望值，或者将信息熵理解成特定信息的出现概率。简单地说，信息熵是衡量一个系统有序化程度的指标，对信息作用的度量。具体解释：信息量是随着发生的概率的增大而减少的，而且不能为负。一个事件发生的概率越大，确定性越大，系统变得有序，混乱度降低，所需的信息量就越小，信息熵的绝对值就越小；换一种说法，当一件事发生的概率为1，它的信息量为0，信息熵就为0，可以实现熵减的效果。反之，越是小概率事件，不确定性越大，混乱程度越大，所需的信息量就越大，其信息熵的绝对值也大。所以，可以达到逆香农定义："信息是确定性的增加，即肯定性的确认"。

总之，香农所提出"信息熵"，是与基于热力学第二定理的熵的不同的熵。于是，世界上同时存在"信息熵"和热力学熵，或者物理学熵。一方面，这两类不同的熵，形成于不同的理论体系，具有不同的定义、研究对象和应用场景。但是，还有另外一方面，因为信息熵概念的出现，不仅扩展了熵概念的含义，解决了信息的定量描述问题，而且为熵概念的进一步泛化奠定了基础。"在包括生命科学在内的自然科学乃至社会科学的各个领域，存在着大量的不同层次、不同类别的随机事件的集合，每一种随机事件的集合都具有相应的不确定性或无序度，所有这些不确定性和无序度都可以用信息熵这个统一的概念来描述，因此信息熵又被称为泛熵或广义熵，用于度量任一物质运动方式的不确定性或无序度。"①

因为工业社会向信息社会全方位转型，信息在人类生存、生活和生产中的重要性不断提高。因为信息需要大数据作为载体，大数据呈现指数增长模式，各种小概率事件，各类所谓的黑天鹅事件的发生常态化，导致不确定性加大，系统失序，混乱和风险度提高，造成日趋严重的信息熵增大。于是，熵增与焦虑成为所谓数字化时代的重要特征。

（四）

在今天的世界，主要发达国家和新兴市场经济国家已经彻底超越了同时存在传统部门和现代部门的"二元经济"，以及与之不可分割的所谓"城乡二元结构"。②

但是，这些经济体在未来相当长的时间中，却会处于"新二元经济"，或者"新二元社会结构"中，即实体经济数字化经济并存的"二元经济"，实体社会和信息社会并存的"二元社会结构"。因为这样的"新二元经济"和"新二元社会结构"，不仅会同时导致热力学

---

① 苑娟，等. 熵理论及其应用［J］. 中国西部科技，2011，10（5）.
② 美国经济学家威廉·阿瑟·刘易斯在1954年发表的《劳动无限供给下的经济发展》中提出了发展经济学模型"二元经济模型"（Dual Sector model），并因此成为1979年诺贝尔经济学奖获得者。

熵和信息熵的并存，而且两类熵会交互作用。

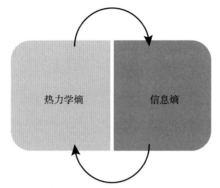

图序 1　热力学熵和信息熵关系

相较于物理世界和热力学熵，信息经济和信息社会的信息熵更为复杂。所以，美国物理学家艾德温·詹尼斯（Edwin Thompson Jaynes，1922—1998）在1957年提出了最大信息熵原理（Principle of Maximum Entropy），并认为热力学熵可以视为香农信息熵的一个应用。

这是因为，"信息并不只是我们对于这个世界的了解，它或许正是构成这个世界的东西"。[①] "宇宙当中信息无处不在，随着空间的延展而增加，随着时间的变化而变化。人类无法知晓基本粒子内部的结构信息，也无法探究150亿光年之外宇宙的边界，人类所能够感知的信息只是几乎无穷无尽但依然在不停增长的所有客观信息当中的一个微不足道的子集"。[②] 需要强调的是，信息的本体大数据时代信息熵有效衡量了大数据的真正价值，大数据本身还只是混乱无序的数据，还不等于有效信息。信息源于物质与能量各种属性的差异性。如果假

[①] 约翰.惠勒.约翰·惠勒自传：京子、黑洞和量子泡沫［M］.长沙：湖南科学技术出版社，2018.

[②] 赵锴《信息与社会熵》。

设宇宙中的物质与能量不存在差异性，此处与别处相同，此时与彼时相同，那么不论从任何角度来衡量任何事件的概率也只有1，根据信息熵的定义，信息量为0。问题是，物质与能量在时间与空间上存在差异性几乎是绝对的。"此处与别处的差异，此时与彼时的差异才能呈现出不同的事件概率来，信息量才不会为0。因此我们不难得出结论，'信息就是差异'。"①

因此，信息熵具有负熵特性是有条件的。在真实的信息社会，作为信息熵的负熵特性就会被干扰和改变，导致信息负熵不是增加，而是减少，从而致使信息系统的混乱，并传导到物理系统，增加热力学熵。1961年，美国物理学家罗尔夫·朗道尔（Rolf Landauer，1927—1999）提出了Landauer原则：任何抽象信息都必须有物理载体，对信息的操作就意味着对物理载体的操作，而对信息的处理有些是逻辑不可逆的，因此也就会伴随着热力学上的不可逆。② 见图序2。③

人类要在应对物理世界热力学熵的同时，还要面临称之为信息增熵的积聚压力。当热力学熵和信息增熵的交叉和叠加，将会导致物理形态的现实世界和信息形态的虚拟世界陷入失序，触发内卷化的社会熵增，引发生态、经济、社会和政治的全方位危机。尼尔·史蒂芬森（Neal Stephenson）的小说《雪崩》所描绘的那种美国社会公司化和政府瓦解的极端状态，属于社会熵增到达极限的后果。也是这本《雪崩》提出了"元宇宙"概念。

---

① 赵锴《信息与社会熵》。
② 量子.克斯韦妖再现江湖，熵减成真！曾纠缠物理学家一百多年 2021-4-24，https://zhuanlan.zhihu.com/p/367437767?utm_medium=social&utm_oi.
③ 朱嘉明.未来决定现在［M］.太原：山西人民出版社，2020.

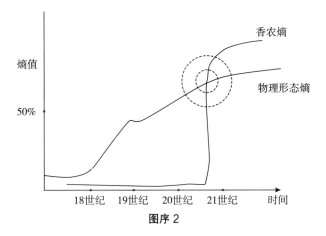

图序 2

（五）

2021 年，元宇宙思想、概念、技术和试验席卷全球。将元宇宙与碳中和结合的构想值得肯定。因为，在元宇宙的早期阶段，就需要充分考虑：第一，如何避免热力学熵的侵入和侵蚀；第二，如何避免信息熵增的积累；第三，如何避免热力学熵和信息熵增的融合。

那么，元宇宙如何避免上述的"双熵增"？那就是引入和实践"耗散结构"（dissipative structure）理论，将元宇宙设想和设计为耗散结构系统。

耗散结构理论的提出者比利时科学家普里高津（Ilya Prigogine，1917—2003），代表作是《结构、耗散和生命》一文，发表的时间和地点是 1969 年的"理论物理与生物学会议"。普里高津因为提出了耗散结构理论而获得 1977 年诺贝尔化学奖。根据耗散结构理论，任何系统都可能从无序性转变为有序状态的"耗散结构"，其必要前提条件,包括:第一,该系统需要开放,通过与外界交换物质和能量以获取负熵,达到熵减效果;第二,该系统必须远离平衡态,唯有系统内的物质运动处于不均匀、非线性的情况,可以实现与外部能量交换时的突变;第三,该系统的内部元素之间,具有非线性自组织结构关系,支持与外部能量交换时,形成的内部协同作用。

以上"耗散结构"的前提条件,其实就是"耗散结构"的底层逻辑。其核心目标是通过开放系统与外界的能量和物质交换,刺激负熵的产生,进而因为熵减而形成有序结构。深刻理解负熵概念,就需要理解英国物理学家、数学家詹姆斯·麦克斯韦(James Clerk Maxwell,1831—1879)所提出的"麦克斯韦妖"(Maxwell's demon)。因为"麦克斯韦妖"其实是耗散结构的一个雏形:将一个绝热容器分成相等的两格,中间是由"妖"控制的一扇小"门",容器中的空气分子在作无规则热运动时形成对门的撞击,而"门"可以选择性的将速度较快的分子放入一格,而较慢的分子放入另一格。这样,其中的一格就会比另外一格温度高,可以利用此温差,驱动热机做功。这就是所谓的第二类永动机。

显然,"麦克斯韦妖"存在了悖论。但是,如果将"麦克斯韦妖"引入信息系统,问题可能发生改观。1982年,美国物理学家查尔斯·班尼特(Charles Bennett)提出:可以将"麦克斯韦妖"理解为一个信息处理器——它可以主导单个粒子的信息的记录、存储和删除,并决定何时开门和关门。[1]

---

[1] 量子位. 克斯韦妖再现江湖,熵减成真!曾纠缠物理学家一百多年,2021-4-24. https://zhuanlan.zhihu.com/p/367437767?utm_medium=social&utm_oi

图序 3　麦克斯韦妖设想示意图

进入 21 世纪，无论科学家关于麦克斯韦妖系统的试验是否有实质突破，都要想象元宇宙需要"麦克斯韦妖"。约翰·惠勒的名言是"万物源于比特"（It from bit）。基于比特的元宇宙，需要元宇宙维系其系统开放，远离平衡态，形成自组织结构和协调机制。

（六）

我非常高兴是这本《元宇宙与碳中和》中主要章节的最早读者。作者在前言写道：元宇宙火爆，但真面目若隐若现，就像天上的一朵云；碳中和是国家战略，各级政府和大企业都有很大的压力，实实在在就像一座山。当我们深入探究时，发现了两者之间愈加紧密的联系：有了山的支撑，这朵云才能接地气，增加厚重感，而因为云的存在，这座山才显示了高度，增加了想象空间。在这个"想象空间"中，最重要的就是应对和破解：第一，物理世界的生死劫：不可逆转的熵增长；第二，信息世界的永恒难题：熵增和熵减的均衡；第三，打破热力学熵增和信息熵增的实现双熵增的结合。

只有这样，本书第七章所提出的"元宇宙与碳中和的高阶平衡"方可得以实现，创建"高绿色能源元宇宙"，实现联合国多年来所主张的"可持续发展"战略，推动人类接近薛定谔在《生命是什么》中提出的人类目标："人活着就是在对抗熵增定律，生命以负熵为生"。

本文最后需要指出，元宇宙还是一种文化的共识形成的动态过程。元宇宙最终不可避免具有社会属性，与特定民族、社会组织，以及特定的价值观结合。注重"天人合一"和谐理念的中国文化，存在与生俱来的元宇宙基因。所以，中国更有机会实现元宇宙与碳中和的"一体化"。因为这样的"一体化"，有效地抑制熵增，对于人类命运共同体的乐观态度就有了坚实的基础。

朱嘉明

2022 年 2 月 8 日至 9 日

于杭州

目录

前　言 · I

第一章　元宇宙精华

第一节　何为元宇宙 · 003

第二节　元宇宙的三个世界 · 009

第三节　元宇宙发展的三条主线 · 014

第四节　元宇宙的四大应用领域 · 020

第五节　元宇宙 BIGANT 六大技术支柱 · 040

第六节　数字人将全面崛起于机器人之前 · 051

第二章　碳中和纵横

第一节　从薪柴时代到电力时代 · 055

第二节　能源演进的启示 · 068

第三节　环境危机与气候变化 · 072

第四节　碳中和的多维认知 · 081

第五节　碳中和之路 · 091

第六节　碳中和实施路线图 · 099

第三章　双螺旋：元宇宙与碳中和

第一节　人类文明进阶因子：能量与数据 · 111

第二节　能量与数据 · 129

第三节　生产要素的演进 · 138

第四节　数字经济时代 · 143

第五节　元宇宙新人生 · 149

第六节　元宇宙新文明 · 154

第四章　元宇宙：碳中和的最大工程和最强工具

第一节　元宇宙是碳中和的最大工程 · 161

第二节　元宇宙是碳中和的最强工具 · 163

第三节　元宇宙引领绿色 GDP · 168

第四节　数字孪生高效节能减排 · 179

第五节　BIGANT 全面赋能碳中和 · 190

第五章　碳中和：元宇宙的最大制约与最强支撑

第一节　高碳能源是元宇宙最大制约 · 213

第二节　绿色能源是元宇宙最强支撑 · 221

第六章 新赛道：元宇宙与碳中和融合

第一节 新赛道的寻宝图 · 237

第二节 数字驱动的新型电力系统 · 242

第三节 公众自愿碳中和 · 247

第四节 工业元宇宙 · 252

第五节 农业元宇宙 · 260

第六节 健康元宇宙 · 272

第七节 文旅元宇宙 · 285

第八节 出行元宇宙 · 295

第九节 消费元宇宙 · 309

第十节 公益元宇宙 · 321

第七章 更好发展：元宇宙与碳中和的高阶平衡

后　记 · 337

《元宇宙与碳中和》推荐词 · 341

前　言

2021年，如果在产业界、投资界、科技界选两件最火的事，大概非元宇宙与碳中和莫属。

元宇宙火爆，但真面目若隐若现，就像天上的一朵云；碳中和是国家战略，各级政府和大企业都有很大的压力，实实在在就像一座山。当我们深入探究时，发现了两者之间愈加紧密的联系：有了山的支撑，这朵云才能接地气，增加厚重感；而因为云的存在，这座山才显示了高度，增加了想象空间。

一　元宇宙是什么

元宇宙是游戏、AR/VR/MR（增强现实/虚拟现实/混合现实）、3D互联网？是技术、技术的集成、新兴产业、下一代互联网？还是下一代人类社会、人类文明，甚至人类的新纪元？

2021年可谓元宇宙元年，在如此早期的阶段想要给元宇宙下一个精准的定义有一定困难。本书尝试简明扼要地提炼出元宇宙的定义和结构。

而元宇宙与数字经济又是什么关系呢？

狭义的元宇宙通常是指3D化的互联网，所以狭义的元宇宙概念是小于数字经济的。广义的元宇宙则是指虚实融合的人类社会新形态，这个概念就远大于数字经济了，对人类社会变革范围之广、程度之深、质变之剧烈，甚至超过农业社会到工业社会到信息社会的变化。

Web 3.0 是下一代互联网，数字经济是下一代新经济，元宇宙是虚实融合的下一代人类社会、人类文明、人类纪元。

面对广义元宇宙如此宏大的概念和体系，为了便于读者能够简明扼要地把握元宇宙的精髓，我们提炼出"13346"这样一个精炼性的元宇宙认知框架，通俗易懂，便于记忆。

1——一句话的元宇宙定义。

3——元宇宙的三个世界。

3——元宇宙发展的三条主线。

4——元宇宙应用的四大领域。

6——元宇宙的六大技术支柱。

（一）元宇宙的定义与元宇宙的三个世界

用一句话定义元宇宙：元宇宙是人类数字化、智能化高度发展下虚实融合的社会新形态。

由此可知，元宇宙是社会新形态，不只是技术、产业和下一代互联网。这个社会新形态是数字化、智能化高度发展的必然结果，其特征是虚实融合。

也就是说，碳中和必然是数字化、智能化高度发展下元宇宙社会的碳中和。

元宇宙由三个世界构成：虚拟世界、数字孪生的极速版真实世界、虚实融合的高能版现实世界。这三个世界充分体现了数字经济对碳中和的全方位赋能。

第一个虚拟世界由两部分构成，其中的设计与仿真部分，为碳中和各种新材料、新技术、新产品、新设备、新厂房、新项目的设计提供了强大的数字能力和效率支撑。

第二个数字孪生的极速版真实世界，一方面通过全面数字化及算法优化来实现资源的高效利用进而达到单位 GDP（国内生产总值）碳排放持续下降的效果，另一方面，社会经济生活中的各类人员流动产生的交通差旅等碳排放，将因元宇宙的数字化沉浸感的视觉呈现和交流便利性而大大下降。

第三个虚实融合的高能版现实世界，是将前两个世界强大的数字化、智能化能力带回并融合到现实世界，让碳中和体系和每个人的工作效能不断倍增。

（二）元宇宙的三条纲举目张发展主线

第一条主线是交互发展主线。其最终目的是要实现人类六感的无限延伸，你的眼即我的眼，我的身即你的身。这条主线的发展过程就是人类因距离而产生的相关碳排放削减的过程。

第二条主线是各类引擎及其内容生成平台发展主线。各类引擎越强大，效率就越高，对应的碳排放就下降得越快，对应的碳中和技术创新和迭代速度就越快。

第三条主线是基于区块链的经济与治理发展主线。这是社会生产关系和治理关系的重塑，是社会整体运营效率的跃升，是对碳中和最底层、最坚实也是最多维的赋能。

元宇宙社会的巨大发展空间，本质上仍然离不开能源，离不开碳中和绿色能源结构对元宇宙的关键性支撑。

关于元宇宙应用的四大领域和六大科技支柱在后文中会有阐述。

二　碳中和是什么

2020年9月22日习近平主席在第七十五届联合国大会上代表中国政府庄严宣示，中国力争于2030年前实现碳达峰，2060年前实现碳中和。"3060"目标展现了中国作为负责任大国，对建设人类命运共同体和人与自然生命共同体的担当，将在经济、能源、环境、科技、金融等方面，给中国乃至全世界带来极为深刻的影响。

一个新的时代开启了，它的旗帜上写着"碳中和"。

为了帮助大家便于理解碳中和，我们画了一张图表（见图1），浅灰色是中国的GDP，深灰色是中国的二氧化碳排放量，显示的是过去40年和未来40年中国GDP增长和二氧化碳排放的变化关系。

1980年的GDP约合0.46万亿元人民币，二氧化碳排放约14.5亿吨。2020年中国的GDP达到了101.6万亿元人民币，取大数是100万亿元人民币，GDP年均算数增长14.5%。2020年的二氧化碳排放量约为106亿吨，取大数是100亿吨，恰好是"双100"。中国过去40年走了一条GDP高增长、二氧化碳排放中高增长的发展路径，碳排放的增量与GDP的增长基本同向，二氧化碳的年均增速比GDP增速相对来说要低许多，大概在5.1%。

未来40年，中国GDP还有3~4倍的增长，2060年GDP总量预计约360万亿元人民币。如果不加人为强力干预，2060年碳排放将达到160亿吨。

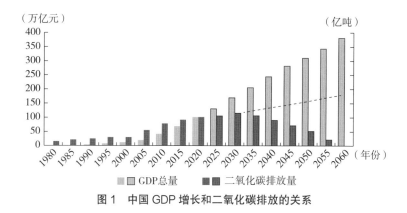

图 1 中国 GDP 增长和二氧化碳排放的关系

碳中和是什么？中国的经济还要增长，但碳排放不但不能增长，还要在 2030 年 130 亿吨达峰后掉头向下，在 2060 年清零。

碳中和是将人为活动排放的二氧化碳对自然产生的影响，通过技术创新降低到几乎可以忽略的程度，达到人为排放和吸收的平衡。碳中和并不是要实现"绝对的零排放"，而是通过植树造林和负碳技术把人类活动产生的不多的二氧化碳吸收掉。碳中和已经成为全球的共识，成为国家新的政治认同和国家博弈的新手段。

碳中和时代将要发生什么变化

能源结构将发生根本性变化。现在，我们一次能源消耗中煤、油、气等碳基能源占比 80%，到 2060 年占比发生了颠倒，传统能源只占 20%，以光伏、风电、水电为代表的清洁能源占比 80%。能源供给体系发生了完全颠倒，如此巨大的能源结构调整将要付出巨大的经济成本。

大幅度的提高能源利用效率。中国单位 GDP 能耗是全球平均水平的 150%，把其中的 50% 省出来就相当于减排 30 亿～40 亿吨。我们每个人从身边一点一滴做起，制度建设上、技术创新上、管理模式和激励机制都要跟上，数字化智能设备要用好，以上这些措施都用上至少能降低三分之一的能耗和排放。

建设高效率的碳市场。排放本身是个经济行为，经济行为的规制还是要靠市场机制。中国启动了碳市场，从免费排放到付费排放，把外部性变成企业的内部成本，同时也是不同行业利益调节的工具。

碳中和是一个历史性的跨越，最主要依靠的是科技进步，也就是绿色科技的进步。能源技术是发展最为充分的技术之一，截至目前，现有能源技术与碳中和的目标是不匹配的。因此，时代在呼唤颠覆性技术的出现，这种技术应该排在碳治理技术的最高层。

全民行动、协同配合。碳中和关系到每一个人、每一个家庭，要倡导新的简约的生活方式，节约一度电、少开一天车、少用一次性产品等。此外，植树造林显然是最主要的减碳、固碳方式，有百利而无一害。

巨量投资将进入碳中和领域。预计未来 40 年将有 120 万亿～160 万亿元的资金进入到碳中和领域，年均投入在 3 万亿～6 万亿元。现在国际资本已经在高碳项目上大规模退出，可再生能源成为大资金追逐的对象，交通、制造、建筑、农业等低碳技术吸引了大批的风险投资与股权投资基金，负碳技术尤其引人注意。

三　元宇宙与碳中和

元宇宙、碳中和本身都是宏大叙事，为了理解元宇宙与碳中和的关系，我们构建了一个坐标系（图2）。

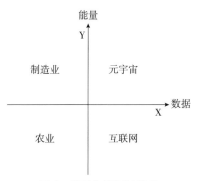

图2 能量与数据的关系

纵轴是能量。人是唯一会用火的动物，最开始的燃料是薪柴，包括干树枝、树叶、柴草等，这就是所谓的薪柴时代。随着机器的出现，薪柴热效率太低了，满足不了蒸汽机的要求，人类进入了煤炭时代。随着汽车、飞机的出现，机器越变越小，功率越来越大，对能源要求越来越高，人类进入了油气时代，以及后来的电力时代。人类就是在一次又一次地发现新的能源，寻找热效率更高、能量密度更高、更便宜、更便携的能源的过程中向前发展。能源总量与经济科技水平是正相关的。能源总量与利用效率是衡量一个社会、一个国家、一个企业发展质量的最重要的指标，即单位能耗创造多少价值。

横轴是数据。从人类最开始的结绳记事到算盘的出现，20世纪40年代创造了第一台电子计算机，接着出现了电子管计算机、晶体管计算机、集成电路计算机，80~90年代出现了互联网，21世纪出现了移动互联网，算力越来越强，数据越来越大。

构建这个坐标系是为了帮助理解，不是严格的笛卡尔坐标，这里没有正、负。纵轴往上是高能量，往下是低能量。横轴往右是大数据，左边是小数据。

过往的人类社会，农业、工业、互联网可以大致在这个坐标系中找到。左下角的第三象限，是低能量、小数据的传统农业；左上角的传统制造业是高能量、小数据的；右下角第四象限，也就是今天的互联网，它的数据是大的，但是能量还不够大，它支持了信息的流通，但是不支持信息的交易；面向未来的元宇宙，是一个大数据、高能量的社会形态，它不仅支持数据的流动，也支持数据的交易，支持人们在更自由的状态下出入现实世界，与虚拟世界相互穿梭。

元宇宙由于计算量极其庞大，对能量要求也非常大。英特尔（Intel）的一位副总裁曾表示，达到沉浸式计算所要求的算力是今天算力的1 000倍。别说1 000倍了，10倍今天人类能源体系能不能支撑？面向未来怎么办？这个能量就不是我们今天的传统能源了，而是清洁能源、零碳能源，这就与碳中和发生了联系。

因此再加一个Z轴，就是排放。Z轴前面是高排放，往后是低排放，原点就是当下。元宇宙是面向未来的，是低碳的，甚至是零碳的。这不就是碳中和吗？用这样一个思考框架，就把元宇宙与碳中和的分析逻辑基本构建起来了。今后的元宇宙应该是一个大数据、高载能、零排放、虚实融合的世界。

图3更能够揭示元宇宙在碳中和约束下的状态与规律。离原点最近的是当下元宇宙的状态，它的数据量还不太大，能量也还不太高，但是碳排放还是比较多的，这一部分在图中用浅灰色的扇形柱体来表达。

也许是2035年，也许到2049年，是图3的中灰色扇形体，这个时候的元宇宙已经充分与产业融合了，它的能量比较高，数据也比较

前 言

大,但是排放比浅灰色的柱状体要少得多,到那时所用能源已经是以风电、光伏电为主的清洁能源,因而碳排放少了许多。这个时候也许就是我们所说的,中国已经越过了碳达峰,接近碳中和的阶段了。这是一个高能、大数据、近零排放的元宇宙状态。

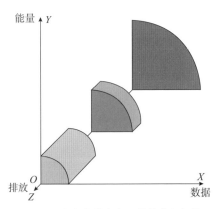

图3　元宇宙在碳中和下的状态与规律

再往前面的深灰色的扇面,表达的是未来真正意义的高载能、大数据、零排放的元宇宙的状态。这个时候的能量极其巨大,也许这个量级的能量是用小型可控核聚变产生的,完全都是零碳清洁能源。而数据量也极其巨大,也许这个时候的算力是用量子计算机来提供的。人类已经接近做到在现实世界与虚拟世界中自由穿梭——真正的沉浸式计算,但是这个时候的碳排放为零,因此深灰色如果是个柱状体的话,也薄得像一片树叶。

进一步分析元宇宙与碳中和中间的关系,就会看到元宇宙与碳中和中间最大的连接就是能源。通俗点讲,元宇宙没了电就什么都不是。

元宇宙是最大的碳中和工程与碳中和工具。第一,元宇宙能够大幅提高 GDP 中数字经济的比重，而数字经济显然比传统经济的碳排放要低得多；第二，元宇宙所支撑的数字孪生，使得现实物理世界中物的摩擦、人的移动、物的移动所损耗的能量大幅度降低，因此它会引致巨大的排放量降低；第三，元宇宙是个高能现实世界，它会带来许多新的技术突破，特别是一系列碳中和技术的突破。

碳中和是元宇宙最大的制约与机遇。人们对元宇宙的争论原因之一是其对能源的巨大需求，加之 2021 年初冬的拉闸限电，这使我们认识到，以元宇宙为代表的先进数字经济与相对落后的能源供给间的矛盾，只有靠一场绿色能源革命才能解决。

我们要相信人类能源革命和计算技术的进步，以小型可控核聚变为代表的新能源，足以提供千万倍算力的提高。我们寄希望于量子计算能耗的大幅度降低，因此眼前的能源瓶颈不应该成为我们发展元宇宙的限制。

当然，高载能不等于高排放，高能量不等于高排放，我们可以使用大量的能量，但是这个能量是低碳甚至零碳的，元宇宙的应用也会给碳中和提供巨大的技术、需求上的推力与拉力。

元宇宙以数字化、智能化全方位赋能碳中和，碳中和用绿色能源、绿色算力关键性支撑元宇宙。

作为数字能力引入现实世界、实体经济的接口，产业元宇宙将会是实现企业硬科技转型升级的新一代发现工具、效率工具、创新工具，体现了数字产业化和产业数字化的新两化融合和新型工业化的发展趋势。能不能通过工业元宇宙在传统优势产业中打造出新的产业生态和产业链呢？

用元宇宙与碳中和两个翅膀助力中国工业二次腾飞，是令人激动的历史性场景。新中国成立70多年，特别是改革开放40多年以来，我国建立了门类齐全的现代工业体系，产值规模高居世界第一，工业产值是美国、日本、德国工业产值之和，跃升为世界第一制造大国。

工业元宇宙是产业元宇宙的子集，只是覆盖了工业制造领域。工业元宇宙脱胎于工业互联网，狭义的工业互联网侧重于工业制造企业内部设备与设备、人与设备之间的互联和通信，包括企业内部的研发、生产、物流、管理等环节。而广义的工业互联网还会延伸到企业的上游供应链、下游的分销渠道及售后服务维修体系、外部合作伙伴等。工业元宇宙是留给国产品牌弯道超车的历史性机遇。工业元宇宙是智能、高效打通企业的研发、制造、分销、终端客户反馈四大环节，形成高质、高效、闭环迭代的关键！

产业元宇宙并不是科幻小说，而是经由科学想象、技术加持、产业生态和资本推动形成的产业明天。本书所描写的实时在线、数字驱动的电力系统、公众自愿碳减排、文旅元宇宙等只是其中很小的一部分。

未来已来，但分布尚不均匀。显然，碳中和是最确定的未来，而元宇宙是最富想象空间的未来。

以比特赋能瓦特、以绿色电力支撑无限算力。

在大时代，让我们一起共建元宇宙与碳中和史诗级融合的大未来！

第一章

元宇宙精华

元宇宙是数字经济高速发展，尤其是人工智能和算力等关键技术供给面临重大突破和交互融合的连锁反应，将对国际竞争和产业格局产生深刻影响。谁站在潮头引领发展，谁就将赢得未来。

一个清晰简洁的认知框架在元宇宙混沌初开时显得更有价值，它有利于形成共识，凝聚力量，这就是"13346"。

新事物开始时往往并不完善，还会有不同认知，这需要相关各方鼓励创新、开放包容、将顶层设计与积极试点实践相结合，最重要的是相信市场逻辑、科技趋势和企业的创造力。

第一节

何为元宇宙

工业革命开始时，人们看到的只是蒸汽机和珍妮机。

电气革命开始时，人们看到的只是电灯和电动机。

信息革命开始时，人们看到的只是手摇电话和电子管。

互联网革命开始时，人们看到的只是门户、搜索引擎和电子邮件。

2021年元宇宙元年开启时，人们看到的元宇宙是游戏，是AR/VR/MR，是与现实世界平行的虚拟世界，随之而来的是社会各界对元宇宙"盲人摸象"式的解读，以及基于此的各种怀疑、质疑甚至批判。

纵观人类科技发展史，几乎每一次重大创新，主流社会前期往往都是扮演"产道"的角色，百般挤压和质疑，后期才会慢慢转变为新事物的使用者、受益者，进而成为主导性的普及力量。

一、科技大爆发背景下的元宇宙元年

近5年来，科技行业已发生了翻天覆地的变化，人类已经进入科技大爆发的时代。其中，最关键的是算力和人工智能这两大技术领域的一系列突破，相互叠加后带来了超指数级的增长，这相当于给了人类一个超级强大的研究和发展工具。在这两股技术力量的复合推动下，连锁反应般向3D引擎、数字生物学、药物研发、新材料、航空航天、高端制造、自动驾驶等各领域散开。元宇宙元年正是诞生于这样的大背景之下。

自 2021 年 3 月美国罗布乐思（Roblox）游戏平台公司成为元宇宙第一股以来，脸书（Facebook，2021 年 10 月改名为 Meta）、英伟达（NVIDIA）、微软、苹果、谷歌（Google）、高通、华为、鸿海、腾讯、阿里巴巴、百度、字节跳动等中外科技与互联网巨头纷纷宣布进军元宇宙。随着社会各界对元宇宙的认知开始慢慢改变，人们认识到了元宇宙越来越多的可能性，意识到元宇宙对消费、工业、产业、政务、金融、经济、社会等各领域可能带来的一系列广泛而极其深远的变革和影响，包括本书将重点论述的元宇宙对碳中和带来的全面赋能和价值。

元宇宙这个庞大体系虚实相生的过程，也是人们对其定义难成共识的过程，元宇宙到底是游戏、XR（扩展现实）、技术？是技术的集成、产业、下一代互联网？还是下一代人类社会、人类文明、人类纪元？

既然达成共识如此不易，那我们先说说元宇宙不是什么。

二、既非游戏，也非虚拟世界

如果说元宇宙就是游戏，就是虚拟世界的话，那么相当于说当今社会就是游戏，就是文娱世界。

游戏、高沉浸感游戏只是元宇宙无数应用中的一个场景，虚拟世界只是元宇宙三个世界之一，AR/VR/MR 也只是元宇宙的入口之一，这些远不是元宇宙的全部。

元宇宙也不是一项重大技术，它由BIGANT［区块链（Blockchain）、交互技术（Interactivity）、游戏引擎与孪生引擎（Game Engine）人工智能（AI）、综合智能网络（Network）、物联网（Internet of Things）］这六大技术体系所支撑，是新一轮科技革命的集大成者，是这些技术陆续跨越拐点后引发的一系列质变的结果，所以其内涵和外延远不止于技术这个层面。

三、众说纷纭的定义

目前各界关于元宇宙的定义众说纷纭，有Roblox创始人提炼的8个特点、Beamable创始人提出的元宇宙价值链7个层次、硅谷著名投资人马修·鲍尔提出的6个特征、阿里巴巴达摩院XR实验室的4个层次、华为河图提出的8个要点，等等。

Roblox的CEO（首席执行官）大卫·巴斯祖奇（David Baszucki）说一款真正的元宇宙产品应该符合8个关键特征：身份、朋友、沉浸感、低延迟、多元化、随地、经济系统和文明。

Beamable[①]的创始人乔·拉多夫（Jon Radoff）从价值链的角度提出了构造元宇宙的7个层面，从低到高依次为基础设施、人机交互、去中心化、空间计算、创作者经济、发现和体验。

硅谷著名投资人马修·鲍尔（Matthew Ball）总结出了6个特征：永续性、实时性、无准入限制、经济功能、可连接性、可创造性。

阿里巴巴达摩院XR实验室把元宇宙分成4层：L1（全息构建）、

---

① 美国游戏开发商。

L2（全息仿真）、L3（虚实融合）、L4（虚实联动）。

华为河图把元宇宙分成8个层面：物理世界层、物理世界的数字印象层、语义层、地理信息层、数据层、通信层、内容层、用户内容层。

不同专家由于各自身份不同、出发点不同，所能接触和思考的元宇宙广度和深度不同，所以解构出的元宇宙也不一样。

随着时间的推移和技术的进步，全球更多元宇宙创新和应用出现，人们对元宇宙定义的共识才会慢慢形成，这还需要数年的时间。

四、一句话概括元宇宙

尽管在元宇宙的早期发展阶段给它下定义很困难，也不太科学严谨，但为了便于大家理解和近似把握元宇宙的要义，我们对元宇宙做了一句话的定义和素描。经过传播和交流，这个定义已经得到各界越来越广泛的认同。

只用一句话定义元宇宙，即元宇宙是人类数字化、智能化高度发展下虚实融合的社会新形态。

解读一下这个定义：元宇宙是社会新形态，是下一代人类社会，它既不是技术也不是产业。其特征是虚实融合，即虚拟世界、数字世界和真实世界的充分融合，发展到一定程度后将难分虚实。元宇宙是数字化、智能化高度发展的必然结果，不管叫不叫元宇宙。正是由于支撑元宇宙的六大数字化、智能化技术近年来相继进入拐点，才有了元宇宙元年的质变开始。

五、元宇宙与数字经济

数字经济，凡是直接或间接利用数据来引导资源发挥作用，推动生产力发展的经济形态都可以纳入其范畴。在技术层面，它包括大数据、云计算、物联网、区块链、人工智能、5G等新兴技术；在应用层面，"新零售""新制造"等都是其典型代表。

那么元宇宙与数字经济又是什么关系呢？狭义的元宇宙通常是指三维化（含二维）的互联网，所以狭义的元宇宙概念是小于数字经济的。广义的元宇宙则是指数字化、智能化高度发展下的虚实融合的人类社会新形态，这个概念就远大于数字经济了，涉及社会治理、文化、人类与AI、国家与AI、超人类与AI等一系列全新的机遇和挑战，对人类社会变革范围之广、程度之深、质变之剧烈，超过农业社会到工业社会再到信息社会的变化。

数字经济是下一代新经济，元宇宙是虚实融合的下一代人类社会。

六、元宇宙与Web 3.0

Web 1.0或者说第一代互联网，主要特点是网络平台单向地向用户提供内容。也就是说，网站的运营人员负责向用户投放内容，用户仅作为接受内容的一方。中国早期的三大门户网站——搜狐、新浪、网易就是Web 1.0的典型代表。Web 1.0的模式是平台创造、平台所有、平台控制、平台受益。

Web 2.0，用户不仅可以在网络平台上传自己的内容，包括文字、图片、视频等，还可以与其他用户进行交流。互联网从平台向用户的单向传播，变成了用户与用户的双向互动。抖音、博客、微博、豆瓣、知乎、推特（Twitter）、Meta 等平台都是 Web 2.0 的典型代表。Web 2.0 的模式是用户创造、平台所有、平台控制、平台分配。

Web 3.0，简单来说就是互联网的区块链化。Web 3.0 通常有四个标签：一是统一身份认证系统；二是数据确权与授权；三是隐私保护与抗审查；四是去中心化运行。Web 3.0 的模式是：用户创造、用户所有、用户控制、协议分配。

Web 3.0 是下一代互联网，数字经济是下一代新经济，元宇宙是下一代虚实融合的人类社会。

第二节
元宇宙的三个世界

2021年元宇宙引发了社会各界的关注,经常能看见不同名人、专家和媒体隔空辩论,吵得好不热闹。有意思的是,如果你仔细观察,常常会发现几方往往各执一词,争论的都不是同一个元宇宙,因为不同的人看到的是不同的元宇宙,摸到的是元宇宙这只"大象"的不同部位。

完整的元宇宙,远不止被热议的虚拟世界。就像互联网远不止视频和游戏,更有"互联网+"和"+互联网"的广阔价值天地。元宇宙有着波澜壮阔的三个宏大世界,清晰认知本书所述的元宇宙的三个世界,大家就能很好地理解元宇宙不仅是人类向内探索精神世界的宏大舞台,更是帮助人类向外太空探索星辰大海的强大基地。有些声音批评元宇宙是人类文明的"内卷",便是囿于元宇宙第一个世界的前半部分,未见全貌。

如果以一种通俗易懂的简单方式划分,元宇宙可以分成三个世界:虚拟世界、数字孪生的极速版真实世界、虚实融合的高能版现实世界。

在详细介绍元宇宙的三个世界之前,我们先区分一下虚拟世界和数字世界。首先,虚拟世界是数字世界的子集。其次,虚拟世界是指完全虚构出来的数字世界,比如哈利·波特魔法世界和漫威宇宙等。最后，数字世界是指用数字化方式呈现的世界，所以虚拟世界也是数字世界。而数字孪生版的真实世界就不再是虚拟世界而是数字世界了。

一、第一个世界：虚拟世界

虚拟世界分为 A、B 两大部分。虚拟世界的 A 部分也就是《头号玩家》《黑客帝国》里面所描述的那种与现实物理世界平行、没有相交的世界。这是一个人类完全用想象力、创造力构建的纯数字化的虚拟世界。这个虚拟世界由浩如烟海的各种各样的子元宇宙构成，就像互联网上无穷无尽的应用程序。

这个虚拟世界可以包含无数高度逼真化、沉浸化，而且可以社交的《哈利·波特》《西游记》《理想国》《三体》《复仇者联盟》《天龙八部》《浮士德》《笑傲江湖》等所有人类的想象。这些想象以前人类很难用低成本的方式做成具有沉浸感的、互动化的作品。在元宇宙时代，通过各种 UGC（User Generated Content，用户生产内容）、AIGC（AI Generated Content，使用人工智能技术创造内容）的强大引擎平台和工具，人们可以把自己的宏大想象快速、低成本又逼真地呈现在元宇宙里。这样的元宇宙虚拟世界的 A 部分，承载的是人类精神娱乐的想象，满足的是物理世界不可能满足的那些需求。

元宇宙虚拟世界除了 A 部分休闲娱乐想象之外，还有 B 部分：各种工业和产业层面的想象，这种想象被称为设计和仿真。比如，设计新的产品、武器、展厅、房地产、城市、景观规划等，将来都会是先在元宇宙虚拟世界里做出逼真的数字作品，并对这个数字作品进行各种物理世界的仿真和测试，如风吹雨打、极限破坏、灾害模拟等，这样能大大提高研发效率，降低研发成本，缩短研发周期。

也就是说，将来绝大部分产品，首先是在元宇宙的虚拟世界里做出来，然后才会传输到现实世界，通过3D打印或生产制造出来。

二、第二个世界：数字孪生的极速版真实世界

数字孪生极速版世界是把我们现在的物理现实世界，根据需要按不同颗粒度、仿真度、时间连续性等，复制到元宇宙的数字世界中。这种复制不只是简单的形状复制，更要实现所有物理特性的复制和仿真。

大家看到的各种逼真游戏，虽然是数字化的，但它们大都不需要符合物理世界的各种特性，比如游戏里的人走路、物品碎裂、武器攻击、风云雷电、山水田园等自然环境，都不需要遵守牛顿定律、电磁原理、宇宙法则，人物想怎么飞就怎么飞，物品想怎么动就怎么动。把现实世界复制孪生到元宇宙虚拟世界里，是一项极其浩大的工程，也是一个极其庞大的产业链，会创造无数就业机会。其中，数字孪生引擎、各种尺度的扫描与视频图像的AI识别和建模、各种各样的物联网传感器和相关技术，以及庞大的算力资源是这项浩大工程的技术保障。

完成现实世界的数字孪生之后，就真正实现了足不出"户"——尽知天下事、尽游天下景、尽交天下友，甚至尽品天下美味（通过嗅觉和味觉智能硬件）。

在这样的元宇宙数字孪生世界里，由于每个人和世间万物都被数

字化了，相当于人不再受体重和肉身的拖累，可以像电子一样瞬间即达对应于物理现实世界中的任何一个"真实的"空间和对象。这极大提高了我们每个人在现实世界的工作与生活效率，人生被极大扩展。所以被称为真实世界的数字化极速版。

三、第三个世界：虚实融合的高能版现实世界

元宇宙第三个世界，就是前两个世界加持下的高能版现实世界。第一个虚拟世界，是人进入虚拟世界休闲娱乐及工作；第二个数字孪生极速版世界，是人进入数字化的真实世界里工作和生活；而这第三个世界，人人都变身成"肉身超人"，即肉身仍然在物理世界工作和生活，但由于 XR 眼镜等智能硬件的帮助，人被前两个世界的数字能量实时在线赋能，所以拥有了千里眼、顺风耳、最强大脑。XR 眼镜里看到的一切人、物、场景，都将被各种各样的数字化信息所叠加和包裹。

如何理解？举例来说，你来到一个新楼盘打算买房子，当你进入小区大门时，戴上了 AR 智能眼镜，这时镜片屏幕上实时显示出这个小区的总面积、容积率、楼的数量、周边交通等信息。当你被销售人员带到一间样板房里，镜片屏幕实时显示出 AI 计算出的每个房间的实际面积、公摊面积、墙壁平整度、歪斜度、隐藏裂缝、涂料品牌、预期寿命、屋顶漏水概率等各项数据。甚至 AI 镜片还能显示这个销售说话的真实度。

这时你如果想看一下自己老房子里的家具搬到新房后的效果，只要语音告诉 AR 眼镜，瞬间就能呈现装满老家具的新房效果。这么满

意的房子，如果你想让家人也感受一下，这时 AR 眼镜会立刻连线你的家人，他们的数字分身会瞬间来到现场。你带着他们仔细考察了每个房间，AR 眼镜还帮你们模拟了从早到晚、春夏秋冬各时间段内新房里面的温度和光线变化，以及周边噪音的影响。在这样的元宇宙第三世界里，由于前两个世界的强大赋能，我们每个人在现实物理世界的能力暴增，工作与生活效率极大提升，与社会各界的沟通和协作半径被无限扩展。

元宇宙的这三个世界，相互支撑、互相赋能。第一虚拟世界为人类提供无限想象；第二孪生世界提供真实世界的数字化极速版本；第三高能版现实世界令每个肉身在物理世界里能力倍增，从而协助人类把物理世界建设得更好，进而为那两个世界的持续发展提供了更坚实的基础。换句话说，元宇宙的这三个世界，既丰富了人类向内探索精神世界的自由度，也提升了人类在物理现实世界向外太空探索星辰大海的能力和效率。

第三节
元宇宙发展的三条主线

在元宇宙这一句话的定义与上述那么多不同定义的要素和结构之间，什么是元宇宙纲举目张中的纲？什么才是元宇宙发展的主线？

在系统解构元宇宙的各层面、各模块、各要素之后，我们提炼出以下三条元宇宙的发展主线。

第一条是交互发展主线，包括眼、耳、鼻、舌、身、意六个维度的技术和产品，提供沉浸化的 3D 全息交互。

第二条主线是各类引擎及内容生成平台发展主线，包括游戏、数字孪生、工业设计与仿真、数字人、教育、服装等，完成从 PGC（Professional Generated Content，专业生产内容）到 UGC 再到 AIGC 的大发展，为元宇宙内容大爆发提供坚实而丰富的工具支撑。

第三条主线是基于通证的经济与治理发展主线，包括 NFT（Non-Fungible Token，非同质化代币）、去中心化金融（DeFi）、数字金融、数字资产互操作性、分布式存储、各类 DAO 组织的演变等。

正是这三条既能独立发展又会相互螺旋结合，从而引发巨大质变的发展主线，构成了元宇宙对人类社会及人类文明的极大变革力。

科学技术是生产力和生产关系变革的关键驱动力，也是社会与时代变革的关键驱动力，更是文明迭代与跃迁的关键驱动力。

一、第一条主线：交互发展主线

交互作为元宇宙发展的第一条主线，可不仅仅是因为"颜值担当"。交互技术的发展，将给人类的交流、生活、工作等方式、以及城镇化发展等带来巨大的改变。

交互发展主线分狭义和广义两个层面，狭义的交互发展主线是指人与元宇宙之间的交互，不只是 AR/VR/MR，而是完整涵盖眼、耳、鼻、舌、身、意的六个维度；广义的交互发展主线还包括物与元宇宙之间的交互，既有物如何联动元宇宙里的数字物、数字人和数字系统（通过新型物联网系统等），也有元宇宙里的虚拟世界如何影响和控制现实世界的物、事、人（包括新型复合多基质 3D 打印机等）。本节主要讲人与元宇宙的数字世界之间的交互。

基于 AR/VR/MR 和全息等方式的 3D 沉浸式交互，也是目前扎克伯格、库克、阿里巴巴达摩院 XR 实验室负责人和华为河图负责人在谈论元宇宙时所涉及的主要内容。VR 给人类提供了高沉浸感、高分辨率、高仿真度的视觉及沟通方式，虽然从技术和产品上来讲，达到肉眼无法分辨的颗粒度、刷新率、时延等还需要 3～5 年的时间，但离预期目标达成已经不远了。中低成本、中低效果的 6 自由度消费级产品预计 1 年左右就将引爆市场，这主要得看几个大厂，尤其是苹果和 Meta 的进度。

如果说 VR 让人们沉浸在虚拟世界让人出世的话，那么 AR/MR 将调动虚拟数字世界的强大资源和能力，帮助人在现实物理世界成为加强版的自己，更好地入世。

除上述的 XR 智能眼镜这条视觉技术路线之外，全息投影、视网膜成像等视觉技术也在不断迭代之中，科技界 5～10 年的中期技术目标是扔掉 XR 智能眼镜，还裸眼自由。不管哪条技术路线，都高度依赖于芯片算力传输等相关技术的突破，好在"英伟达们"的算力迭代非常给力，未来可期。

除了上面的视觉维度之外，将人类的嗅觉、听觉、表情、肢体动作、温湿度和压力感知等全面与元宇宙打通，才能实现真实人与数字人之间量子纠缠般的联动。触感手套、肌电图智能硬件、体感衣等相关智能硬件虽然这两年进步也不错，但离实现跟身体全方位、长时间、良好舒适度地输入、输出，那还有比较遥远的距离。

六个维度的最后一个是"意"，即人类意识的传输与处理，这也是《奇点来临》中的奇点所在，一旦意识可以脱离肉体在元宇宙内外传输，人类将跃迁为新的物种。以"三体文明"的先进科技，都还没能把"云天明"的意识脱离大脑自由下载和修改，我们地球人想要实现这个奇点，脑机接口公司估计还得要奋斗。

首先，元宇宙交互主线的发展突破改变的是人类的工作方式。公司员工之间、员工与客户及合作伙伴之间的沟通，可以随时随地在元宇宙中进行，集中式办公和见面性商务会谈的必要性及频率大大降低，在家办公、在任意地点办公、移动办公变成常态。

其次，人们选择居住城市的自由度大大增加，不再受工作所在地的制约。只要是能够连接元宇宙的地方，就可以作为居住地。那些风景好、不拥堵、美食多的中小城市甚至乡村成为更多人的居住地选择。人们社交、旅游、运动、娱乐的方式和范围极大丰富，大部分都可以在元宇宙里得到性价比极高的便捷满足。

再次，元宇宙交互技术的突破，也意外带来了房地产业的结构性巨变。上述工作方式的变革，将引起写字楼产业和商业地产领域的大动荡。人们不再愿意涌入大城市和中央商务区（CBD），这将对大空间写字楼的市场供给、CBD的商业价值与业态结构带来巨大的变化，当然一线、超一线城市的住宅价格也将因此而发生巨变。

在元宇宙时代，"天涯若比邻"终将因为交互技术的发展成为现实。

二、第二条主线：各类引擎及内容生成平台发展主线

这条主线包括游戏引擎、数字孪生引擎、工业设计与仿真引擎、数字人引擎、教育课件引擎、建筑引擎、服装设计引擎、艺术创作引擎等各种引擎和内容生成平台，实现了从 PGC 到 UGC 再到 AIGC 的大发展，为元宇宙内容大爆发提供坚实而丰富的工具支撑。

元宇宙时代将是人类精神产品和服务极度丰富的时代，是创作者经济极度繁荣的时代。

跟互联网一样，优质内容也是元宇宙的核心。在 Web 1.0 的 PC 互联网阶段，绝大部分优质内容是以 PGC 为主，直到 Web 2.0 的移动互联网阶段，才批量出现 UGC 的平台，比如抖音、快手、微信等。受技术所限，目前互联网的 UGC 还都只是二向箔化的 2D 内容。至于 AIGC，则是刚刚起步。

3D 化、高沉浸感的内容是元宇宙的魅力所在，但因为元宇宙相关技术还处于较早期的阶段，所以 Roblox、Fornite 这样的 UGC 平台，目前还只能以低分辨率的像素风格为主。

引擎技术的成熟才会有内容生产平台的成熟，这里我们就简化成

讨论引擎技术。在引擎技术中，当前阶段最受关注的主要是游戏引擎和数字孪生引擎。

游戏引擎今后有两大发展方向：一是继续面向专业人员提供专业而复杂但全面又强大的功能；二是面向大众演进易学易用的功能，为各类 UGC 平台提供模板化的虚拟世界构建能力，并进一步发展成 AIGC 平台。

数字孪生引擎用于把真实世界数字孪生到元宇宙里。从建模角度，可以简单地把数字孪生对象分为自然景观和人造物品，其中人造物品又分为有数字模型和无数字模型。就自然景观和无数字模型的建模而言，现有技术基本都能实现，主要就是精细度和成本的问题。比如北京香山革命纪念地的数字孪生，做到千米级、米级、分米级、厘米级的成本差异是巨大的。由于现在无人机和 AI 的广泛应用，建模速度和成本在快速下降中。

数字孪生还有一个重要的大领域，即企业的数字孪生，尤其是在工业制造业中，把企业的研发、生产、制造、仓储、物流、销售和售后服务的全价值链都实时动态孪生到元宇宙虚拟世界当中，全程数字化、高度智能化的企业元宇宙将极大提高企业经营管理的效率。其中，制造业的数字孪生技术难度较大，主要在设计端和生产端，要完全符合物理定律。

数字人引擎技术也是目前比较受各界关注的领域，目前主要有 MetaHuman 和 Omniverse Avatar 两大高仿数字人平台。不过二者都处于早期版本，性价比距离每个人都能接受的程度预计还需要 3～6 年的发展。

三、第三条主线：基于区块链的经济和治理发展主线

这条主线包括 NFT、DeFi、数字金融、数字资产互操作性、分布式存储、各类 DAO 组织的演变等。区块链不仅是元宇宙的重要基础设施，更是元宇宙经济与治理体系的根基。现代社会的经济与治理体系较为低下。各组织内部、组织与组织、国家与组织、国家与国家之间，主要基于一套成文的法律与契约体系，需要依靠各种各样的中介机构才能保持低效率的运转，中介环节越多，这套体系的效率就越低下。

同时，甚至连成文都没有的各类显性与隐性契约，又给人为操控破坏契约留下了大量不确定性，进一步加大了各个主体之间的摩擦和信任成本。人与人之间相互交易与协作的信任成本其实是很高的，达成表里如一的真正共识何其之难。区块链技术将推动互联网从 Web 2.0 向 Web 3.0 换代，互联网从最早的 Web 1.0 通信网络发展到 Web 2.0 的信息网络，即将进入 Web 3.0 的价值网络。价值网络最主要的特点在于把商业平台上的信任成本降到最低，并将信任的效率升到最高。

基于 Token（代币、令牌）的数字经济体系和基于 DAO（去中心化自治组织）的治理体系，是区块链技术带给元宇宙最重要的两大基础性支撑，这将是元宇宙时代创作者经济大繁荣的最重要的技术保障。

第四节
元宇宙的四大应用领域

元宇宙从未来应用来看,可以大致分为四大领域:消费、产业、工业以及政务。具体的落地场景会在本书第六章做详细解读,在这里先做一个简要的介绍。

一、消费元宇宙

提到消费领域,首先要讲消费元宇宙的前身:消费互联网。2020年以来,"内卷"成为不少互联网大厂的前缀,互联网从业者明显感觉到:业务越来越不好干了,钱越来越不好赚了。具体来说,消费互联网面临了以下困境。

互联网流量增长空间几乎触顶,流量红利逐步消失。根据中国互联网络信息中心(CNNIC)的数据,截至2021年6月,我国网民规模达10.11亿,较2020年12月增长2 175万,互联网普及率达71.6%,较2020年12月提升1.2个百分点。截至2021年6月,我国手机网民规模达10.07亿,较2020年12月增长2 092万,网民使用手机上网的比例为99.6%,与2020年12月基本持平。根据MobTech的数据,2021年第二季度中国移动互联网用户日均使用时长为5.8小时,6小时的天花板依旧没有被突破。随着移动互联网普及率的不断提升，中国移动互联网用户规模已趋向稳定，增长规模有所放缓，行业发展趋于平稳，手机网民人数几乎达到中国人口总数，流量增长空间几乎触顶，流量红利逐步消失。

中国互联网巨头用户渗透率基本见顶。截至2021年第二季度，BAT（百度、阿里巴巴、腾讯）渗透率均超80%，其中腾讯系和阿里系的用户渗透率分别达到96.2%和92.7%。字节跳动凭借短视频产品成功突围，跻身巨头行列，渗透率达到63.1%。从内容端来看，流量红利见顶，多个细分"赛道"已经转入存量用户深耕阶段。2021年第二季度，移动游戏、移动视频和移动音乐的用户渗透率分别达到87.7%、72.1%和63.1%。

互联网内容形式单一、用户体验单一。社交方面，WhatsApp、Facebook、QQ、微信等社交工具改变了人与人之间的交流方式，用户通过文字、语音及视频与熟人或者陌生人进行交流，并在社交平台的个人空间里进行自我展示，然而人与人之间的距离依然比较遥远，无法做到现实生活中面对面交流所起到的效果。尤其是陌生人之间的沟通交流比较困难，个人空间及群聊空间上的展示效果有限，比如人们基本上不会在线上进行相亲等活动，人与人之间的交流形式较为单一。购物方面，电子商务发展之初，亚马逊、淘宝、京东等购物网站主要以文字和图片的方式展示商品。虽然这些购物网站如今大多都加入了视频展示及3D展示，但是商品的展示效果仍与实物存在差距，人们很多时候无法依据这些展示购买到符合自己需求的商品。比如购买衣服时只能看到模特穿搭的效果，自己无法进行试穿，因而经常出现退换货情况，极大地影响了人们的购物体验。娱乐方面，互联网上的视频、音乐、游戏等娱乐活动无法让用户"身临其境"地去参与感受，用户需要使用电脑、手机等进行交互，娱乐体验会打折扣，比如相较于在家看电影，人们更喜欢去电影院看电影。

全球反垄断浪潮掀起，国际国内强化科技平台监管。2020年10月6日，美国众议院颁布《数字化市场竞争调查报告》；2020年12月15日，欧盟委员会颁布《数字服务法》《数字市场法》；2021年2月7日，中国国务院反垄断委员会印发《关于平台经济领域的反垄断指南》。与此同时，全球多家互联网巨头遭遇反垄断调查：2020年10月，美国司法部对谷歌提起反垄断诉讼，指控其在搜索和搜索广告领域妨碍竞争；2021年上半年，欧盟对谷歌、苹果、脸书、亚马逊轮番展开反垄断调查。

内外交困之下，互联网巨头们的股票表现一蹶不振。截至2021年12月27日，阿里巴巴下跌50%，腾讯下跌20%，百度下跌34%，拼多多下跌68%，美团下跌23%。

消费互联网未来将去往何方？

可以观察到的是，以阿里巴巴、腾讯为代表的互联网巨头已经开始谋划未来，寻求市场增量。例如，阿里巴巴宣布计划将2022财年所有增量利润及额外资本投入用于支持平台商家，以及投资于新业务和关键战略领域；腾讯也宣布将2021年的部分利润增量投资于新的机会，包括企业服务、游戏及短视频内容领域，同时增设可持续社会价值事业部，并首期投入500亿元用于基础科学、教育创新、乡村振兴、碳中和等领域，践行科技向善的使命。

时值元宇宙呼啸而来，消费元宇宙即将为陷入互联网存量竞争的巨头打开广阔的"增量市场"。

（一）消费元宇宙给消费互联网带来的升级

从消费互联网到消费元宇宙，核心主体始终是消费者，但后者能满足消费更高层次的需求，并带来更优质的体验。

美国心理学家马斯洛于1943年在《人类激励理论》中提出了著名的"需求层次理论"，将人类需求动机分为五个层次，呈阶梯形从低到高，按层次逐级递升，分别为生理需要、安全需要、情感和归属需要、尊重需要和自我实现需要。在之后的研究中，马斯洛又增加了两个维度即求知需要和审美需要，认为这两种需求介于尊重需要和自我实现需要之间。按照这个理论，基础物质产品主要是满足生理需要、安全需要。之后的情感和归属需要、尊重需要和自我实现需要，都与人类在社会中的位置有关。

但是，现实之中人们获得地位非常困难。很多人需要通过消费等方式来体现其地位，因此消费具有符号的意义。正如鲍德里亚在《消费社会》里所指出的，"为了构成消费的对象，物必须成为符号"。因此，日常生活消费的主要用途之一就是与他人形成差异，正是符号之间的关系，使"差异"得以确立。但是，这种符号化的"个性化"差异不会把个体相互对立并真正区别开来。

消费元宇宙的出现，为人类获得地位开创了新的可能性。每个人都可以在元宇宙空间里充分表达自己的才能，从而在元宇宙中持续创造文化价值、心理价值等虚拟价值，这样有利于不同的人员在不同空间的自我实现。不同特长、不同兴趣、不同爱好的个体聚合在一个元宇宙的空间，大家相互欣赏、相互促进，从而使每个人都获得成就感，获得自己相应的社会地位。这样，使社会消费从符号消费领域的零和博弈走向非零和博弈，推动实现各方面的共赢。

真假难辨的沉浸式体验是消费元宇宙产品与手机、电视等产品最直观的差别。

（二）消费元宇宙的产品形态

在元宇宙世界里，消费者可以进行沉浸式学习、购物、教育、旅行等，并通过以活动为导向的方式（如游戏）身临其境，做到真假难辨。

游戏：作为元宇宙基础形态，为用户提供更加沉浸、实时和多元的泛娱乐体验。开放世界、沙盒类和模拟类游戏分别满足了用户对于沉浸度、自由度和拟真度的要求。此外，元宇宙在结合了上述品类优点的基础上，基于游戏内核还衍生出了更多元化的用户体验，例如Roblox与Gucci（古驰）合作举办虚拟展览以及演唱会、毕业典礼、学术会议等。

社交：游戏性为用户带来了高沉浸度的社交体验和丰富的线上社交场景，同时虚拟化的身份能够扫清物理距离、社会地位等因素造成的社交障碍，并且给予用户更强的代入感。

内容：为用户提供更丰富的内容供给和更沉浸的内容体验。单一IP或者多个独立IP并不能构成宇宙，需要打造系列IP并通过各种形态的内容丰富世界观。腾讯"泛娱乐"概念下，产业链全方位的内容供给和持续的内容衍生，具备发展为内容领域的元宇宙的潜力。同时，元宇宙还需要有丰富的UGC内容以不断拓宽边界。此外，随着VR等技术的发展，内容的展现形式将会进一步升级，用户在元宇宙中可以获得极致沉浸式的内容体验，如VR看剧、沉浸式线上剧本杀等。

消费:从线下体验升级为线上沉浸式体验,迎来新一波交互体验的升级,在 AR、VR 等技术的带动下,更加沉浸式的消费或将成为常态。

从产品形态上看,游戏是元宇宙的雏形,目前国内的多个元宇宙概念项目都与游戏有关,例如腾讯天美工作室推出 3A 级开放世界,远期目标对标《头号玩家》里的"绿洲";网易的派对竞技游戏《蛋仔派对》,内含社交元素和 UGC 地图编辑器,已经进行过一轮封测;移动沙盒平台 MetaApp(旗下产品为 233 乐园)利用虚拟化技术为中小游戏开发者创建一个平台,提供多人互动内容的创造和托管服务。

但消费元宇宙远不止游戏。只有当内容达到足够大的体量才可以被称作元宇宙,目前很多电影公司和漫画等内容产出者都企图通过构建"世界观"打造属于自己的 IP 宇宙,如"封神宇宙""唐探宇宙"等,都是旨在打造出一个自洽且内容可以不断扩张的世界观。以现阶段最成功的漫威宇宙系列电影为例,2008 年的《钢铁侠》开启了漫威宇宙的序篇,至此已经历了三个阶段,电影《黑寡妇》将开启漫威宇宙系列的第四阶段,13 年内累计出品 23 部电影、12 部电视剧。漫威系列电影宇宙建立在漫威漫画的架空世界之上,与其他漫画、电影与动画等系列同属一个官方认可的多元宇宙。从漫画到单英雄电影,再到各英雄联动发展的同时,漫威也在各类衍生品中加强其宇宙生态的渗透,如游戏、线下乐园等。单一 IP 或者多个独立 IP 并不能构成宇宙,打造一系列 IP 以及它们之间的强关联度,通过构建各种形态且内容丰富的世界观,再加上用户一系列的二次创作才能被称为宇宙。

预期未来 5~8 年,各大互联网巨头公司和一些专注于游戏、社交的头部公司将发展出一系列独立的虚拟平台，并预计将以"游戏＋社交＋内容"的泛娱乐形式为主。

到 2030 年，元宇宙将向更多的体验拓展，部分消费、教育、会议、工作等行为将转移至虚拟世界，届时围绕消费者的吃、住、行、娱、教、购、旅、社交等场景，都将出现成熟的元宇宙应用。

二、产业元宇宙

讲到产业元宇宙，我们首先来看产业互联网。对于移动互联网发展阶段的划分，一个普遍的观点是：上半场是消费互联网，下半场是产业互联网。

传统产业的构架呈 V 字形：一边是供给侧，另一边是需求侧，中间则是作为供需双方中介的商品或服务。众多供应商与大量消费者分立于两侧，由于彼此之间身份不明且难以辨认，加之信息不对称，极易造成交易效率低下和资源浪费。

消费互联网大多是 to C（用户）模式，想要把中间的 B（商家）环节省略，尤其是线下的 B。而产业互联网则是想要透过线下的 B 去连接 C，对 B 是一种赋能和加持的逻辑。消费互联网与产业互联网最本质的区别便在这里。

从消费互联网发展到产业互联网，互联网的核心特征从"人人互联"转向了"万物互联"，新一代信息技术的大规模应用将推动企业研发设计、生产制造、供应链管理等各环节的智能化，有助于提高企业经营活动的精准性与敏捷性，并改善整个社会经济循环的质量。

相较于消费互联网，产业互联网面向的是"供给侧"百万亿级别的市场，只要有机会通过技术、数据提升产业哪怕1%的效率，都会带来万亿级别的机会，因此产业互联网面对的市场更为广阔。

当前，我国拥有61个行业产业链市场规模超过1万亿元，如果每个行业都构成产业互联网，其数字化效率有2%～3%的利润或者效益提升，就会产生1万多亿元，如果股票市场市值去评估是20倍的话，那就有20万亿元的上市公司市值。

我国已初步形成一套促进产业互联网落地的制度体系。2015年，国务院印发《关于积极推进"互联网+"行动的指导意见》。2017年，国务院印发《关于深化"互联网+先进制造业"发展工业互联网的指导意见》。2021年，工业和信息化部印发《工业互联网创新发展行动计划（2021—2023年）》。在地方层面，产业互联网也已成为各地重点扶持的关键项目。2021年8月，中共北京市委办公厅北京市人民政府办公厅印发《北京市关于加快建设全球数字经济标杆城市的实施方案》，并在同期举办的论坛上发布了《产业互联网北京方案》。

从产业互联网的落地形式看，主要分为两类——平台和垂直。平台类产业互联网一般以SaaS（软件即服务）切入，做整个大类行业的优化，也就是行业常说的"to大B"，大B的意思就是相对偏大的企业；垂直类产业互联网一般是对细分行业做整合，切入比较多，要么是SaaS，要么是供应链金融等，现阶段比较成熟的是煤炭和钢铁。但垂直类产业互联网面临着定制化高的问题，因为不同细分行业的诉求不同，导致垂直整合的过程很难标准化复制。

在产业互联网领域的竞争中，最重要的是找到场景，并在场景中创造价值。换句话说，谁拥有场景，谁就拥有了未来创造价值的制高点。

然而，产业互联网的落地场景是缺乏连续性的。主要原因包括：来自组织的分割，不同市场主体对业务场景的分割；来自岗位的分割，组织内部不同部门和岗位对业务场景的分割；协同流程对业务场景的分割。

场景缺乏连续性的情况下，极少有人可以从价值链闭环的角度来看业务场景，更谈不上用"上帝视角"来看全局。

因此，产业互联网的需求和场景都是"碎片化"的，没有人能完全描述清楚产业互联网的整体画面，也没有人能够真正消除碎片化场景下的数据孤岛。在现有技术水平下，"万物互联"其实是个遥不可及的梦。

不过，在元宇宙时代，实体产业的每个环节、每个要素都会实现完全的数字化，不仅仅是"万物互联"，还会走向"万物互信"，再到"万物交易"和"万物协作"。从这点来看，产业元宇宙将是产业互联网发展到一定阶段的必然形态。

（一）产业元宇宙给产业互联网带来的升级

从产业互联网到产业元宇宙，核心主体始终是生产者，产业元宇宙与第一、第二、第三产业的结合，将会使产业互联网面临的场景碎片化、数据孤岛等问题得到根本性的解决。

如同产业互联网的想象空间远大于消费互联网，产业元宇宙的未来图景也远比消费元宇宙"宏大"。

作为元宇宙的子集，产业元宇宙需要满足元宇宙的关键特征：元宇宙是由利益相关者共同建设的；元宇宙的建设是通过大规模协作实现的；元宇宙是一种涌现式的自组织经济体；元宇宙的建设者以独立的数字身份自由参与并不断进化形成新的共识；元宇宙中的实体事物由于摆脱了物理空间的束缚，从而形成了各种资源极度丰饶的数字世界。

凭借这些关键特征，产业元宇宙将全面赋能产业数字化、网络化、智能化转型。具体而言，包括设计、生产、运输、交付等产业链各环节，其应用遍布制造、建筑、汽车、物流、城市、能源等实体产业。

第一步是产业链数字化：对生产线或产品进行传感捕捉，形成孪生商品或工厂模型。

第二步是产业链网络化：通过5G或物联网，将生产线环境与产品数据实时上传到AI超算中心，生产大数据在线融合，形成"指标孪生"。

第三步是产业链智能化：基于生产数据训练出自动化或半自动化决策模型，沉淀知识图谱和产业大脑，通过机器人或机器手反向指挥生产参数调整，形成"决策孪生"的价值闭环。

在这一过程中，产业元宇宙带给产业互联网的升级主要体现在以下几个方面。

产业要素方面，实现产品等要素的全生命周期虚实共生。借助AI仿真优化能力，可以做到与产业深度融合的数字孪生，建立虚拟和现实间的双向链接，将现实世界中的问题映射到虚拟世界中优化解决，再把解决方案部署回现实世界，用数字技术陪伴、加速实体经济成长。

产业链方面，打造供需双方沟通反馈的高效闭环。以传统制造业为例，该产业受困于产业链环节冗长且彼此割裂，通常只能针对单一环节进行单点优化，完全不能满足生产线全链路效率的提升刚需。产业元宇宙技术的应用则打破了数据孤岛，使原本割裂的各个生产环节有了统一的表达形式以及数据交互协议，因此能够实现各个环节信息的无缝流通、协同优化，将单点优化范式转型升级为全链路协同优化，产业升级的效率由加法增长转变为乘法增长、指数增长。

产业生态方面，构建互联互通的智能经济体系。一方面，产业各方参与者，如上游供应商、下游渠道商、外部合作伙伴等，借助底层区块链体系上的智能合约运转机制，可以以极低的信任成本完成高效交易；另一方面，由于每个行业数字化、自动化、智能化程度不同，产业元宇宙与不同产业联合将组成一种多层次、多阶段并行发展的新生态。

不难看出，产业元宇宙中现实世界和虚拟世界是相互指导和映射的关系，重点在于仿真和自主控制，通过参数的调整、计划的变更等手段，在产业元宇宙中进行难以在物理世界中实验的选项。

虚拟世界中会以实时数据驱动的镜像空间，动态反映现实世界的实体状态，建立起个体空间、群体空间、环境空间、活动空间与推演空间，并模拟各种关系，根据记录、评估、推演与预测形成决策，构成完整的知识应用与知识发现体系。

个体空间：在现实世界获取对象机理数据，根据机理关联对象，使用数据建立定量化的分析模型，以较小的成本解决多样性和个体差异性的问题。

群体空间：在现实世界获取集群运行数据，从大量对象在不同环境下使用的数据中挖掘普适性规律，在原有控制、信息、管理等传统系统的基础上，实现预测性和协同性的决策机制。

环境空间：在现实世界获取内外环境数据，根据不同环境下的使用数据，建立环境与个体/群体效能之间的量化关系，解决任务多样性和环境复杂性。

活动空间：在现实世界获取任务活动数据，针对对象在环境中的活动状态，提取群体对象中的活动特征并进行关联，面向多层级、多维度的任务目标，实现个体/群体在环境中活动的协同优化。

推演空间：结合个体空间、群体空间、环境空间与活动空间之间的关系模型，面向多模型空间协作目标，根据内外部需求，以对不同决策造成结果的预测与评估为基础，形成多模型协同知识推演规则，实现有效的认知与决策执行支持。

知识是有限的，而想象力是无限的。未来，无论是企业还是公共服务结构，无论是处于产业链哪个环节，都有望通过产业元宇宙实现虚拟原型设计和调试、沉浸式设计评审、可视化流体力学计算、自主系统模拟、高精度人机交互界面、技术人员培训、AR生产指导协助、数字化工厂模拟、虚拟装配过程验证、虚拟营销广告活动、AR远程维护服务、AR安全指南培训。

（二）产业元宇宙场景设想

元宇宙、碳中和都是人类对未来的想象，前者最为宏大，后者最为坚实。基于此，我们认为产业元宇宙最大的应用场景可能出现在电力生产体系中。

国家已经决定要构建以新能源为主体的新型电力系统，这是一个非常艰巨的任务。中国发展新能源已将近20年，但是光伏、风电等新能源占发电装机的比重还不到20%。其主要原因在于光伏、风电不是个"好学生",需要的时候不工作,不需要的时候倒可能使劲工作,因此电网不愿意接纳。而这与旧有的电力系统技术和管理方法跟不上有很大关系。现在数字技术大幅改善了电力系统的管理水平,大数据、人工智能已经为新能源的接入创造了条件。另外,储能技术大踏步进步,使得电力系统中"源、网、荷、储"这四个角色中的"储"的作用显著提升。电网"即发即用、不可储存"的特征发生了根本的变化。

目前的储能技术,包括化学储能、机械储能和物理储能等方式。按照时间段来划分,飞轮储能、超级电容储能适用于短时间,也就是瞬间小功率场景;化学储能适用于较长时间的场景,但是功率很难太大;而抽水蓄能和压缩空气储能等适用于长时间、大功率的场景。随着技术的进步,这几种蓄能方式的综合使用已经为新能源接入电网创造了更好的条件。

未来 3~5 年内,可能出现一种全新的场景,这个场景是实时在线、数字驱动的电力生产与消纳系统。

过去人类的所有生产都是行为产生数据,数据经过计算形成决策,再来指挥生产,也就是生产在先,数据在后。而在今天的场景下,是数字在先,生产在后,数字驱动生产的全新电力生产与消纳模式。

未来可能出现一个网格化的电力生产系统。比如 10 平方千米的一个网格中,有多少个风机、光伏板等装置,由于计算技术的进步,系统能够把卫星云图和天气预报所产生的,比如风的数据和云的数据实时告知这些生产设备。一阵风马上来了,A1 网格的风机瞬间启动,发出电来。它附近的 A2、A3 也启动发电,B1、B2 开始准备。A1 风机会面临两个可能性,一个是当时允许上网,一个是不允许上网。它还有一个价格决策，此时上网电价高还是低，如果比较高就上网，电价低就不上。对于不上网的电，数据指挥储能装置立即启动将其储存起来。储能装置也是一直在线进行着运算，监测上网电价波动，电价高就开始向网上送电；如果上网电价低，它甚至可以从网上购电储存。在电源侧的储能设备一般会安装在发电设备物理位置比较居中，同时离电网接入点比较近的地方来建设。

另外，电网一侧也可能会建立它的储能中心。当然它的储能装置可能就是反向的价格原理了，也就是电网价格低的时候它来储能，电网价格高的时候，往网上送电。

在负荷端，比如说大的用户也可以自建储能系统，在电价低的时候，就从电网购电储存，电价高的时候就往外送电，甚至家庭的电动车、农机，这个时候都可能变成了储能装置。

如果这样一个系统完全运行起来，人类实时在线、数字驱动的生产方式，就在电力系统中第一次由梦想变成了现实，这不就是一个完完全全的产业元宇宙吗？

目前，产业元宇宙的分类标准基本有两类：一类是按照业态划分，可以分为交易型产业元宇宙、服务型产业元宇宙和产品型产业元宇宙；另一类是按照行业类别划分，可以从文旅、农业、教育、工业、餐饮、家电以及健康等类别划分。在第六章我们将按照行业划分详细分析元宇宙与碳中和融合后的新赛道。

三、工业元宇宙

工业元宇宙可以理解为元宇宙在工业领域的应用与发展，是一种以 XR、数字孪生为代表的新型信息通信技术与实体工业经济深度融合的工业生态。它通过 XR、AI、物联网（IoT）、云计算、区块链、数字孪生等技术将人、机、物、系统等无缝连接，将数字技术与现实工业结合，促进实体工业高效发展，构建起覆盖全产业链、全价值链的全新制造和服务体系，是工业乃至产业数字化、智能化发展的全新阶段。

2020 年，我国工业增加值增加到 31.3 万亿元，连续 11 年成为世界最大的制造业国家，对世界制造业贡献的比重接近 30%。工业元宇宙将在软件开发、远程工作、工业设计、制造流程、智慧城市等场景中带来变革性的影响。工业设计软件从平面（2D）、立体（3D）到"真 3D"，或将成为中国软件设计弯道超车的机会。完整的工业元宇宙架构主要会覆盖三大核心：第一，人，包括人的思想；第二，物理部分，包括前面提到的机床设备、网络系统、物料等；第三，信息部分，包括订单数据、产品数据、经营数据等的处理和分析。工业元宇宙是数据、虚实、生态的大融合。

工业元宇宙脱胎于工业互联网，狭义的工业互联网侧重于工业制造企业内部设备与设备、人与设备之间的互联和通信，包括企业内部的研发、生产、物流、管理等环节。而广义的工业互联网还会延伸到企业的上游供应链、下游的分销渠道及售后服务维修体系、外部合作伙伴等。工业互联网产业链分成四个层次，包括应用、平台、网络、边缘。

有意思的是，德国认为物联网、工业物联网、工业互联网是同一个词，没有区别。我们提炼并完善了上述定义：把有计算能力的物理实体按互联网技术和标准互联起来，实现物的利益相关者对物的不同控制权限、不同信息共享权限、不同价值分配方式。

终极的工业元宇宙是去中心化的，产能全部数字化后，生产资源将变成某种程度的公共资源（尤其是行业内通用性强的产线和设备），大部分品牌企业将轻资产化。品牌方只要根据元宇宙里的消费大数据，生成具体的产品设计任务，发包给设计公司，设计定型后品牌方将根据智能生成的预订单数向共享工厂下达订单，工厂生产出来的产品根据智能合约配置全国的经济库存和物流订单。这一切在工业元宇宙里甚至可以一定程度上并行实施，全部通过区块链智能合约无缝高效衔接和流转。

工业元宇宙与工业互联网最大的区别有三条：全生命周期虚实共生、企业和消费者智能高效闭环下的全息智能制造、智能经济体系。

（一）工业元宇宙之全生命周期虚实共生

首先，研发阶段的集成化虚实共生。在设计阶段，可以用虚实共生的数字孪生可视化方式虚拟验证设计、规划和优化产品全生命周期的制造过程，解决产品试制周期长、制造工艺不稳定等现实问题。还可以用高度仿真的虚拟产品做市场和实际场景测试。本文开篇提到的 Avatar Omniverse 工业元宇宙平台就是主要定位这个方向，不过仍处于初级阶段。传统的 CAD（计算机辅助设计）、CAM（计算机辅助制造）、CAE（计算机辅助工程）、EDA（电子设计自动化）、CFD（计算流体力学）、PLD（可编程逻辑器件）、PDM（产业数据管理）工业软件巨头们市场地位稳固，元宇宙化的变革动力不足，在元宇宙所需的综合集成、AI 化、沉浸感、虚实共生、经济体系、开放性等方面差距较大。这也为国产研发设计软件企业提供了一个弯道超车的大机遇，要把握住研发设计软件元宇宙化的历史性机遇。

其次，生产制造阶段的虚实共生。通过高度物联网化的数字孪生系统，可以实现高沉浸感、全实时数据仿真的生产制造管理，极大提高了现场人员的操作效率和远程管理人员的管理效率。这个元宇宙化的 MES 软件也将生长在工业元宇宙的经济体系之中。

再次，消费端的虚实共生。这分为销售时、使用中、故障售后维修时的三种不同虚实共生应用。这类工业元宇宙的应用才刚刚开始，国内外已经出现一批轻量化的平台软件提供商，比如 DataMesh 等。预计纸质、平面化的使用说明书和售后服务表将加速退出历史舞台，被亲切、友好、直观、方便的虚实共生、高沉浸感、强 IoT 连接的数字孪生所取代。未来五年左右，用户购买主流品牌产品时，得到的将不再只是一个物理产品，还将有一个元宇宙虚拟数字孪生产品。人们在产品使用中对品牌方提出的好意见如果被采纳，还将获得智能协议实时分配的数字资产奖励。

最后，企业内部经营管理上的虚实共生。包括 ERP（企业资源计划）、SCM（软件配置管理）、CRM（客户关系管理）、OA（办公自动化）、远程会议系统等，一切都将共生于元宇宙的虚拟世界和现实世界之中。例如 Meta 刚刚推出的 Horizon Workrooms，就是要用元宇宙会议软件替代 ZOOM 等传统视频会议软件。

（二）工业元宇宙之全息智能制造

从企业研发所需的软硬件及生产制造所需的软硬件角度出发的智能制造，解决的是正确地造东西。而全息智能制造首先要解决的是造正确的东西，其次才是正确地造东西。

企业内部研发决策意见＋消费者大数据反馈的信息＋外部专家反馈的信息，是我们这里所说的全息。

在工业元宇宙时代，消费者购买的大部分物理产品自带实时永续连接物联网的数字孪生体。产品使用过程中的各种物理信息以及消费者意见和建议，可以通过这个"活的"数字孪生体实时反馈给品牌商、研发机构、制造厂等利益相关方，并按照智能合约获取相关数字激励。

（三）工业元宇宙之智能经济体系

这个智能经济体系按主体主要分为四类，都可以通过工业元宇宙底层区块链体系上的智能合约来高效、自动运转，各方交易的信任成本将极大降低。

第一类是企业内部的智能阿米巴经营体系，涵盖企业内部价值链的各部门、各岗位，不同企业会定义不同的价值链分配系数。

第二类是企业与供应商的智能经济体系，包括研发、生产、行政、仓储物流、营销、售后等环节所需的一切原材料、零部件、办公用品、物料、外包合作方等。

第三类是企业与下游各级渠道和客户的智能经济体系，打通渠道KPI（关键绩效指标）、库存、销量返点、促销福利等各类经济事务。

第四类是企业与外部合作伙伴的智能经济体系，如金融机构、中介机构、公益慈善机构、政府、商协会等。

工业元宇宙的大力发展，既是中国工业体系综合竞争力实现弯道超车的历史性机遇，也是解决人口出生率下降、劳动力不足的一剂数字化良方。

四、政务元宇宙

元宇宙在 2021 年的快速发展,让国内外众多行业见识到元宇宙自身的实力。而元宇宙作为人类数字化智能化高度发展下虚实融合的社会新形态,不仅自身的发展潜力巨大,在竞争激烈的市场中所具备的兼容性也很强。各行业对元宇宙的技术非常关注,都希望能够尽快在行业生产中投入使用。与此同时,在元宇宙快速发展的情况下,国家政府对其关注度也不断提升,而且开始不断尝试在政府工作中推广和使用元宇宙的相关技术,试图将元宇宙的相关技术与政务工作更好地结合起来,推动政务工作高效率进行。

然而讲到政务元宇宙,不得不提的就是它的前身:智慧城市(Smart City)。智慧城市起源于传媒领域,是指利用各种信息技术或创新概念,将城市的系统和服务打通、集成,以提升资源运用的效率,优化城市管理和服务,以及改善市民生活质量。智慧城市是把新一代信息技术充分运用在城市中的各行各业,基于知识社会下一代创新(创新 2.0)的城市信息化高级形态,实现信息化、工业化与城镇化深度融合,有助于缓解"大城市病",提高城镇化质量,实现精细化和动态管理,并提升城市管理成效和改善市民生活质量。

而元宇宙概念指的是整合多种新技术而产生的新型虚实相融的互联网应用和社会形态。广东省委、省政府对数字政府建设高度重视,2017 年就在全国率先部署启动数字政府改革建设,高标准建成全省一体化的政务云、政务网和大数据中心,创新推出"粤系列"移动政务服务品牌。"粤系列"已经成为广东市民不可或缺的网上数字身份和办事大厅。

创业可以通过选择开办企业的网上一站式服务,结婚可以网上跨省通办，新生儿出生证明申领可以全程网办，买房这样的大事情都可以网上缴纳契税，退休人员社保认证也可以远程视频操作。人民对美好生活的向往，就是数字政府创新发展的方向。

据广东省政务服务数据管理局透露，广东"粤省事"移动政务服务平台注册用户突破1.5亿，这意味着全国大约每10个人中就有1个在使用粤省事；截至2021年底，累计上线服务事项超2 100项，业务量超170亿次，访问量超630亿次，已经成为全国服务最全、用户最多、活跃度最高的省级移动政务服务平台。"粤商通"涉企移动政务服务平台注册用户突破1 000万，目前已覆盖广东省近九成活跃市场主体。

政策方面，北京市、上海市、武汉市均提及了在元宇宙的布局。上海市经济和信息化委员会强调，2022年要布局绿色低碳、元宇宙等新赛道。武汉市也在政府工作报告中提出加快壮大数字产业，推动元宇宙、大数据、云计算、区块链、地理空间信息、量子科技等与实体经济融合。可以看出，尽管元宇宙仍处于发展初期，但已得到了多个省市的关注。不过通过发布内容可以看出，地方政府更多将元宇宙看作数字经济发展的一个组成部分，对其发展的方向和路径还未有明确的思路，仍处于探索过程中。目前，在实际的应用中，多地已开始将数字文旅与元宇宙联系起来，此前敦煌美术院开启了敦煌元宇宙，武夷山也打造了全国首个旅游城市元宇宙（武夷山）旅游星链项目。尽管如此，不论是元宇宙在数字经济中的发展，还是在文旅产业中的赋能，与未来的成熟形态相比仍有较大差距，仍有很长的路要走。但这也意味着其产业空间巨大，地方政府将以怎样的切入点进入元宇宙，或许值得期待。

未来，元宇宙将覆盖从政务管理到国防建设，从智慧城市到能源安全，从日常生活到工作学习等人类生活场景的方方面面。

第五节
元宇宙 BIGANT 六大技术支柱

扎克伯格在 2021 年曾立下誓言,5 年内要把 Facebook 转型成元宇宙公司,他提到 Facebook 今后的首要目标就是把科幻小说里的元宇宙带入生活中。

2020 年已超越英特尔成为全球最大芯片公司的英伟达,其创始人黄仁勋在 2021 年直言:"我们正处在元宇宙的风口浪尖,元宇宙形成的经济体将比物理世界的更庞大,未来每个人都将生活在元宇宙之中,我们打造的 Omniverse Avatar 平台将率先把工业制造企业带入元宇宙。它是如此重要,几乎结合了英伟达有史以来的所有工作。"

著名经济学家朱嘉明说:"元宇宙为人类社会实现最终数字化转型提供了新的路径,与'后人类社会'发生全方位的交集,展现了一个具有可以与大航海时代、工业革命时代、宇航时代同样历史意义的新时代。"

万向区块链董事长肖风说:"元宇宙是人类数字化生存的最高形态,是一个规模成本递减、规模收益递增的生态系统,因而能生生不息、延绵不绝。"

这些企业家和学者都看到了一个比互联网对人类社会影响更为巨大和深刻的未来——元宇宙及由此带来的元宇宙经济。正如互联网经济是架构在 IT 基础之上,元宇宙的崛起也离不开庞大技术体系的支撑。

基于对元宇宙技术体系的各种分析和论述，我们总结提炼出支撑元宇宙的六大技术支柱，全面概括了元宇宙技术体系。

我们把这六大技术支柱的英文组合成了一个比较有意思的缩写BIGANT，又称"大蚂蚁"，你可以想象这是来自元宇宙的大蚂蚁。其实蚂蚁是非常有意思的动物，单只蚂蚁的智商很低，但一大群蚂蚁构成的小社会具有很高的智慧：它们可以调节温度，可以建构出复杂的蚁穴结构，可以管理真菌农场，可以照管蚜虫牧场，它们可以组建分工复杂的军队、运用多种战略战术作战。令人吃惊的是，成员数量越多，蚂蚁的群体智慧就越高。

展开来说，支撑元宇宙的六大技术支柱包括区块链技术（Blockchain）、交互技术（Interactivity）、游戏引擎与孪生引擎技术（Game Engine）、人工智能技术（AI）、综合智能网络技术（Network）、物联网技术（Internet of Things）。这六大技术体系既是六座技术高塔，也是六条技术英雄们的宽广财富之路。

一、区块链技术（Blockchain）

区块链是支撑元宇宙经济体系最重要的基础，元宇宙主要是去中心化的，用户的虚拟资产必须能跨越各个子元宇宙进行流转和交易，才能形成庞大的经济体系。

通过NFT、DAO、智能合约、DeFi等区块链技术和应用，将开创创作者经济时代，催生海量内容创新。基于区块链技术，将有效打造元宇宙去中心化的清结算平台和价值传递机制，保障价值归属与流转,实现元宇宙经济系统运行的稳定、高效,透明和确定性。

技术渴望新产品,资本寻找新出口,用户期待新体验。在元宇宙中,人们不再是简单地去浏览内容,而是身处内容之中。从 Web 1.0、Web 2.0 再到移动互联网,每一项技术的迭代和革新,都将意味着一个新的契机、新的挑战,同时也是一个新的开始。区块链的底层性承担起元宇宙时代"毛细血管"的重要作用,说到底,区块链是一种去中心化的、不可篡改的数据共识系统。从本质上来看,区块链真正要实现的是数据、数字的传输,以及由此衍生而来的上层行业与技术的深度改变。

除了区块链的底层性之外,也有观点认为,区块链之所以能够成为元宇宙时代的"毛细血管"的另一个主要原因在于,它是一种能够将不同的行业、不同的业态全部都囊括起来的普适性的存在。只有这样一个普适性的存在,才能真正让不同的行业、不同的场景串联起来,真正将人们的生活方式从互联网时代带入元宇宙时代。

二、交互技术(Interactivity)

2021 年,一段视频在社交媒体上广为流传,扎克伯格头戴 VR 一体机接受了记者的云采访,而记者不断惊呼看到了扎克伯格脸上的雀斑,惊奇于声音真实的传播。这正是 Meta 推出的虚拟现实办公应用,背后的概念就是现在爆火的元宇宙。

人体交互技术是制约当前元宇宙沉浸感的最大瓶颈。交互技术分为输出技术和输入技术。输出技术包括头戴式显示器、触觉、痛觉、嗅觉,甚至直接神经信息传输等各种电信号转换于人体感官的技术;

输入技术包括微型摄像头、位置传感器、力量传感器、速度传感器等。复合的交互技术还包括各类脑机接口，这也是交互技术的终极发展方向。

人眼分辨率为 16K，这是没有"窗纱效应"的沉浸感的起点。如果想要流畅、平滑、真实的 120Hz 以上的刷新率，即使在色深、色彩范围都相当有限的情况下，1 秒的数据量就高达 15GB。所以单就显示技术而言，估计得 3 年左右才能达到这个水平，前提是其他关键模组还得跟得上技术进步。目前包括 Oculus Quest 2 在内的大部分产品只支持到双目 4K，刷新率从 90～120Hz 的范围，还只是较粗糙的玩具级。

元宇宙的移动设备要实现端侧引擎、端侧智能、端侧 16K 的支持，还要有光追、3D 渲染、透视之类，5 年之内很难出现这种算力水平的系统级芯片（SoC）。此外，还有很多技术问题需要进一步解决，比如：空间感知、动作捕捉、面部捕捉、眼球捕捉、同步定位与建图（SLAM）、头部 MTP 时延、操作响应时延、肢体 MTP 时延的改善，需要传感器、算法算力、引擎、操作系统、显示等协同改善，复杂场景、高精度、3D、高分辨率下的时延和渲染问题更为突出。

简单来说，在将桌面级算力性能提升 2～4 倍的基础上，将体积和重量缩小到可便携的移动设备水平，再将功耗降低到桌面计算的 1%，才可能从根本上解决元宇宙的入口体验问题。

耳，即语音交互技术。结合云计算、边缘计算、AI 的新型智能耳机，既可独立于 XR 智能眼镜，又能与智能眼镜协同工作，还可以集成需要紧贴肌肤的心电检测、脑电检测和肌电检测设备。这将会成为元宇宙的又一重要入口。

鼻、舌，即嗅觉与味觉交互技术。目前从事这两个技术研发的公司还比较少，不过随着元宇宙热度的提升，相信会有越来越多的产品和解决方案出现。

身，即触觉、温湿度与动作交互技术，包括肌电臂环、触觉手套、电子皮肤、传感衣等。肌电臂环可以用于空中键盘打字。Meta刚发布的触觉手套原型机，用户可以精确抓取虚拟空间的物品，接球、玩骨牌。手套能搭配头戴式 VR 设备，最终还可直接搭配 AR 智能眼镜，这不仅是一个全新的人机交互接口，也是一个全新的科学研究领域。电子皮肤和传感衣的研发也还处于早期阶段，需要一个过程，预计 5 年左右能看到可规模化商用的产品。

意，即意识的上传与下载技术。脑电头环、脑机接口都属于此类技术。实现意识上下载的那天，也就是奇点来临的一天。

未来 10 年，听觉、视觉、触觉、嗅觉也能融合传输交互，那么人与人之间的沟通才会发生质的变化。移动网络至少要达到 10Gbps 下载、毫秒级时延，才能将这些感知信息语义化。

三、游戏引擎与孪生引擎技术（Game Engine）

这里所说的引擎技术从广义上讲包括不同种类、不同封装层级的数字引擎，比如图形图像、语音、文字等不同属性的引擎，也包括游戏、数字孪生、服装设计、绘画、音乐、写作等各级各类封装的引擎。本节主要讨论狭义的引擎技术，也是视觉上构建元宇宙最重要的两大领域：一是游戏引擎相关的 3D 建模和实时渲染等相关技术，二是包括数字孪生相关的 3D 引擎和仿真等相关技术。其实统称为 3D 引擎相关技术更为恰当，它涵盖了建模、渲染、仿真、动作四大能力。

游戏引擎以前主要是游戏公司专业化开发游戏所用，游戏引擎有不少，最主流的有两大引擎：一个是 Epic Games 公司的 Unreal 虚幻引擎，近期将推出虚幻 4 版本；另一个是 Unity 公司开发的 Unity 3D 引擎。游戏引擎今后有两大发展方向：一个是继续面向专业人员提供专业而复杂但全面又强大的功能；另一个是面向大众演进易学易用的功能，为各类 UGC 平台提供模式化的虚拟世界构建能力，并进一步发展成 AIGC 平台，即人工智能生产内容。实际上这两个发展方向内都会引进大量的 AI 技术。

游戏引擎的 UGC、AIGC 发展方向至关重要，当年美图秀秀和剪映把 Photoshop 照片编辑和 Premiere 视频编辑的专业门槛拉低到普通用户都能做，才有了朋友圈的美图如云和抖音、快手、视频号的大繁荣。将来，唯有把复杂逼真的 3D 世界构建门槛也拉低到普通人都能做，才能实现元宇宙创作者经济的大繁荣，才能构建起极度丰富的元宇宙世界。这时候的游戏引擎，早已超出游戏的范畴，应该叫虚拟 3D 世界引擎。

数字孪生引擎是把现实世界孪生镜像到元宇宙虚拟世界的关键。其实现在很多数字孪生公司的 3D 引擎底层也都用的是游戏引擎，尤其是前面提到的 Unity 和 Unreal。

不同的是，数字孪生技术中的物理仿真和建模这两大部分跟游戏引擎差异较大。以仿真为例，游戏中的人和物完全不需要遵守物理定律，想怎么飞就怎么飞；而数字孪生中的 3D 内容需要严格遵守所有的物理定律，这个就很复杂了，比如一阵风吹过，叶子摆动和落下的轨迹，触地瞬间溅起的灰尘等，这些元宇宙里孪生世界的内容都得符合物理定律，做到高度仿真。

从建模角度，可以简单地把数字孪生对象分为自然景观和人造物品，其中人造物品又分为有数字模型和无数字模型，比如文物，根本不是现代人用计算机软件设计制造出来，没有现成的数字模型。游戏中的建模则都是一样的，全部用基于数学的计算机图形学原理构建。

自然景观和无数字模型的建模，现有技术基本都能实现，主要就是精细度和成本的问题。

电子游戏技术与交互技术的协同发展，是实现元宇宙用户规模爆发性增长的两大前提，前者主要解决的是内容丰富度、后者主要解决的是沉浸感。

四、综合智能网络技术（Network）

这里的综合智能网络技术不仅是指传统意义上的互联网和通信网，主要是指云化的综合智能网：包含 5G/6G，人工智能、算力、存储、安全等能力，架构上包含了中心化、分布式和边缘计算的混合网络架构，是端、边、云、网、智的复合。这不再是传统的信息传输网络，而是具有综合能力的基础设施网络。

云化的综合智能网络是元宇宙最底层的基础设施，提供高速、低延时、高算力、高 AI 的规模化接入，为元宇宙用户提供实时、流畅的沉浸式体验。目前 5G 网络的最大下行速率大约是 5.6 Gbps，速度上勉强能够支持元宇宙早期发展阶段的状况，真正的元宇宙大发展离不开 6G、7G 以及卫星互联网的协同发展。云计算和边缘计算为元宇宙用户提供功能更强大、更轻量化、成本更低的终端设备，比如高清高帧率的 AR/VR/MR 智能眼镜等，同时分布式存储也为基于区块链的元宇宙提供了低价和安全的存储解决方案。

互联网是异步网络，所以大家早已习惯了对时延不敏感的各种互联网应用，除了大型实时对战游戏不能容忍时延超过 100ms 之外。元宇宙时代就不一样了，大量场景都要求低时延和极低时延，比如医生远程做手术、自动驾驶、生产线、沉浸式对战游戏、轨道交通、远程无人机控制、战争等。

沉浸式 3D 元宇宙的庞大数据量对算力的需求是超指数级的，这些年英业达、台积电等半导体厂商一直不断创新，努力以指数级速度在推高算力。最新的好消息是，霍尼韦尔提出了新的摩尔定律承诺：未来 5 年内，每年将其量子计算机商业产品的量子量提高一个数量级。

伴随算力暴增的是能源消耗量的暴增，在全球碳达峰、碳中和的大背景之下，算力行业因为能耗问题面临着巨大压力。好在核聚变技术的快速发展有望在未来 10～20 年内，将人类带入无限能源供给时代。

五、人工智能技术（AI）

人工智能技术在元宇宙的各个层面、各种应用、各个场景下无处不在。包括区块链里的智能合约，交互技术里的 AI 识别，游戏里的代码、人物、物品乃至情节的自动生成，智能网络里的 AI 能力，物联网里的数据 AI 等，还包括元宇宙里虚拟人物的语音语义识别与沟通、社交关系的 AI 推荐、各种 DAO 的 AI 运行、各种虚拟场景的 AI

建设、各种分析预测推理等。

元宇宙最重要和最被忽视的方面之一就是人工智能，它有很多使用案例。例如，人工智能可以用于创建、审计和保护智能合同；人工智能和元宇宙的结合可以提高对大量数据进行可靠的数字分析和决策的能力；人工智能可以集中管理和存储大量数据，并通过机器学习调整智能合同的动态参数，提供个性化的治理机制；但人工智能容易受到黑客攻击，区块链技术的应用可以更好地保护隐私，创建更安全的数据，调节互不信任的设备之间的冲突，提高智能合同的便利性。而且，人工智能可以将虚拟世界的人从重复的工作中解放出来。目前，人工智能可以从大量的数据中学习，从而进行预测和简单的创作，帮助人们减少重复性任务，快速掌握技能，提高工作的准确性，减少人为的错误。例如，你想在现实世界中学习游泳，你需要游泳教练指导你，一步一步教你分解动作并重复每个动作。在虚拟世界中，人工智能只需要观察游泳者的肌肉运动、细微差别和每个动作的操作时间，就可以对游泳动作数据进行编码，角色可以使用这组代码快速学会游泳。这种高质量的学习数据将大大提高人类的学习效率。

此外，人工智能可以丰富虚拟世界中的生物形态。目前，人工智能具有一定的创造能力，能够创造出全新的人工智能生物，它们可以在元宇宙中漫游，与人类用户互动，形成互动生态。除了图像内容，人工智能还可以生成对话文本内容，并将其转换为人类语言，使3D角色能够像人类一样说话。在元宇宙中，人工智能可以成为创造性活动的重要来源。人工智能在大量学习的基础上，可以学习潮流和风格，然后进行自主创作，创造新的数字资产、艺术和内容。

最后，人工智能具有很强的学习和创造能力，可以有效改进现有的软件和流程。未来，人工智能将能够实现自身的智能转型，带来智能与技术的大爆炸。

在 PGC 方面，第一方游戏内容是建立元宇宙的基础场所，而目前 3D 游戏在场景和人物建模上都需要耗费大量的人力、物力和时间。为实现元宇宙与现实社会高度同步，算法、算力及 AI 建模技术的进步有望提升 PGC 的生产效率。在 UGC 方面，第三方自由创作的内容以及闭环经济体的持续激励是元宇宙延续并扩张的核心驱动力。目前游戏 UGC 创作领域编程门槛过高，创作的高定制化和易得性不可兼得，同时鲜有游戏具备闭环经济体。因此，为达到元宇宙所需的可延展性，需要区块链经济、AI、综合内容平台等产业的技术突破。

元宇宙是一个由数据组成的世界，它为人工智能提供了丰富的学习材料和加工对象。随着人工智能的发展，在未来，它们可能成为人类构建虚拟世界的工具。人类只需要输入文字指令，人工智能就可以将其输出到一个完全沉浸式的 3D 环境中，让人们去探索、研究与互动。

六、物联网技术（IoT）

物联网领域经历了 10 年的漫长前夜，终于在近几年迎来了真正的快速发展期。

在元宇宙三个世界中的第二个数字孪生的极速版真实世界里，物联网负责把物理真实世界里的各种信号和变化（比如声音、图像、温湿度、气象变化、物理及化学参数等）实时对应到数字孪生体上，比如长江不同水域的状况、果园每棵树的状况、牧场每头牛的状况、工厂每条流水线和设备的状况、家里每个家电和宠物的状况等。这样，在元宇宙数字孪生的极速版真实世界里，人类可以随时掌握对应物体在现实世界的真实状况，极大提高了工作和生活的效率。

在元宇宙三个世界中的第三个虚实融合增强版现实世界里，人类可以在各个现场通过 XR 智能眼镜等，将数字孪生的极速版真实世界里对应的数据或 AI 处理过的数据实时显示在当前实景的 XR 智能眼镜里，比如站在山坡上扫一眼前面的羊群里，眼镜里就会实时显示出哪些羊是你家的，哪些是混杂进来的。

物联网技术正在向区块链、边缘计算、AI 融合发展的方向不断进步，是元宇宙六大技术领域中相对成熟、最接近规模化商用的领域，当然仍有碎片化普遍、成本偏高等需要进一步改进的问题。

元宇宙这六大技术领域，正处于交叉、叠加、融合创新的高速发展阶段，尤其是算力和 AI 的指数级发展，为其他各领域技术的倍速发展提供了威力强大的基础性工具。

元宇宙六大技术领域的大发展和大集成，形成了"美第奇效应"，BIGANT 的大发展已不仅是生产力变革的关键驱动力，还成为生产关系变革的关键驱动力、更是社会与时代变革的关键驱动力，未来还必将成为人类文明跃迁的关键驱动力。

元宇宙的到来，是 BIGANT 六大技术驱动下的，人类社会高度数字化、智能化发展的必然结果，是一种新的社会形态，既不玄乎，也不莫测。

第六节

数字人将全面崛起于机器人之前

我们讲元宇宙发展的三条主线时,第二条主线讲到了各种引擎的大发展,其中谈到了数字人引擎。这是非常重要的引擎,它将极大改变我们的工作和生活,甚至重构家庭、单位和社会的伦理。

元宇宙的三个世界中,有两个半都是数字世界。那么,现实中的我们怎么才能活在数字世界中呢?在目前的互联网和移动互联网中,我们是以不同应用程序中的账号名称、昵称或二维头像存在的。

在已经开启的元宇宙时代,我们终于可以让3D数字人替身代表自己活跃其中了,而且每个人还可以拥有多个不同模样的数字分身。制作这样的数字人替身和分身,就离不开数字人引擎。

数字人有很多种分类方式,比如按是否对应真人维度可以分为身份型数字人和服务型数字人。后者是虚构出来用于完成特定服务功能的,比如播音、导游、客服等。按照人物图形维度,又可分为2D和3D两大类,从外形上可分为卡通、写实等风格,综合来看可分为2D卡通、2D写实、3D卡通、3D写实、真人形象五种类型。按不同表情和运作驱动方式可分为映射驱动、动捕驱动、AI驱动等。

数字人引擎技术壁垒包括写实建模、渲染、动作、表情、语音、感知交互能力、技能训练等,每一步都是壁垒,都对应不同的技术难度和巨大的成本差异。

受芯片算力、数字人软件引擎成熟度、网络性能、AI能力、成本等综合因素的影响，目前AI驱动的超写实数字人离普及还需要几年的时间。但这并不妨碍不同风格、不同技术成熟度、不同成本的数字人分阶段、分领域地普及。

由于AI和算力领域的指数级高速发展，可以预计3～5年后，数字人引擎将能够让AI驱动的超写实数字人价格亲民到可以大规模普及的程度。届时，我们每个人都会拥有许多个超写实AI驱动的数字人替身和分身，活跃在不同的子元宇宙之中。

未来10年之内，随着深度学习等AI技术的快速发展，每家公司都会出现越来越多的数字人员工，从基础的前台、客服、秘书、新闻发言人等岗位，慢慢渗透到助理、HR（人力资源）、财务、销售、编程等专业技能岗位，直到覆盖大部分中级职称及以下岗位。当然，人类也会因为拥有多个出色的数字人助理而工作效能大增。

不仅是在工作上，每个家庭也会出现多个数字人亲戚，甚至一些地球上不存在的创新型宠物。它们拥有你的大数据，比真实的家人更懂你，比大多数人都跟你聊得来。

你的朋友圈也将逐渐发生大的变化，你既会结交一批元宇宙里的虚拟数字人朋友，还可以定制一些特定星座、血型、性格和职业数字人朋友，它会逐渐占据你越来越多的社交时间。

以前人们想象的机器人世界还远未到来，但各种各样的数字人必将在10年内加速度崛起，正如这些年电商行业的客服岗位大部分已经被AI替代一样。在经过各种各样数字人服务公司的专业化AI训练后，这些博学、专业、很少出错、永远好心情的数字人们，将成为你我工作生活中的新伙伴。

第二章

碳中和纵横

碳中和是一场广泛而深刻的社会经济系统性变革，事关中华民族永续发展，事关构建人类命运共同体，事关我国新时期高质量发展。

碳中和是最确定的未来，数字昭然天下，时间表、路线图和施工图层层分解落实。

碳中和要靠政府决心，更要靠市场机制和技术进步，要走出一条符合中国国情的碳中和道路。时代呼唤颠覆性绿色能源技术，需要数字技术赋能碳中和，绿色能源革命将重塑中国经济和中国社会。

第一节
从薪柴时代到电力时代

人类对能源的认识、开发和使用是社会文明进步的动力源泉。

用火是人类进化史上关键一步,火的使用是区别人与动物最重要的表征。人类用火最初只能依赖自然火源,火源无论来自闪电的突袭,还是来自丛林的自燃,抑或是来自火山的爆发,都具有极大偶然性。人类逐渐摸索学会了控制用火,脱离茹毛饮血的动物生活习性,对环境更加能够适应,生存能力随之增强。用火随之成为人类改造世界的手段,人类活动区域空前延展。

从火的发现开篇,人类开发利用能源的历史已经走过薪柴时代、煤炭时代、油气时代、电力时代。

当人类摸索出摩擦生热、钻木取火的手段,木柴、秸秆等柴薪成为核心能源,薪柴时代由此到来,人类摆脱了完全依附大自然的生存状态,刀耕火种铸就农耕文明的根基,人类直接从自然界获取能源,简单利用,学会了烧制木炭,用木炭烧制陶器,进而发展到冶炼青铜,人类开始使用金属工具,社会生产力出现大跃升。青铜时代之后又掌握了铁器冶炼技术,在原始的农业、畜牧业之外,诞生了手工业。柴薪作为主要燃料,来源丰富,开发采集有节制,人类与大自然相谐相生。

煤炭目前可查证的最早文字记载来自中国先古奇书《山海经》,

书中多处提到的石涅,涅石是煤炭当时的古称。英国人托马斯·塞维利于1698年发明了一个装置,用加压的蒸汽来泵水,在矿井抽水中派上了用场,这算是人类第一台实用的蒸汽机。英国人托马斯·纽科门于1712年发明了利用大气压力做功的蒸汽机,由于特别耗煤,只有煤矿才用得起,因此缺乏推广价值。英国的一位修理工瓦特对这款蒸汽机做了改良,1769年制成第一代瓦特蒸汽机,可省煤70%。1784年,瓦特再次改进的第二代蒸汽机问世,燃料消耗惊人地降至纽科门蒸汽机的七十分之一。薪柴显然支撑不了蒸汽机对能源的要求,能量密度更大的煤炭代替薪柴,人类第一次真正意义的技术革命到来,人类一步跨入工业社会,从此进入煤炭时代。手工业被以纺织业为代表的轻工业取代,人类原始的生产力获得解放。煤炭业、纺织业、机器制造业、冶金业与交通运输业作为产业,在英国率先成型,英国成为全球上第一家"世界工厂"。

油气时代的开启与三个人有莫大关系:1846年,加拿大地质学家亚伯拉罕·格斯纳博士从煤炭里炼制出煤油,纽约一家公司于1853年开始批产煤油;1859年,美国的埃德温·德雷克用世界上第一口深水油井钻出了石油;1885年,德国的卡尔·本茨设计制造了世界上第一辆内燃机发动的汽车。

石油被发现、被利用的历史很悠远,中东有公元前3000多年发现地表溢出原油的记录;古巴比伦人有把石油用作船只防水材料和建房黏合剂的记录;古埃及人还用石油来为木乃伊防腐。中国最早可查到的记载是《易经》:"泽中有火""上火下泽"。在相当长时间里,石油被当作包治头痛、牙疼、耳聋、胃病、风湿、水肿和打虫的神油。随着内燃机大显身手,汽车、飞机进入人们的生活,相比煤炭能量密度更大、更加便于移动的汽油和天然气开始被人类青睐。1908年，美国福特公司T型汽车问世，流水线、大批量、规模化的生产让汽车进入大众市场，汽油的市场需求高歌猛进。两次世界大战中，军用装备把石油需求的狂涨带入快车道。1967年，石油在世界能源消费总量占比首次达到41%，一举超越煤炭（占比38%）。

天然气是生物遗体在地下经过亿万年高温、高压作用形成的可燃气体，主要成分是甲烷，热值高，燃烧稳定。据目前可查到的记载，在公元前6000年到公元前2000年间，波斯人发现了从地下渗出的天然气，就直接用来照明。中国在战国时期挖井盐时发现了可燃烧的天然气，给这种井取了个名叫"火井"。位于如今四川自贡的自流井气田，是世界上最早人工开发的天然气田。这些自流井本来是用来采盐的。1659年，英国在欧洲率先发现了天然气。1821年，美国纽约开始用导管将天然气输送给用户照明和烹调，这是天然气商业化利用的开端。1925年，美国铺设了第一条天然气长输管道，开启了天然气工业化利用的时代。到2020年，全球天然气产量达3.85万亿立方米，全球天然气可采储量为188.1万亿立方米。

电是能源的升级版，把一次能源转换成了二次能源，便捷性、易用性和可扩展性更好。1850年马克思看到一台电力机车模型后曾预言："自然科学正在准备一场新的革命。蒸汽大王在前一个世纪中翻转了整个世界，现在它的统治已到末日，另外一个更大的革命力量——电力的火花将取而代之。"

1875年，法国巴黎北火车站建成世界上第一座火电厂，用直流电提供照明用电。1879年，世界最早售电的电厂——美国旧金山实验电厂发电。1882年，上海建成一座直流发电火电厂，为照明供电。

1886年，美国建成世界第一座交流发电厂。这场以电机的发明和电力应用为标志的能源革命开启了电力时代。由于率先大规模使用电力，美国在1890年赶超蒸汽机时代的世界霸主——大英帝国，坐上世界头把交椅。

以化石能源为基础的火电曾经长期是电力的专用代名词。工业革命始于欧洲，欧洲推动去火电走在最前面。2020年，欧盟可再生能源（新能源）发电占比达到38%，首次超过传统化石能源发电（占比37%）。英国2019年煤电占比已降到5%，计划2025年前停用煤电。法国2021年关停了所有煤电厂。德国煤电占比长期在40%以上，计划2035年煤电退出……超过一半的欧盟成员国承诺到2030年逐步淘汰煤炭。

发展中国家对火电的依赖很难一去了之。尽管全球煤电建设的步伐有所放缓，煤电产能整体出现大幅下降的趋势，但是煤电领域减排压力仍然存在，距满足《巴黎协定》所需的燃煤发电量大幅减少的目标仍有距离。到2030年，煤电使用量需求要下降80%才能将全球升温保持在1.5℃以下。

所谓的新能源，是指区别于传统化石能源的太阳能、风能、水能、氢能、生物质能、海洋能、地热能等被认为很少甚至没有温室气体排放的清洁能源。

风电不需燃料，不产生温室气体，风能取之不竭，发电设施占地不大，远离人类聚居区，便于建设和维护。用风车发电始于英国，詹姆斯·布莱斯于1887年发明了一套风力发电装置，这一年被认为是风力发电的元年。美国人查尔斯·布鲁斯1888年造了一台风力发电机，这是世界上第一台自动运行的风力发电机。全球第一个海上风电场出自风电王国丹麦，1991年建成。2010年在上海东海大桥建成中国首个大规模海上风电场。截至2020年底，全球已投运海上风电场162个，累计装机容量32.5吉瓦。中国在2000年新增陆上和海上风电装机容量均位列全球第一，累计陆上风电装机总量全球第一，累计海上风电装机总量仅次于英国。

风电，有风才能发电。风何时来何时去，从哪个方向来向哪个方向去，能刮多久，多长时间一歇，都具有不确定性，供电的随机性、间歇性难以预测，不能作为主能源使用，即使作为调节能源，也会影响电网运行的稳定性，对输送系统负荷承载能力和调节能力要求比较高。

太阳能，难以独撑大梁。太阳的能量只有约二十亿分之一被送达地球。看似不起眼的这点馈赠却成为地球生命的能量来源。美国国家航空与航天局1976年用人造卫星做过测量，地球大气层上边沿所接受的太阳辐射通量密度测量值是每平方米大约1 353（±21）瓦，这个数值被称为"太阳常数"。太阳每秒钟为地球输送的能量相当于500万吨标准煤燃烧的热量，换算一下，相当于每天送给地球12亿度电。追根溯源，风能、水能、海洋能、生物质能都是太阳赐予地球的，煤、石油、天然气也是被时间储存下来的太阳能。

《京都议定书》出台后，欧洲国家相继颁布鼓励政策，光伏市场开始大热，产业步入爆发。中国光伏发电新增装机市场连续八年世界第一，累计装机量连续六年世界第一，光伏电池组件产量连续十四年世界第一。

太阳能强度受区域、天候、昼夜、季节、云层影响，难以掌控和调节。电站占地面积大，能量采集和转化的连续性、稳定性不够。有科学家提出到太空去建发电站，但在设施设备难以做到小型化、微型化前，现有太空运载能力不足以将其送到太空，即使太空发电成功，如何稳定持续地传输回地面，目前同样无解。

海洋能，静候驯服的骏马。海洋的比热容高、反射率低，源源不断蓄积能量。海洋能包括潮汐能、潮流能、波浪能、温差能和盐差能。国际可再生能源署2021年公布的数据认为，全球海洋能源发电潜力为45 000～130 000太瓦时（TWh），是目前全球电力需求的两倍多。

月球、太阳引力引发海水周期性涨落，由此引起的海水垂直升降运动被称为潮汐，水平运动被称为潮流。潮汐能、潮流能纯天然，无污染，受季节、气候影响不大，运行费用低，规律性强，可准确预报，便于精准开发利用。

潮汐电站需建在海湾、河口，远离人类聚居地，不受丰水期或枯水期困扰，基本不受气候制约，水坝不高，即使出现自然灾害或战争毁损，破坏力也小，还可发展水产养殖。但建站需要占地面积较大，抗腐蚀和排沙防淤要求高，会改变水温、水流、盐度分层、海岸、海滩，进而影响海洋生物和有机物生存环境；发电间歇性明显，并网使用会给电网带来负荷承载压力和调峰难度；潮汐能量密度低，高低潮位落差三米以上才有实用价值，而潮差和水头变化不恒定，发电量不稳定；建设维护成本高，控制难度大，至今处于摸索尝试阶段。世界公认第一座实用的潮汐电站1967年在法国郎斯河口建成。中国潮汐能理论蕴藏量1.1亿千瓦，其中有开发利用价值的约2 100万千瓦，如全被开发利用，理论上每年可发电580亿千瓦。中国1956年在福州建了第一座小型潮汐电站，目前仅存两座潮汐能发电站，浙江海山电站在改造中，唯一在运行的是浙江江厦潮汐试验电站。

潮流能发电不用建坝，发电装置直接安在海底或者漂浮在海上，而且能量密度高，约为风能的4倍、太阳能的30倍。潮汐能发电行业龙头企业英国的亚特兰蒂斯资源有限公司预测地球上的潮流能储量超过120吉瓦。2004年中国国家海洋局综合调查后认为，中国近海99条主要水道潮流能蕴藏量为8 330兆瓦，技术可开发量为1 660兆瓦。2008年12月英国建成世界第一个商业化潮流能电站。2018年中国浙江岱山县秀山岛的LHD海洋潮流能发电项目被国际能源署评为世界二十大潮流能发电装置项目之首、世界上潮流能发电最先进装置和世界首座海洋潮流能发电站。潮流能发电过程没有碳排放，但发电机组的安装运行会对流域乃至上下游的流速、湍流强度、泥沙移动带来改变，海床的高程、泥沙在海域的沉积和侵蚀也会被改变，发电在海面、水下会产生噪音，动植物和有机物的生态环境、交流联络条件都会受到干扰。水下电缆输电会形成感应电磁场、发电机组海上运维不可避免会造成污染。潮流能开发利用研究尚处于初级摸索阶段。

波浪能是利用水的位能差、往复力或浮力产生的动力来发电。世界能源委员会调查显示，全球可利用的波浪能达到20亿千瓦，相当于目前世界发电量的两倍。中国近海海域波浪能蕴含量约达1.5亿千瓦，可开发利用量约为2 300万~3500万千瓦。最早的波浪能利用机械发明专利是1799年法国人吉拉德父子获得的。1910年法国人布索·白拉塞克在海滨住宅建了一座气动式波浪发电站。2008年9月，葡萄牙建成世界第一座商用波浪能发电厂。2005年中国在广东汕尾市建成世界首座独立稳定波浪能电站。波浪能除用于发电，还可用于抽水、供热、海水淡化以及制氢等，但高度依赖风，随机性大，能量不稳定，难预测，发电输出波动剧烈，并网时容易对电网形成冲击；发电成本居高不下，转换技术还不成熟；离岸越远海域波浪能资源越好，可捕获能量越大，发电站需要往深海、远海发展，建设和维护难度大。波浪能的开发利用也处于研究阶段。

海水越深，阳光到达量越少，海下 200 米阳光基本无法到达。海洋温差能资源丰富，开发潜力大，可提供稳定电力输出，能量转换基本不产生震动、噪声、废水、废气，近零排放，发电装置长期免维护，除发电外，还可用于海水淡化、制氢、空调制冷、深水养殖，开发利用不占用土地资源，被认为是最具开发价值的海洋能。联合国教科文组织统计分析认为，全球海洋温差能理论可再生量在 400 亿千瓦以上，按照 2% 利用率计算，每年可提供电能约 7 万亿千瓦时，相当于 140 亿桶原油发电量。青岛海洋大学认为中国南海温差能资源理论上每年可发电 5 亿千瓦时。2012 年中国建成第一个实际运行的温差能试验电站，成为继美、日两国之后第三个实际运行海洋温差能发电的国家，但也还处于试验验证阶段。温差能规模化开发利用还面临不少难题，发电效率低，换热面积大；电站选址远离海岸，施工难度大，建设和维护成本高；大量深层海水被人为翻到海面，海域的海水温度分层、盐度分布、固定的环流、海洋动植物和有机物的固有生存分区出现改变；深层海水会将海面下的营养物质翻到海面上，在太阳直射下，发生光合作用，导致浮游生物疯长，打破区域食物链稳定结构，甚至会导致水产养殖或鱼种鱼群栖居的改变；海下施工和运维，也不可避免地造成环保问题。

生物质能，最原始也最新潮。可资源化利用的生物质材料种类很多，包括可直接利用光合作用合成有机物的秸秆、稻壳、玉米芯、茎叶、木材和城市垃圾；可间接利用光合作用产物形成的有机质，如人畜禽粪便、蟹壳、虾皮和贝壳等；还有生物藻类等。生物质可直接燃烧发电，也可焚烧垃圾发电、沼气发电、气化发电，还可以与煤混合燃烧发电。据估算，地球上每年生成的生物质总量为1 440亿吨~1 800亿吨（干重），还不包括海量的人畜禽粪便。生物质发电始于20世纪70年代丹麦用秸秆发电。生物质材料还可用作制备炭材料，用作石墨替代品，还可在储能方面发挥作用。国际可再生能源署发布的统计数据显示，2019年全球生物质能发电装机达到124吉瓦，2020年新增装机容量714万千瓦。欧盟27国生物质能已占可再生能源的65%；从碳减排贡献看，占比已达43%，位居第一。截至2020年底，中国生物质发电累计并网装机容量达到2 952万千瓦，连续第三年位列世界第一，占可再生能源装机总量3.2%，发电量占比达到6%。根据中国产业发展促进会生物质能产业分会的数据，中国每年产生各类有机废弃物（含农林剩余物、生活垃圾、生活污泥、畜禽粪污、果蔬剩余物和工业有机废渣废液等）大约63亿吨，折合标煤约8亿吨。当前能源化利用率不足5%。中国每年散煤消费量达7.5亿吨，其中大约2亿吨是农村消耗的。用生物质替代散煤解决生活和冬季取暖需求，是可行之路。同时，中国有大量燃煤发电机组，大多使用年限长，如能改燃生物质，可节省新建投资，可使燃煤机组减碳、零碳利用，避免直接淘汰造成巨大浪费。中国耕地土壤面源污染突出，生物质变废为宝，可增加土地养分，改善土壤结构，增强土壤固水、固氮、固碳能力。土壤有机质每提高一个百分点，每亩地相当于可净吸收17吨二氧化碳。

地热能，古老而悠长。从地表往地核深入，温度越来越高，地核熔岩温度高达 6 000 摄氏度以上。如此巨大的热量从何处来,尚无确切定论。地热储量巨大,不断再生,输出稳定可靠,不污染环境。距离地表 5 000 米、15 摄氏度以上的岩石和液体的总含热量约相当于 $4\,948\times10^{12}$ 吨标准煤的热量。地热发电平均利用效率高达 73%,是光伏发电的 5.4 倍、风力发电的 3.6 倍。限于技术水平,地热长期只以温泉形式被用来洗浴、加热食物。利用地热能发电、采暖以及工农业利用起步于 20 世纪初。地热能资源分布具有地域性,难以远程运输,对开采装备和技术要求高,跨学科和行业领域,发电没有昼夜和季节性变化,输出稳定负荷稳定,可以全年无休供能,除了发电,还可以做混凝土养护、可用作巴氏杀菌,还可用来提取工业用二氧化碳,可用于化工产业。据世界地热大会公布的数据,地热直接利用冰岛曾长期居世界第一,2000 年开始中国稳居第一,到 2020 年中国地热直接利用装机容量已占世界总量 47.2%。2020 年全球直接利用地热能的装机容量为 108 吉瓦,是地热发电装机容量的 6.8 倍。地热能应用前景广阔,开发潜力很大,但干热岩的规模化开发利用、低温地热发电技术的突破、地热发电的储能并网的突破均尚需时日。

氢能,21 世纪终极新能源。1964 年,第 18 届奥运会在日本东京举办,举办方采用丙烷作为燃料,随后日本国内掀起"厨房革命",燃气灶具走入千家万户。2021 年日本借助因疫情推迟一年举办的第 32 届奥运会大举推销了氢能产业。氢气上升到能源高度,氢能量密度大,燃烧热值高,热值是天然气的 2.6 倍、汽油的 3.1 倍、煤炭的 4 倍。氢开发利用过程没有温室气体排放,可用来发电、供热,可提供动力,可用来生产水泥、钢铁和化肥,可将化石能源的碳与可再生能源制取的绿氢结合生产日用品。炼油化工、煤炭清洁利用都是氢能规模化利用的战场。氢能被认为是下一代清洁能源代表，甚至被称为21世纪的"终极能源"。世界能源理事会将氢气分为灰氢、蓝氢、绿氢三类：通过化石燃料制备的被称为灰氢；来自工业副产品，通过蒸汽甲烷重整、煤气化、碳捕捉储存利用（CCUS）等技术路径制备的氢，被称为蓝氢；使用可再生能源电解水制备的氢被称为绿氢。氢能生产成本高，储存的安全性、运输的便捷性、使用的方便性等制约发展的瓶颈问题还需通过技术进步解决。绿氢是氢能发展主要方向。国际氢能委员会认为：全球将从2030年开始大规模利用氢能。中国氢能产业还处于市场导入期，绿氢成本高、产业链关键设备还依赖进口、安全储运技术有待突破、CCUS商业化应用技术还不成熟，2020年中国累计建设运营加氢站110座，数量位居全球第四位。

水电的开发。人类很早就开发利用水能，古代的中国与古希腊几乎同步，从两千多年前开始，陆续发明了水车、水碓、水排、水磨等。全球水电已开发量约占可开发量的27.3%。世界100多个国家表示将继续发展水电。中国水电发展长期跟跑，哥本哈根气候大会后，对发展水电形成共识，很快成为世界领跑者。2004年中国水电装机容量突破1亿千瓦，坐上世界首席。中国水能资源技术可开发量5.42亿千瓦，同样居世界首位。水电没有温室气体排放，建站还可防洪，可调节旱涝区域用水，可助力灌溉、改善航运，在电力调峰中也是主力军。

核能，值得期许的未来。核聚变和核裂变都可以释放巨大能量，核聚变是人类寄予厚望的下一代能源，人类还没有取得可控条件下实现核聚变的钥匙，受控核聚变研发的两个重点方向是用氦-3为原料和用氢同位素为原料。用100吨氦-3就可满足目前全球一年能源需求。核聚变反应过程辐射性产物仅为 1%～5%，容易控制。可惜由于磁场作用，加上大气层保护，地球辞谢了太阳持续不断馈赠的氦-3，地球已知储量仅有区区 500 千克。月球对太阳馈赠的氦-3 一直照单全收。科学界测算认为月球表面到地下数米深的地方就储藏了 110 万吨氦-3，足够满足地球上万年能量需求。2015 年，嫦娥三号"玉兔"月球车用测月雷达首次给出了月壤厚度估算值，认为前人可能低估了月壤厚度，也低估了月球上氦-3 的储量。2020 年 12 月 17 日，嫦娥五号返回舱带着 1 731 克月壤返回中国。这次探月吸引了全球目光，不仅是因为人类时隔 44 年再次到月球采样，更因为这次可能在摸清月球氦-3 存量上走出一大步。

氦-3 的开发利用还有较长路要走。一些科学家把希望的目光投向了用氢、氘和氚尝试核聚变。氘也叫重氢，地球含量丰富，一升海水就可提炼 1/6 克氘，用来做核聚变反应后可释放相当于 300 升汽油燃烧的能量。海洋里蕴藏着约 23.4 万亿吨氘，如能开发利用，足够人类使用几十亿年。从海水中提炼氘技术已被人类掌握，但是氢同位素核聚变过程还难以把控。

目前，人类还只能利用越来越稀缺的铀产生核裂变来释放热能。

1951 年，美国爱达荷州国家实验室进行了核反应堆发电尝试，后来建成世界第一座核电站。1954 年 6 月 27 日，世界第一座工业化运营的核电站在苏联奥布宁斯克建成。

1991 年 12 月 15 日，秦山核电站并网发电，填补了中国大陆核电站的历史空白（我国台湾的第一座核电站位于新北市金山区，1978 年 12 月 10 日开始商业运转）。《中国核能发展报告 2021》蓝皮书披露，2020 年中国核能发电量 3 662.43 亿千瓦时，仅次于美国、法国，位列全球第三。

核电能量密度超高，核燃料易于储备，属于低碳绿色清洁能源，核电站占地面积不大，1千克铀核裂变释放的能量与2 700吨标准煤或1 700吨原油相当，一座100千瓦的核电站每年仅需补充核燃料30吨，同等规模的火电厂年耗煤量300万吨。核电电力稳定，不受天候、昼夜、季节、环境冷暖等影响，并网时不会带来间歇不可知的调峰压力，发电过程不释放任何温室气体，运行成本较低，很多国家在谨慎中发展，世界核协会（WNA）公布的数据，截至2021年1月1日，全球有32个国家和地区在使用核能发电，共有441台在运核电机组，总装机容量约392.4吉瓦。

作为应对气候变化和满足能源增长需求的主要措施，欧盟计划到2050年投资5 000亿欧元发展核能。

第二节

能源演进的启示

能源发展演进的历史给人类带来启示。爱因斯坦的质能方程式（$E=mc^2$）说明，构成世界的所有元素粒子本质都是能量与运动。人类社会的发展就是获得能量并利用能量改变世界，同时也改变人类自身。人类文明发展的轴向清晰可见，学会控制用火之后，人类文明快速演进，先后经历了农耕文明、工业文明和信息文明三个发展阶段。农耕文明用火使用木柴、草料等生物质燃料；工业文明和信息文明多数依靠化石燃料，前者主要使用燃煤，后者转为使用石油和天然气。

人类能量使用总量一直随经济发展线性增加，新能源的能量密度总是高于原有能源，新能源的便携性和便传输性总是更优于原有能源。单位能量创造更多价值，是人类文明进步的标志，也是评价各国发展水平的主要指标。

数字经济风起云涌，站在该角度来看，单位能耗需要处理更大的数据量。与之相对应，在已经到来的碳中和时代，单位碳排放量同样需要担负起处理更大数据量的历史责任。能源转型演进的历史，就是一部人类文明进步史，彼此成就，文明进步的需求催生了能源转型，能源转型成就了文明进步。这一系列"交响乐"般的进程给我们很多启示。

站在这样的历史关口，人类面临的却是严峻而又迫切需要做出改变的现实：在享受用火带来的文明进步同时，人类活动对气候环境和生态系统的干扰和破坏，正将人类赖以生存的地球变得岌岌可危。

能源转型不可能一蹴而就。国际上有个公认标准：如果新的能源在能源消费总量中达到5%，可视为能源开始转型的标志。若占比超过一半，则标志转型完成。每次转型都是新能源对已经长期居于统治地位的旧能源全面取代。旧能源原有的开发利用供应体系沉淀着大量的建设运营成本，替换需要成本和周期，越是旧能源基础设施建设到位、发展充分的国家或地区，越是国土面积大、能源消耗需求总量大的国家，发展惯性大、转型成本越高、难度越大，因此所需周期也就越长。比如，英国发现和开采丰富天然气储备不比荷兰晚，但花了30年时间也难以达到荷兰10年内轻松完成的能源转型。今天的中国，需要加快能源转型，但不能被西洋暖风熏醉而忽视国情过激下猛药。欲速则不达，在今后相当长一段时期，做好传统能源的零碳、负碳技术研发推广，应该并行不悖。

能源转型能否成功，很大程度在于配套服务是否已经便捷、可靠、易得。要替代旧能源的新能源，竞争力很大一部分体现在配套服务上，在旧能源长期稳定提供服务的前提下，新能源只有在服务设施的齐全配套和易得上不弱于旧能源，在便捷性、经济性、能源密度上优于旧能源，在供应保障的及时、可靠、稳定性上没有硬伤，综合服务成本更优、品质更好、用户体验更佳，才可能后来居上。风电、光伏等新能源发展历程已经有半个多世纪的发展，由于稳定性没有解决，至今难以独撑大局。中国推行能源转型，任务重，代价高，尤其需要在综合服务配套的科学规划和建设上把握好节奏，过早、过急地把还不够成熟的新能源推向市场、推向规模化应用，反而容易使其夭折。

能源转型一般不会自然过渡、自发完成，寻找替代升级能源，需要政府政策引领。能源转型具有广泛的社会性，但社会性并不必然推动个体需求转型。一种新能源从技术突破到完成替代，长路漫漫，需要政府扶持研发、示范、推广，需要经费扶持，也需要政策扶持、税收优惠、市场培育等。人类社会早已进入电气时代，但依然有不少区域、人群保留着薪柴时代的能源消费习惯，煤炭消费还在很多国家和地区占据统治地位。人类对于能源转型升级已经达成共识，国与国的协同逐年加力，个体化、区域化的旧能源消费习惯不可能依靠一刀切的行政手段取缔了之，行政手段、市场手段、配套补充条件建设、国民教育都得跟上，让个体、区域用户认识到该升级、有依靠可升级、有实惠值得升级。

能源转型不能乱求医，依然需要聚焦核心能源寻求替代。各国、各地区自然资源禀赋有差异，能源利用和经济发展阶段有差异，应该因地制宜寻求能源升级方向。这些年，各国对新能源研究比较多，但研究并不透，可列举出的替代能源几乎都有自身的缺陷。各国财力、精力、能力有限，不能乱花迷了眼，眉毛胡子一把抓，捡了芝麻，丢了西瓜，应该聚焦适合本国、本区域的核心能源，集中精力研究透，突出核心能源发展。

能源转型过程同样也是世界格局调整的过程。在本轮能源转型中，随着新能源的多元化，世界能源消费随之多元化，煤炭、石油等传统能源的战略重要性正在逐渐下降。随着更有竞争力的替代新能源逐步显现，世界权力的重心也必将逐渐转移，传统的化石能源重地以及围绕化石能源运输的地理战略通道的价值和地位也必然下降。反之，为新能源内引外输布局的资源新重地、管路等运输新通道、数字化操控等将成为新兴大国角力的新战场。中国油气对外依存度随着经济发展需求一直在快速上升，能源自给率呈持续下降趋势，能源安全问题十分严峻。能源安全必须牢牢掌握在自己手中，我们要更加科学有序地控制油气消费规模，更加着力地推动能源生产和消费电气化，抓住能源升级和元宇宙时代的窗口期，以电为中心、以数字经济为依托、以可替代新能源为抓手，全力保障国家能源安全。

能源转型服务于全球应对气候变化，但不能为了应对而拔苗助长。不能单纯为了降低二氧化碳排放量而激进、盲目地搞可再生能源建设，可再生能源开发、制备、运输、储备过程中的环保问题应该统筹考虑、综合治理，不然，长远看将付出更高更大环境成本，而且不可持续。

能源转型或许从今之后不会再是阶段性革命，而是持续性升级。世界能源转型与人类文明进步相随相生，历次能源转型都源于科技革命，同时又反推科技进步和经济社会发展。随着科技进步的常态化，科技突破已经不再以世纪为时间单位，尤其是随着元宇宙时代的到来，科技革命可能在孪生世界并行发生、随时发生，能源转型替代没有终点，也没有了必然的断代，可能将转化为永无止境、时时改进的探索。人类的价值观、环保观、科技观，人类文明的秩序，国家的政策导向，科技与自然的新发现，环境与社会的新互动，都可能催生新的需求、新的转型。就中国而言，通过政策、机制调整，推动科技进步，持续推进供给侧结构性改革，实现高耗能产业过剩产能退出，加速工业品升级换代，降低产品能耗，提高终端综合能效，加大节能设施推广力度，探索以新技术、新模式助力能效提升是势在必行之道。

第三节
环境危机与气候变化

能源开发利用的演进带来人类社会文明进步的同时，也给地球和人类生存环境带来了危机。

据香港天文台的专家预测，如果没有大气层，地表平均温度将是零下 18 摄氏度，而目前，这颗适宜人类居住的地球，表面平均温度维持在大约 15 摄氏度的水平。二氧化碳是生物生命活动的参与者。地球大气中二氧化碳浓度曾长期稳定在 270~290ppm。工业文明以来出现了一个特殊的循环，碳基能源（煤炭、石油、天然气）的使用力度迅速加大，燃烧方式就是碳加氧产生热量和二氧化碳，这样一个循环过度了，打破了大自然碳的平衡。二氧化碳是相对稳定的气态物质，化学键很牢固、很均衡，不容易降解。200 年前英国人排放的二氧化碳可能还漂浮在地球上空。以二氧化碳、甲烷、氧化亚氮、氢氟碳化合物、全氟碳化合物、六氟化硫为代表的温室气体阻碍了地球与太空的能量交换，使得地球生态系统被破坏，改变了自然界的碳循环，地球开始"发烧"。

世界气象组织（WMO）每年都会发布《全球大气温室气体公报》，2021 年 10 月发布的最新一期公报显示：2020 年二氧化碳浓度达到了 413.2ppm（1ppm 是百万分之一）的新高，是工业化前的 149%。甲烷和一氧化二氮分布分别是 1750 年（这一年代人类活动开始扰乱地球的自然平衡）的 262% 和 123%。从 1990—2020 年，长寿命温室气体的辐射对气候的变暖效应增加了 47%，其中二氧化碳约占增量的 80%。地球温度不断上升意味着会发生更多的极端天气事件，包括高温和强降雨、冰雪融化、海平面上升以及海洋酸化等，并伴随着深远的社会经济影响。

2021 年 7 月，河南 10 个国家级气象观测站日降雨量突破有气象记录以来历史极值；国人耳熟能详的《西游记》中需要孙悟空盗取铁扇公主芭蕉扇来降温的那座火焰山，地处新疆吐鲁番盆地，一场强降雨在 2021 年 6 月不期而至，让火焰山遭遇了 40 年不遇的洪灾；塔克拉玛干沙漠出现洪水，淹没沙漠面积 300 多平方千米。

2021 年一开年，常年可见"阳光、沙滩、仙人掌，还有老船长在棕榈树下晒太阳"、纬度与我国广东省差不多的美国得克萨斯州居然"雪花飘飘，大风萧萧，天地一片苍茫"；美国休斯敦与中国宁波市纬度相当，坐拥墨西哥湾暖流，头顶暖意，气温居然降到 -10℃ 以下。与中国西安纬度相当的堪萨斯州劳伦斯市竟然冷到 -30℃。美国得克萨斯州是传统的能源生产主力州，现货电价几天内上涨百倍，电网陷入瘫痪，数百万人在停电中艰难抗寒。以城市地下排涝工程强悍著称的德国罕见地出现了城市内涝，2021 年 7 月里两天降雨达到以往年均两个月的降雨量。南美洲亚马逊热带雨林，野火烧了足足三个星期。

人们翻出霍金生前接受访谈时的预言。霍金当时认为，人类人口和对地球有限资源的利用呈指数级增长，让地球环境变得更好或更坏的技术能力也在同步增长。下一个百年，避灾将变得足够困难，更别说下一个千年或百万年了。

地球被人类折腾病了，人类需要做出改变。众人皆醉时总会有人先醒来，先醒者的呐喊只是微弱的单音，被淹没在工业化的机器轰鸣和高歌猛进中。渐渐地，被唤醒的人多了，就有了和声，就成了旋律，渐成人世间主旋律。

环保这个词汇如今妇孺皆知了，每年 6 月 5 日世界环境日的宣传也越来越深入人心。其实，环保和环保运动真正被提出来才短短 50 年时间。

1972 年 6 月 5 日，联合国在瑞典斯德哥尔摩召开了第一次人类环境会议，各国首次坐到一起共商环保问题，通过了《人类环境会议宣言》和《人类环境行动计划》。同年 10 月召开的第 27 届联合国大会决定成立联合国环境规划署，并将每年的 6 月 5 日定为"世界环境日"。1973 年 1 月联合国环境规划署（UNEP）正式成立。

2002 年，查理斯·大卫·基林被授予美国国家科学奖，颁奖词中将基林观测得到的二氧化碳变化曲线称作"基林曲线"。基林曲线在科学界树立了科学研究的路标，有人评价说，基林曲线只是一组简单的数据，但也是气候研究最权威和最被认可的量化依据，由此成为人类正视气候变暖问题的基石。人类对于气候变化的研究从此走上长期观测、足够样本、数据说话的时代，后来引领世界全面深刻正视全球气候变暖问题的各种年度震撼性报告莫不脱胎于此。

联合国政府间气候变化专门委员会（IPCC）应运而生。1978 年，世界气象组织、国际科学理事会（ICSU，简称国际科联）与联合国环境规划署联合举办了一次气候问题研讨会，会上提议筹办世界气候大会。1979 年，第一届世界气候大会在瑞士日内瓦召开，讨论了人类活动带来的区域性乃至全球性重大气候变化，向全世界预警：如果大气中二氧化碳含量继续增加，到 21 世纪中叶地球将显著升温。气候变化首次被提升为全球关注的重点问题。会后，世界气象组织和国际科联联合发起世界气候计划，专题研究人类活动对气候变化的影响。

国际科联会后发布了《温室气体效应、气候变化和生态系统》报告，这是首份对大气温室气体影响气候变化的国际综合评估报告，首次声明二氧化碳浓度加倍会导致地球显著升温，并认定二氧化碳浓度增加是源于人类活动，呼吁各国政府出台政策，减少化石燃料使用，提高能源使用效率，减少温室气体排放，呼吁制定全球公约共同应对全球气候变暖。应会议呼吁，世界气象组织、国际科联与联合国环境规划署随后联合成立了温室气体咨询小组（AGGG）。

AGGG 小组成员数量有限、专业领域有限，出手的报告权威性和说服力不足，有心拉各国政府参与，各国政府又担心在联合国或世界气象组织框架下开展工作，本国意见可能被无视，建议由各国政府派代表重新组建独立组织。

1988 年 11 月，世界气象组织和联合国环境规划署联合建立了政府间气候变化专业委员会（IPCC），这个委员会肩负的使命就是定期评估全球气候变化及其对社会经济造成的影响，提出权威可信的辅助政府决策的建议。IPCC 成立两年后，AGGG 随即停止运转，全球气候变化应对研究都被纳入 IPCC 框架下。IPCC 不仅有世界各国相关学科顶级专家，还有各国政府代表，政府、科研机构、行业组织间联系空前紧密。评估报告需要得到世界各国气候相关领域权威科学家广泛认同，还需要得到所有参与国政府的普遍认可，严谨性、权威性得到了保证，也容易快速凝聚共识，达成推进意向。

IPCC综合评估报告平均六年发布一次。1990年发布的第一次评估报告认为，近百年的气候变化可能是自然波动或人类活动或两者共同造成的，重在强调气候变化具有全球影响，需要国际合作，指出人类活动是引起大气中温室气体浓度显著增加的主要因素，促进了《联合国气候变化框架公约》的制定。1995年提交的第二次评估报告指出，越来越多的事实证明了人类活动对气候变化的可能影响，为促成签订《京都议定书》提供了科学依据。2001年提交的第三次评估报告第一次用数据证实，过去50年大部分变暖现象都可能是温室气体浓度上升引发的。2007年提交的第四次评估报告将人类活动影响全球气候变化因果关系的判断，由原来60%信度的最低限提高到90%信度，指出人类活动"很可能"是气候变暖的原因，提出了共同努力将地球升温限制在2℃以内的明确目标，为达成《哥本哈根协议》做了准备。2014年提交的第五次评估报告确认气候变暖是毋庸置疑的，而温室气体排放以及其他人为驱动是气候变暖主要原因。报告强调，如果全球平均升温2℃或以上，会给地球和人类带来风险。这些在大数据支撑下形成的极有冲击力的报告为达成《巴黎协定》提供了依据和推手。

受新冠肺炎疫情影响，第六次评估报告延迟了一年出炉。2021年8月9日发布的第六次评估报告第一部分的结论是：全球升温已无法避免，极端天气将大幅增加，气候危机正在进一步恶化。报告首次直白地指出，全球变暖几乎可以全部归因于人类活动造成的温室气体排放。气候变化造成的影响在百年到千年的时间尺度上是不可逆转的，气候系统在近期经历的变化规模及其所处状态都是几千年来前所未有的。报告后两部分计划2022年发布。

《联合国气候变化框架公约》毕竟只是一项原则公约。1995年3月,第一次缔约方大会在德国柏林召开,签署了《柏林公约》;1996年7月,第二次缔约方大会在瑞士日内瓦召开,达成《部长宣言》,呼吁制定具有法律约束力的减排目标。这两次缔约方大会只是达成了原则共识,并未形成具有法律约束力的文件。开局火热,未曾想到达成基本共识容易,统一行动方案会道阻且长。

1997年12月,公约缔约方第三次大会在日本京都举行,达成了具有历史意义的《京都议定书》。这是框架公约下达成的第一个具有法律约束力的协议,为发达国家规定了限制和减少温室气体排放的具体义务,把二氧化碳、甲烷和一氧化氮以及氟利昂代用品等六种温室气体设定为需限排对象;设定两个承诺期,分段推进(2008年至2012年为第一个承诺期,2013—2020年为第二个承诺期),约定在第一个承诺期内全球排放量在1990年水平上至少减少5%,并对发达国家规定了削减幅度指标。协议约定了四种减排方式:一是发达国家之间可以进行排放权交易,难以完成削减指标任务的国家可以花钱从其他国家买额度指标;二是以净排放量计算温室气体排放量(实际排放量减去森林吸收的二氧化碳数量);三是可以采用绿色开发机制,促使发达国家和发展中国家共同减排;四是欧盟可视为整体,允许欧盟内部各国增减调剂,整体完成减排指标即可。明确发展中国家承担共同但有区别的责任,在第一承诺期不承担义务强制减排指标。2005年2月16日,《京都议定书》强制生效。

2007年12月在印度尼西亚巴厘岛召开的第十三次缔约方会议通过了"巴厘岛路线图",约定2009年前就新版协议谈判,同意在《京都议定书》第一承诺期2012年结束前及早开始谈判。巴厘岛谈判留下一个念想,希望2009年12月在丹麦哥本哈根召开的缔约方大会能够达成可以接棒《京都议定书》的《哥本哈根协议》。被寄予厚望的哥本哈根大会因而被当时的舆论称为二战后最重要的国际会议,被视为"拯救人类的最后一次机会"。在会上,姿态回归的美国要求中国在第二承诺期承担明确的减排指标。此时,经济高速发展的中国已经超越美国,坐上了世界碳排放第一大国的位置。协议提交大会投票时,五个国家投了反对票,未能成为有法律约束力的文件。

这次会议给中国带来了新局面、新思考,如何在应对全球气候变化问题中更好地展现大国担当、塑造国际影响力,成为中国面临的新课题。

2015年6月30日,中国向联合国气候变化框架公约秘书处提交了《强化应对气候变化行动——中国国家自主贡献》文件,提出二氧化碳排放2030年左右达峰并争取尽早达峰、单位GDP二氧化碳排放比2005年下降60%~65%等2020年后强化应对气候变化行动目标以及实现的路径和政策措施。

2015年9月,中国国家主席习近平访美,9月25日在华盛顿同美国总统奥巴马会谈后,双方共同发表《中美气候变化联合声明》的高端升级版《中美元首气候变化联合声明》,无疑为迫在眉睫、年底即将召开的巴黎气候大会注入强心针,声明极具示范性,让世界对于在巴黎气候峰会上出台历史性协议燃起了希望。

2015年11月,第21次缔约方会议在巴黎召开。中国国家主席习近平出席了开幕式,这是中国国家元首首次参加联合国气候变化框架公约大会。习近平主席在开幕演讲时指出,巴黎协议不是终点,而是新的起点。中国已成为世界节能和利用新能源、可再生能源第一大国。中国在"国家自主贡献"中提出的目标虽然需要付出艰苦努力,但有信心和决心实现承诺。

这次会议达成的《巴黎协定》成为可与《联合国气候变化框架公约》和《京都议定书》相提并论的历史性文件,协定各方同意将全球平均气温升幅与前工业化时期相比控制在2℃以内,朝着争取限定在1.5℃之内努力。协定将"2020年后每年提供1 000亿美元帮助发展中国家应对气候变化"作为底线,提出各方最迟应在2025年前提出新的资金资助目标。协定明确,各方将以"自主贡献"的方式参与减排。协定明确,将建立盘点机制,从2023年开始,每5年对各国行动情况进行盘点。

巴黎大会堪称中国以积极姿态参与全球气候治理的重大转折点。《京都议定书》出炉时,中国被列为自愿减缓同时"观战"的国家,2006年中国超越美国成为世界温室气体排放第一大国,紧接着中国又陆续戴上了世界能源消费第一大国、世界第二大经济体、二氧化碳排放总量第一大国的"帽子",人均排放量也步步赶超,煤炭、水泥、钢铁、铝、铜等高耗能产品消费量占据了世界半壁江山。在巴厘岛会议期间,中国已被发达国家"围堵",到了哥本哈根大会期间,一些发展中国家也加入了督促中国承诺减排的阵营。哥本哈根大会后,中国开始更加注重与国际社会的沟通,从2012年的"十二五"规划开始主动提出二氧化碳减排强度目标、能源总量限制指标和开展碳交易试点。有学者评价说,在巴黎大会之前,中国奉行是"反应式外交",巴黎大会让世界看见中国正逐渐转为积极的"介入外交"。

当时奥巴马政府已处于连任后的执政后期,美国的国内纷争使得《巴黎协定》在美国国会获得批准难以实现。巴黎大会最终成文的是协定，而且把强制减排目标等放在了不具法律约束力的大会决定文件中。2016年11月4日，《巴黎协定》正式生效。特朗普政府上任后，很快宣布美国退出《巴黎协定》。

原计划于2020年11月在英国格拉斯哥举办的第26次缔约方会议，受新冠肺炎疫情影响，被推迟到2021年10月。美国总统拜登在开幕发言时为上届政府退出《巴黎协定》向世界道歉。

中国和美国出人意料地在格拉斯哥发表了《中美关于在21世纪20年代强化气候行动的格拉斯哥联合宣言》，承诺双方将确保格拉斯哥大会圆满成功，宣布未来10年会通过多边合作，共同应对气候危机；中国将在2026年至2030年的5年内开始逐步淘汰煤炭的使用，并减少温室气体甲烷的排放；两国计划在五大方面展开合作，包括确立在21世纪20年代减少温室气体排放的相关法规框架与环境标准、将清洁能源转型的社会效益最大化、推动鼓励终端用户行业脱碳和电气化的政策；同意建立气候行动工作组，包括定期举行会议，强化具体行动。美国气候问题特使与中国首席气候谈判代表各自举行记者会，强调中美将共同努力、加快减排步伐，以实现2015年《巴黎协定》的目标。

《格拉斯哥气候公约》呼吁所有国家加速减排，2022年提交新的国家减排计划，要求富裕国家最迟在2025年把为贫穷国家提供的气候融资从2019年的水平增加至少一倍。会议第一次将加速解决煤炭和化石燃料问题列入缔约方会议的最后决定。

第四节
碳中和的多维认知

碳中和现已成为全球共识,并逐步成为国家间新的政治认同和国家角力的新手段。

碳中和到底是什么?从学术的角度、政治的角度、商业的角度、地域的角度、行业的角度,可能会有不同的观察和解读。如果换个角度,先把碳中和不是什么梳理明白,或许更便于理解碳中和到底该是什么。

碳中和不是追求绝对的零排放。即使回归原始生态,重新过上人类初始状态的原始生活,也不可能达到绝对的零排放,何况碳排放本身就是社会发展文明进步的自然状态,不可避免,无法杜绝。解决之道在于通过植树造林形成碳汇,推广高效科学的负碳技术,把人类活动产生的二氧化碳等温室气体吸收掉,使碳的排放与吸收不再形成新的剪刀差,碳排放总量不再不可遏制地单边上升。

碳中和不是限制经济增长,简单粗暴地降低能源供给。碳中和的目标是还给地球和人类一个可持续生存的自然环境。人类要生存,社会要发展,经济需要有序持续增长,离开能源保障是不可想象的。碳中和不是经济发展的拦路石,不能靠盲目缩减能源供给达成。

碳中和不是降低人们生活质量,简单限制能源消费。碳中和是为了让人类生活环境更好,质量更高。能源消费增长是必然的趋势,只不过需要追求能源供应的绿色化。

碳中和不是"一招鲜吃遍天",不存在全球统一模式。各国国情、经济发展阶段、能源发展特点、资源禀赋、地理气候要素、产业方向、技术储备、国民素养、国力体量等均各不相同,但碳中和的发展方向理应趋同,并不存在可以完全照搬照抄的打法。经验可以借鉴,教训可以吸取,但必须针对各自特点和阶段"把脉下药"。

碳中和不是逢碳必反。无论是二氧化碳,还是其他温室气体,虽然都有推高地球温度破坏人类生存环境的不利一面,但在工业、农业、商业、交通等领域,往往堪称大用,只要害被我所避、利为我所用,用对地方、派对用场,碳也是人类的朋友。

用电不等于排放,用能不等于排放,高能不等于高排放。关键看用什么电、什么能。如果用了大量的电力,但它不是煤电,而是清洁电力,那就没有碳排放。所以国家政策由推动能耗"双控"向碳排放总量和强度"双控"转变。

通俗理解,碳达峰是指二氧化碳排放总量到达历史最高峰值,从此掉头向下,不再增加;碳中和是指人为活动导致的二氧化碳排放总量与全球吸收总量差值为零,达到平衡。

人类发展史就是能源发展的历史。工业革命发明了蒸汽机,柴薪支持不了高能耗机器的需求,人类挖掘出来煤炭做主要燃料。随着以汽车为代表的高精度移动机器的使用,能量密度更高、更轻便的燃料石油和天然气唱了主角。正是这一轮又一轮能源的开发与使用,把人类的现代化和经济发展推到了前所未有的高度,但随之而来的是人类唯一赖以生存的地球环境变得"一地鸡毛"。

煤炭、石油、天然气基本物质含量都是碳,这些碳基能源最大的负面作用就是与氧结合释放出热量的同时释放出二氧化碳。以二氧化碳为代表的六种温室气体像棉被一样盖在大气层上，阻碍了地球与外空间的能量交换，导致全球变暖。

世界是物质的，物质是运动的，运动就要耗费能量。能源是国民经济运行的基础，能源基础变了，未来40年可以预见的经济、社会、科技、投资都会发生极其深刻的变化。

中国对碳治理的认知也在逐渐变化。2009年9月作者在纽约参加一个气候论坛时讲了一个故事：国际社会好像一个大家庭，欧美就像七八十岁的老人家，已经很富足了，吃得很好但很少，而且不用干活，排放自然低。中国是十八九岁的小伙子，脏活累活都是我们干，家里又穷，吃得不好就吃得多，排放也就多。又想让我们吃得少，还要多干活、排放少，这既不人道也不现实。全场听众包括许多欧美人都哄堂大笑。

这个故事代表了中国当时的主流观点：一是欧美已经发展过了，现在轮到我们发展了，发展就要排放，排放权就是发展权。二是要考虑人均排放和历史排放。三是让我们减排可以，但要给我资金技术援助，你帮我，我就干；你不帮我，我就慢慢干。四是我承诺相对数，如减排25%，但不承诺绝对数，等等。

现如今，这些观念都该改变了，因为中国已经成为全球气候治理的焦点。

中国1980年GDP总量为4 587亿元人民币，当年二氧化碳排放为14.5亿吨。过去的40年GDP年均算术增长率为14.5%，2020年GDP达到101.6万亿元人民币，能耗总量49.7亿吨标准煤，二氧化碳排放量106亿吨，恰好是"双一百"。未来40年，中国GDP预计还有3~4倍增长,到2060年GDP总量大概在360万亿元人民币,如果不强力干预,2060年碳排放将达到160亿吨左右。中国传统能源结构一直以化石能源为主,化石能源占比达到80%,其中,煤炭占比57%。中国80%以上的碳排放来自发电行业(占比50%)、工业。化石能源是二氧化碳主要来源,燃烧产生的颗粒物也是大气污染物主要来源。2019年全国单位火电发电量二氧化碳排放约838克每千瓦时,2020年全国火电发电量5.28万亿度,是唯一燃煤发电量增长的G20国家,同比增长1.7%,对应的是大约44亿吨二氧化碳排放量。中国单位GDP能源强度、碳排放强度都远高于发达国家,能源系统减排面临的首要挑战就是降低这两个强度。高速发展的中国能源消费需求还在不断增长,人均每年3.2吨标准煤的能源消耗水平,仅及美国(人均11吨标准煤)、俄罗斯(人均13吨标准煤)的零头,只相当于全球能源利用效率最高的日本和德国的一半。人均能源消费的必然增长是客观存在,如此体量的能源缺口,简单通过煤电的关停并转很难消化,简单关停也会带来难以评估的社会影响和连锁反应,甚至会冲击到中国的经济体系。

中国发电用的是煤和燃气,炼钢铁用的是电,工业制成品的碳足迹丰富而量足。碳税一旦被发达国家大规模采用,中国制造的出口将面临新的壁垒。换句话说,不减碳,就相当于我们给自己关上了通往国际市场的大门。

新加坡《联合早报》报道:比较了53个国家167个城市的碳排放量,其中25个城市的碳排放量占总数的52%。这25个城市当中,除了莫斯科和东京,其余23个都位于中国,包括北京、上海、邯郸。

若中国不推进碳中和,全球碳中和就没有意义。因为中国碳排放全球第一，占比高达 28.8%.

中国想成为负责任的大国吗？必须推动实现碳中和，特别是美国在特朗普执政时期的政策跑偏，虽然拜登上台签署的第一个法案就是重返《巴黎协定》，但这种政策的摇摆不定也给了中国成为"定盘星"的机会。

中国想占领道义的制高点吗？必须推动实现碳中和，碳中和已成为中国与其他发达国家"平视"的支点。

中国的产品想出口吗？碳中和是准行证，欧盟已经把碳边境税的大坝筑起，中国推动实现不碳中和，钢铁、铝等高碳排放的产品就要被征收高昂的碳关税。

中国想倡导全球共同构建人类命运共同体吗？碳中和的实现也是其中重要一环。

新时代中国如何实现高质量发展，用什么样的规则体系、指标体系来调度和引领高质量发展？站在国内发展的角度，站在中华民族永续发展的角度，站在新时期要有新规则的角度，碳中和就是一套崭新的规则体系。碳中和就是这个新时代的规则体系，而且已经明确了，不只是宣传教育、口头要求，还需要刚性约束条件，且必须限时达标。

2020 年 9 月 22 日，习近平主席在第 75 届联合国大会一般性辩论上代表中国庄严承诺："二氧化碳排放力争于 2030 年前达到峰值，努力争取 2060 年前实现碳中和"，"到 2030 年，中国单位 GDP 二氧化碳排放将比 2005 年下降 65% 以上，非化石能源占一次能源消费比重达 25% 左右，森林蓄积量将比 2005 年增加 60 亿立方米，风电、太阳能发电总装机容量将达 12 亿千瓦以上"。这一宣示表明中国作为负责任大国对建设人类命运共同体的担当，这样一个决策将在经济、能源和环境方面给中国乃至全球带来极其深刻的影响。

"双碳"目标力度之大，超出了业内人士预期。中国需要体现对气候变化以及低碳发展的信心和雄心，展现负责任大国对世界的担当，同时也反衬出美国作为唯一一个签署《巴黎协定》后又退出国家的言而无信。美国总统拜登上任第一天就签署文件，重返《巴黎协定》，并推动中美气候大使会谈，在美国全面支持与中国对抗的前提下，在气候问题上要与中国全面合作，气候问题成为当前两国交流的最大交集，或者说是中国与国际主流国家最主要的交集和公约数，碳减排既是国际社会对中国的要求，也是中国自身发展的要求。

欧盟、美国等121个组织或国家承诺2050年实现碳中和。发达国家大部分已经过了达峰期，突出表征为：人均年收入2.5万美元以上、城市化率基本在80%左右、第三产业占比达70%。这些基础条件将发达国家碳达峰时间轴拉得比较长，大多用60年左右时间走完这段历程。中国承诺的达标时间虽晚了10年，但要用30年快跑追上西方国家六七十年快走步伐，难度大得多。

实现"双碳"战略，中国面临空前压力：经济发展水平还不够高，能源需求并未达峰，发展还是第一位的，"双碳"的前提还是要支持经济的可持续发展和人民生活质量的日益改善；经济发展和解决就业问题眼下还高度依赖高能耗制造业；能源消耗目前还以碳排放强度最高的煤炭为主，占比大大高于国际平均水平。

2021年1月，中国生态环境部正式发布《碳排放权交易管理办法（试行）》，2月1日起正式施行，启动建设全国碳排放权交易市场，交易碳排放配额。发电、石化、化工、建材、钢铁、有色金属、造纸和民航等重点行业，以及温室气体年排放量超 2.6 万吨二氧化碳当量标准的，被列入温室气体重点排放单位名录。

2021 年 2 月 2 日，国务院发布《关于加快建立健全绿色低碳循环发展经济体系的指导意见》，提出大力推动风电、光伏发电发展，因地制宜发展水能、地热能、海洋能、氢能、生物质能、光热发电……

2021 年 3 月 15 日，中央财经委员会第九次会议重点研究促进平台经济健康发展问题和实现碳达峰、碳中和的基本思路和主要举措。会议强调，这个目标事关中华民族永续发展和构建人类命运共同体。要构建清洁低碳安全高效的能源体系，控制化石能源总量，着力提高利用效能，实施可再生能源替代行动，深化电力体制改革，构建以新能源为主体的新型电力系统；要实施重点行业领域减污降碳行动，工业领域要推进绿色制造，建筑领域要提升节能标准，交通领域要加快形成绿色低碳运输方式；要推动绿色低碳技术实现重大突破，抓紧部署低碳前沿技术研究，加快推广应用减污降碳技术，建立完善绿色低碳技术评估、交易体系和科技创新服务平台；要完善绿色低碳政策和市场体系，完善能源"双控"制度，完善有利于绿色低碳发展的财税、价格、金融、土地、政府采购等政策，加快推进碳排放权交易，积极发展绿色金融；要倡导绿色低碳生活，反对奢侈浪费，鼓励绿色出行，营造绿色低碳生活新时尚；要提升生态碳汇能力，强化国土空间规划和用途管控，有效发挥森林、草原、湿地、海洋、土壤、冻土的固碳作用，提升生态系统碳汇增量；要加强应对气候变化国际合作，推进国际规则标准制定，建设绿色丝绸之路。

这次会议就如何兑现中国承诺给出了路线图，回应了国际社会核心关切。

2021年5月,中共中央成立碳达峰碳中和工作领导小组。10月24日,中共中央、国务院发布《关于完整准确全面贯彻新发展理念做好碳达峰碳中和工作的意见》,提出了构建绿色低碳循环发展经济体系、提升能源利用效率、提高非化石能源消费比重、降低二氧化碳排放水平、提升生态系统碳汇能力等五个方面主要目标。明确到2025年,绿色低碳循环发展的经济体系初步形成,重点行业能源利用效率大幅提升。单位国内生产总值能耗比2020年下降13.5%;单位国内生产总值二氧化碳排放比2020年下降18%;非化石能源消费比重达到20%左右;森林覆盖率达到24.1%,森林蓄积量达到180亿立方米,为实现碳达峰、碳中和奠定坚实基础。到2030年,经济社会发展全面绿色转型取得显著成效,重点耗能行业能源利用效率达到国际先进水平。单位国内生产总值能耗大幅下降;单位国内生产总值二氧化碳排放比2005年下降65%以上;非化石能源消费比重达到25%左右,风电、太阳能发电总装机容量达到12亿千瓦以上;森林覆盖率达到25%左右,森林蓄积量达到190亿立方米,二氧化碳排放量达到峰值并实现稳中有降。到2060年,绿色低碳循环发展的经济体系和清洁低碳安全高效的能源体系全面建立,能源利用效率达到国际先进水平,非化石能源消费比重达到80%以上,碳中和目标顺利实现,生态文明建设取得丰硕成果,开创人与自然和谐共生新境界。

文件列出了十大努力方向,无异于路线图:一是推进经济社会发展全面绿色转型,强化绿色低碳发展规划引领,优化绿色低碳发展区域布局,加快形成绿色生产生活方式。二是深度调整产业结构,加快推进农业、工业、服务业绿色低碳转型,坚决遏制高耗能高排放项目盲目发展，大力发展绿色低碳产业。三是加快构建清洁低碳安全高效能源体系，强化能源消费强度和总量双控，大幅提升能源利用效率，严格控制化石能源消费，积极发展非化石能源，深化能源体制机制改革。四是加快推进低碳交通运输体系建设，优化交通运输结构，推广节能低碳型交通工具，积极引导低碳出行。五是提升城乡建设绿色低碳发展质量，推进城乡建设和管理模式低碳转型，大力发展节能低碳建筑，加快优化建筑用能结构。六是加强绿色低碳重大科技攻关和推广应用，强化基础研究和前沿技术布局，加快先进适用技术研发和推广。七是持续巩固提升碳汇能力，巩固生态系统碳汇能力，提升生态系统碳汇增量。八是提高对外开放绿色低碳发展水平，加快建立绿色贸易体系，推进绿色"一带一路"建设，加强国际交流与合作。九是健全法律法规标准和统计监测体系，完善标准计量体系，提升统计监测能力。十是完善投资、金融、财税、价格等政策体系，推进碳排放权交易、用能权交易等市场化机制建设。

国家发改委称，这份文件构成了中国碳达峰碳中和政策体系的总纲，随后还将陆续出台包括能源、工业、交通运输、城乡建设等分领域分行业碳达峰实施方案，以及科技支撑、能源保障、碳汇能力、财政金融价格政策、标准计量体系、督察考核等保障方案。

2021年10月26日，国务院印发《2030年前碳达峰行动方案》。

2021年10月31日，二十国集团领导人第十六次峰会阐述了对气候变化、碳达峰、碳中和问题的看法。中方强调，将陆续发布重点领域和行业碳达峰实施方案和支撑措施，构建起碳达峰碳中和"1+N"政策体系。

《关于完整准确全面贯彻新发展理念做好碳达峰碳中和工作的意

见》就是"1+N"中的"1",是对碳达峰碳中和工作进行的系统谋划和总体部署;《2030年前碳达峰行动方案》是碳达峰阶段的总体部署,更加聚焦2030年前碳达峰目标,相关指标和任务更加细化、实化、具体化。

2021年9月21日,国家主席习近平在北京以视频方式出席第七十六届联合国大会一般性辩论,发表题为《坚定信心 共克时艰 共建更加美好的世界》的讲话,宣布:"中国将力争2030年前实现碳达峰、2060年前实现碳中和,这需要付出艰苦努力,但我们会全力以赴。中国将大力支持发展中国家能源绿色低碳发展,不再新建境外煤电项目。"

中国是全球煤电装机容量第一大国,煤电装机容量和发电量均占全球总量的一半以上,中国也是境外最大的燃煤电厂融资方之一。不过,2021年"一带一路"倡议前所未有地没有为任何煤炭项目提供资金。中国海外煤电投资近年持续下降,可再生能源投资不断增加。2020年,包括太阳能、风能与水电在内的中国海外可再生能源投资,占海外能源总投资的比例已达57%,远超煤电投资。

第五节
碳中和之路

一、中国特色的碳中和之路在哪里

中国自然禀赋富煤、贫油、少气,煤炭在能源消费中占比超过50%,消耗了全球50%以上的煤炭,属于典型的高碳能源消费国,石油、天然气、核电占比远低于全球平均水平,水电占比略高于全球平均高水平,可再生能源占比与全球平均水平基本相当。中国幅员辽阔,自然禀赋区域性差异明显。

发达国家人均能耗和社会碳排放总量已先后达峰,掉头进入下降通道,技术升级、产业升级、民众生活习惯和环保意识培育、法律制度和市场机制配套已经发展得比较成熟,碳中和目标达成相对容易。中国还处于能源消费弹性系数高、经济发展对能源消耗依赖程度高、人均能源消费持续上升的阶段,减排刚加速就需要冲刺,要用发达国家一半的周期达成同样目标。

中国经济发展区域不平衡,城乡不平衡,还在巩固拓展脱贫攻坚成果的阶段,经济收入偏低、生活质量不高、文化程度不高的人口比例还相当高,依靠经济发展解决吃饭问题还是硬任务。中国人口基数大,就业问题突出,经济转型和产业升级换代的同时如果不能解决好就业问题,就可能给国计民生和社会稳定带来影响和冲击。

与此同时，中国人口数量正在或者已经接近峰值，即将进入下降通道。

人口总量大，如果能够抓好教育引导，人人参与减碳，聚沙成塔、积少成多，成效也将蔚为壮观。中国的举国体制可以集中精力办大事攻难事，扶贫那样前无古人举世无双的壮举都能完成，碳达峰、碳中和的目标已定，社会和国民高度认同，只要能找准符合中国特色的发展道路，中国一定能成功。

中国的碳中和之路不能急躁冒进，不能一刀切断然取缔化石能源，不能踩急刹车全面关停火电厂，应该下大力气，通过科技攻关，变废为宝，大力发展碳捕集和利用技术，尤其是负碳技术，持续有序有目标有手段有计划有幅度地减排、降低化石能源尤其是煤炭消耗占比。

中国的碳中和之路应该一盘棋，但不能搞全域格式化，要统筹新能源建设规划，要针对区域自然禀赋特点，尊重地域特色，开发利用新能源。

中国的碳中和之路应该鼓励绿色金融创新，发挥政府资金引导特色，结合财政和市场资金的各自优长，盘活全国的资源，整合行业的资源，激发市场的热情，鼓励智慧金融、数字经济与碳中和有效融合，用政府加市场的力量助推资源大省与经济强省、科技强省结对子谋发展，互利共赢，取长补短，提高碳中和的综合成效。

中国的碳中和之路应该研究好人口总量变化的趋势和能源消耗的匹配，早谋划早准备，既要防止人口总量下降趋势过陡，给能源结构转型带来冲击，也要防止错过时间窗口，未能抓住能源消耗量变化的趋势，提前布局，优化减碳节能路径。

中国的碳中和之路应该用好"人民战争"的法宝，教育、发动群众，调动个体、社区参与自动减排的积极性，激发人民群众创造性，积小善而成大德。各行各业都有碳中和任务，每个公民也应该参与其中，从节约一度电、节约一张纸、少开一天车、少使用不可降解塑料制品等点点滴滴的行动开始。

对中国来说，实现双碳目标，压力大、任务重、时间紧，别无他途，唯有负重前行，推动能源结构发生根本性变化。

二、中国能源结构调整难在哪里

"贫油、少气、相对富煤"的资源享赋条件决定了中国仍以煤炭为主的能源消费结构。中国三大化石能源矿产资源已探明储量中，煤炭占94%以上，石油和天然气仅占6%左右，以燃烧煤炭的方式提供能源是中国主要的能源产生方式，煤炭在一次能源生产和消费结构中占比长期保持在70%以上（最高曾达到90%），煤的使用成本最低，能源供应最稳定，基础设施最健全，技术最成熟，在新能源还没被充分开发、成熟利用、成本还居高不下、设施还欠账较多的情况下，对煤炭不能一禁了之，也无法做到断然放弃。而到2060年，新能源需要从现在的占比20%上升到80%，这是一个根本性改变，因为所有的经济运行、生产行为与物质生活的基础都是能源，能源的主体变了，所有的行为主体都会发生变化。能源结构与产业结构是相辅相成的，改革开放以来，中国产业机构调整有了巨大进步，第三产业占比大幅提升，但相比发达国家，占比还不够高，潜力还比较大。第二产业对能源的依赖度和消耗量远远大于第三产业。调整能源结构的前提是产业结构不断调整优化,第三产业比重持续提升,产业持续优化升级。预计到2060年,中国的产业结构将发生重大变化,碳排放偏低的第三产业占GDP比重将从54%上升到70%左右。

三、中国能源结构应该如何调整

发展可再生清洁能源是根本。中国已是全球风电和光伏发电规模最大、增速最快的国家。对标"双碳"目标,中国需要将电力行业的碳排放量控制在40.2亿吨以内。若将光伏装机量占比提高到40%、风电装机量占比提高到35%,光伏还有二十多倍、风电还有十多倍的增长空间,发展潜力巨大。中国新能源产业已基本走过了政策推动阶段,接下来应该向成本推动转型,随着清洁能源的规模化开发利用和技术的快速进步,将发电成本持续降低,使其趋近于传统化石能源。先立后破有序推进能源结构调整优化,推进风电、光伏等清洁能源基地建设,通过智慧电网的建设使用和储能技术的开发、大规模应用,改变清洁能源垃圾电形象,从根本上改变弃风弃光的现象,继续发挥传统能源特别是煤炭、火电的调峰和兜底保供作用,转而将火电变身为调峰应急备用电。 2021年10月18日,中国国家能源局局长章建华在第二届"一带一路"能源部长会议上表示:"中国计划2025年将中国的非化石能源消费占比提高到20%左右,单位GDP能源消耗和二氧化碳排放分别比2020年降低13.5%和18%。"2020年非化石能源在中国一次能源消费中的占比约为15.4%,这意味着,在五年内平均每年将提升约一个百分点,能源转型的力度将进一步加大。

真正用好火电是基础。虽然煤炭占比在逐年降低,但煤炭主体能源地位很难一下子改变。据国家能源局统计：中国水电已经开发到了理论极限的75%；石油、核电、天然气对外依存度很高，其中核原料对外依存度高达90%；可再生能源光电、风电的不稳定性还没有解决；可燃冰、干热岩、海洋能还无法量产。在火电短期内无法禁绝的情况下，必须大力发展煤炭的绿色开采和清洁利用技术，大力发展CCUS技术，大幅降低火电碳排放量，催生低碳、零碳技术，提升碳收集再利用水平，也能还火电清名。

加速产业升级是核心。在石油、化工、钢铁、电力、建筑、交通等行业领域，大范围推广电气化，构建综合智慧能源网络，使传统产业绿色化、智能化，降低碳排放，提高设备设施能效，利用新技术新观念催生绿色化新产业。

提高能源效率是关键。将能源结构调整、新能源推广利用融入中心城市建设等区域战略和区域协调发展战略，融入乡村振兴战略，融入城镇化战略，强化顶层谋划中的能源结构调整思维，强化战略落地的能源结构调整实施，强化建设质量监管和验收，强化现代设施农业的能源智慧化绿色化落地。加强工业用能和民用用能的精细化智慧化管理，提高节能意识和保障手段，推动能效低于基准水平的行业企业改造升级，推动全社会加强节约用电用能。

政策是方向标，市场是发动机。中国碳达峰碳中和"1+N"政策体系正在陆续发布，各相关领域都将出台一系列政策措施，加速绿色低碳转型和创新，优化能源结构、控制和减少煤炭化石能源、推动产业和工业优化升级，以及遏制高能耗高排放行业盲目发展的刚性要求和实施细则会细化到各行各业，这些配套政策是推动能源结构大调整的方向标，中国碳交易市场已经正式鸣锣开启，对碳排放指标的分配和市场化交易将成为推动能源结构调整的引擎。

中国已经把能源安全提升到关系经济社会发展的全局性、战略性问题。发展新能源是抓能源安全的必由之路，倡导全社会勤俭节约，培育节能降耗意识，促进生产生活方式绿色转型，全面建设能源节约型社会也是题中应有之义。

碳中和关系到每一个人，关系到每一个家庭。中国人口基数大，办成一件事不容易，但如果能全民参与、人人尽责，难事就不难。改革开放以来，中国经济总量快速增长，创造了世界奇迹，全民饥荒保障不足的时代一去不复返了，但过上好日子后也养成了大手大脚的新毛病，长明灯、长流水、电机空转、餐饮浪费、过度包装等现象比较普遍。节能必须贯穿到经济社会各领域各环节，必须持续有效地开展节能教育，培育公众节能观念和参与节能的意识，倡导勤俭节约的消费观，倡导简约适度、绿色低碳生活方式，普及节能知识，传授节能方法，结合民众生产生活习惯，应用科技生活手段，把参与节能变得有趣、易达，让节能成为生活的一部分，把节能变成社会的主流。近年倡导的光盘行动就收到了比较明显的成效。

中国的产业结构正在发生深刻变化，第三产业占比不断攀升，已经达到54%，未来将提高到70%以上。每个行业、每个单位都有碳达峰、碳中和的任务，必须先搞清楚自己的碳足迹，才能将节能降耗的计划落到细节，企业和民众自愿减排才有遵循，节约一度电、少开一天车、少用一次性产品、积极参与植树造林和环境绿化，引导绿色出行风尚，加快城市绿色交通设施条件建设，提高绿色交通优先级，提高绿色交通转换通达率，让绿色出行更便捷、更高效、更经济，都是减碳固碳节能降耗的可用方式。

全社会节能降耗有赖于科技文化融合创新，依靠科技的力量降低节能降耗的难度和门槛，使节能降耗手段便捷、可达、高效，把节能降耗、能源和材料回收再利用、能源互补联供的新技术新手段融入生活必需品，注进生产工具包，推动能源技术与信息技术、材料科技、文化教育、融媒体深度融合，依托"互联网+"智慧能源建设，探索能源生产、消费新模式，激发企业创新主体作用，构建多元化多层次能源科技和文化创新融合机制，把节能意识贯穿于义务教育、科普教育、在职继续教育、思想行为养成教育的方方面面，为全社会节能降耗提供企业和民众个体深度融合深度自发的科技文化支撑。推广信息技术在节能降耗领域的应用，推动5G与工业互联网融合发展，推进能源大数据融合、数据关联分析，推动能源管理数字化和精细化。应用科技手段，开展节能诊断，培育解决方案服务商，采取合同能源管理等方式，鼓励企业实施节能降碳改造升级。创新宣传教育手段和模式，为全国节能宣传周、全国低碳日等宣传活动赋能。引导园区、企业和公共机构开展低碳循环改造。发挥好各级、各类传媒平台的宣传和监督作用。

全社会节能降耗，不能搞运动式的一阵风，应该建立健全公认度较高的评价指标体系，建立健全评价机制，与企业和个人征信、生活生产优先权、社保税务、企业绩效和社会责任评价等认证认定体系通达互认，把节能指标纳入生态文明、文明城市、绿色发展等绩效评价指标体系，既要倡导，也要通过评价认定来规制，让节能优先成为企业和公众行为规范，成为评价企业和个体的重要标尺。同时，围绕能效水平、节能效果建立健全普适科学的评估体系，考核到企业，考核到机构，考核到个人，使得主体能源资源节约效果实心化指标具象化。坚持绿色发展,推进工业领域低碳工艺革新和数字化转型,着力打造物联网、智能电网、节能环保等先进制造业,建立绿色低碳产业体系,建设绿色工厂、绿色园区、绿色供应链,推广绿色设计、绿色采购、绿色生产。以现行节能标准确定的准入值和限定值为参照,持续科学提高行业能效基准水平,推动用能单位能效水平不断提升。分类制定公共建筑用能限额指标,实施基于用能限额的公共建筑用能管理,引导采用合同能源管理等市场化方式开展绿色节能改造。结合大规模老旧小区改造,对老建筑同步开展节能改造,基础设施绿色化、智能化升级,降低建筑能耗。挖掘利用屋顶资源实施分布式光伏发电工程。建立公共建筑能耗信息公示制度,提升绿色建筑运营管理、绿色低碳运行水平,推广环境质量、建筑能耗、区域能耗实时监测和公示,打通电、水、气等能耗数据共享渠道。健全绿色认证有效性评估与监督机制,大力培育绿色标准、认证、检测专业第三方服务机构,及时提供优质专业服务。推广精细化节能管理措施,减少无人、少人区域的空调、照明等用能,引导控制和减少非必要待机设备能耗。推动商贸流通领域节能减排。 推进农业生产和农机装备智慧化绿色化。

第六节
碳中和实施路线图

中国特色的碳中和之路,既已选定科学道路,就需要借助市场和技术双翼助力,加速飞跃。碳市场的建立健全,绿色金融的成熟运作,技术手段的跨越突破就显得尤其重要。

碳交易,完整表达是二氧化碳减少排放指标的交易。碳交易的实现需要两个前提,一是出现了可量化可互认可交易的二氧化碳减排配额指标,二是拥有了成熟的交易规则,产生了足够支撑交易的市场需求。

第一个前提的实现有赖于中央和地方政府确定碳减排总量目标并对减排配额进行初始分配,第二个前提的实现有赖于企业之间(或地区、城市之间)有了互通互认的、以减排配额为标的进行交易的市场机制。

不妨举个模拟案例,更便于理解。

A、B、C三家企业,每家每年排放100 000吨二氧化碳。政府确定了各企业年度减少排放总量(cap):每年减排3 000吨(3%)。

A企业走技术创新之路,一次性加大改造投入,五年内每年可减排8 000吨。扣除自用减排额15 000吨外,有25 000吨可卖出。假设均价为80元/吨,A企业五年可通过出售富余的减排指标25 000吨获得收入200万元[25 000×80=200(万元)]。

B企业以常规节能手段，每年可实现减排1 000吨，需要买入2 000吨减排指标，五年共计需购入10 000吨减排指标，支出80万元（10 000×80＝80万元）。

C企业每年可实现自我减排1 000吨，没有购买减排指标，被监管部门罚款400万元。

正是因为出现了A、B、C企业在完成监管部门下达的减排指标上的盈亏差距，才催生了市场交易（trade），这就是碳市场的交易机制。

碳市场的启动需要做大量的准备工作。

国家（地区、城市）需要以法律的形式确定设定期限内的减排总目标，以及期限内各考核期的减排额度配比。这些指标的制定需要综合考虑各方面的因素，包括对经济增长的影响、产业结构调整的效费比、能源结构优化的方向和途径、排放协同控制的措施与手段、对国民生产生活条件的改变、资源匹配和替换升级的可行性等。通过充分科学论证后确定的碳配额总量和年度减排量，必须以立法方式加以确认和发布。在此基础上，需要确定减排责任主体，把指标细化分解到责任主体，明确责任，将外部性指标转换为内部化约束。论证确定总量宁"严"勿"宽"、宁"紧"勿"松"，要突出刚性，防止弹性。责任主体被分配的额度是碳排放配额，也就是在特定期限内的温室气体排放许可权，通常以"吨二氧化碳当量"为单位。

碳市场的建立赋予了温室气体排放权的稀缺性，配额便有了经济价值，需要科学、严格、公正、公平地分配排放额度。碳市场是引导实施碳减排的约束和激励机制，碳交易的方向是有效激励大额减排。由于信息不对称，单纯行政性减排机制缺乏经济效率。除非交易成本过高，否则政府部门适当确定各企业的碳排放配额（初始产权配置），并允许企业间以自主确定价格就配额进行自由交易的"碳交易"机制比政府直接征收碳税更有效。不同行业、不同企业间减排难度、减排成本不同，碳交易价格引导企业做出最优决策。碳交易市场环境下，政府可通过市场补贴、监管及额定减排量等手段提高企业减排积极性，获得较好的减排量控制效果。

碳配额交易市场为高排放企业提供碳交易平台，鼓励企业尽可能减碳。对因大额减排而出现配额剩余的企业，可通过碳交易平台出售多余配额，获得碳收益。配额不够的责任主体随行就市购买减排额度，使减排行为经济性可衡量，可以推动低成本、高效率实现温室气体排放权的有效配置，达成总量控制和公共资源合理化利用的履约目标，使全社会的减排成本降到最低，使社会资源得到最优化配置。对于减排成本高的企业，碳市场鼓励企业去市场购买，补足配额缺口，降低减排成本，让减排成本低的企业多减排。

碳市场建立了履约机制，不履约或未按期按量完成履约，将面临高额处罚和失信危险。有效的约束机制下，罚款强度会数倍于碳市场交易价格，受到惩处的责任主体失信情况会被纳入信用管理。

数字技术的发展和利用使得碳源数字化，交易便捷化，市场无缝交互连接，而且可发挥大数据优势，助力提供全球气候治理系统化解决方案。推动区块链的应用可以应对碳市场存在的重复计算、透明度、可扩展性等挑战，提高市场的可信度。区块链、智能合约尤其适合自愿减排等小额、零散市场。

碳市场不是孤立封闭的政策工具，但它是一种相对有效果、有效率的政策工具；碳交易不排斥其他政策工具，可综合运用多种工具，形成综合服务配套；包括碳税、财政激励措施及金融工具，可将公共采购作为主要市场化手段。碳市场的健康发展也离不开专业机构的建立健全和配合实施。对强制配额市场核算，需要符合条件要求的核查机构依据规定和技术规范，受托开展碳排放数据核查，出具独立核查报告，确保核查数据真实、可信。对强制配额市场监测，需要专业咨询机构依据相关要求，协助企业制定监测计划，开展碳排放数据监测，撰写碳排放报告。对自愿减排市场的审核与核查，需要对抵消项目是否符合国家要求进行符合性审核，出具审核报告；需要对符合国家要求的自愿减排项目的减排量进行核查，出具核证报告。对自愿减排市场进行项目开发管理，需要专业咨询机构按照国家自愿减排项目开方导责和对应方法学，对抵消项目进行识别开发，撰写项目设计文件，负责项目申报及管理。

国家生态环境部发布的《碳排放权交易管理办法（试行）》适用于全国碳排放权交易及相关活动，包括碳排放配额分配和清缴，碳排放权登记、交易、结算，温室气体排放报告与核查等活动，以及对前述活动的监督管理。全国碳排放权注册登记机构在湖北省通过全国碳排放权注册登记系统，记录碳排放配额的持有、变更、清缴、注销等信息，并提供结算服务。全国碳排放权注册登记系统记录的信息是判断碳排放配额归属的最终依据。全国碳排放权交易机构在上海负责组织开展全国碳排放权集中统一交易。第一个履约周期是 2021 年 1 月 1 日至 12 月 31 日，首批纳入重点减排的企业是年排放量在 2.6 万吨以上的 2 225 家企业。

碳市场的本质是将企业碳排放的负外部性转化为企业的内部成本，并激励技术进步。中国碳市场刚刚起步，还存在体制机制的困难和阻碍。对碳市场的探索和实践，欧洲走在了世界前列，中国碳市场规模大、体量大、需求大，在交易体系建设、交易标准制定、机制体制建设等方面需要加强与国际尤其是欧洲的交流，学习借鉴成熟经验，在推进中国特色碳交易同时，科学规范，打通国际交易通道，融入国际交易体系，使中国碳交易尽早与世界互联互通。

从宏观角度来看，世界现行的主流金融结构是建立在碳基资产之上的，典型代表就是石油美元。伴随着能源结构的调整，金融资产结构也将发生巨大的改变。预计未来40年左右时间将有120万亿～160万亿元的资金进入碳中和领域，年均投入应该在3万亿～6万亿元。国际资本投向已在现实中发生根本性的方向调整，从高碳项目上大规模撤退，可再生能源成为资金追捧的对象。制造业、建筑业、冶炼业、农业等原来高碳排放行业的低碳技术吸引了大批的风险投资与股权投资基金，负碳技术尤其受到关注。

金融体系应该充分发挥资源配置和利益调节作用，绿色金融可以大有所为。对绿色金融定义的内涵和外延，不同国家的看法和定义不尽相同。求最大公约数的话，绿色金融无非是体现在两个方面，一是服务于减少对环境破坏行为的金融服务，二是关注并有效改善对环境友好性的金融手段或行为。

在这两个界定下得到应用的金融工具或工具组合都应该是绿色金融的范畴，比如：针对碳权/排污权的质押融资；针对节能低碳项目的项目融资；绿色低碳产业基金/绿色气候债券/碳汇交易/碳期货；通过置换、质押等金融衍生手段降低合约成本，使碳配额价值最大化，并可能成为理财产品；个人或社区碳积分；为减碳行为或融资提供的保险。

中国实质性推行绿色金融起步于 2017 年 6 月，国务院决定在广东、浙江、江西、贵州、新疆 5 个省区的部分地区设立绿色金融改革试验区。2021 年前三季度，中国发行的绿色债券已超过 5 600 亿元人民币，国内 21 家主要银行机构的绿色信贷余额达 14.08 万亿元人民币。绿色保险、绿色基金、绿色股权融资也得到快速发展。中国碳交易市场开市、绿色金融支持产业目录调整、碳减排支持工具创设以及碳中和债券工具创新等都进一步为绿色金融加温放量。中国绿色金融体量已位居世界前列，发展潜力巨大，未来可期。

科学发展，对绿色的定义还需进一步与国际协调接轨。路同轨，方畅达。由于绿色发展阶段和国情差异，一些环保先行国家将一切燃煤资源开发利用和可能对环境造成破坏的大型基建项目都视为非绿色，而在我国，服务于火电厂减排治污、重大交通设施建设的金融产品还可以被认定为绿色。

发展绿色金融还需要大量既懂金融又熟悉环保的复合型人才和专业化中介机构的支撑，目前人才短缺、机构不足的矛盾还比较突出。

产品创新性、需求匹配性需要与时俱进，不断适应市场需求快速发展的需要。金融机构目前提供的绿色金融产品主要集中在绿色贷款、绿色债券、绿色保险等类型上，绿色属性和创新性还不充分，流程照搬传统业务，信贷产品结构比较传统、单一，债券发行成本高，征信服务与认证机构还比较缺乏，碳排放权、排污权交易等新型权益交易还处于初步摸索阶段。

发展绿色金融，需要进一步打通跨行、跨领域、跨地域、跨行业的信息渠道，实现大数据高效共享，使信息获取与披露更充分及时，建立健全与绿色金融匹配的约束激励机制。

碳中和需要依靠绿色科技的进步，特别是呼唤颠覆性技术的出现。

绿色技术包括能源技术、材料技术、生物技术、污染治理技术、资源回收技术、环境监测技术、清洁生产技术等，如果应用到不同的产业，比如钢铁行业、铝行业、建筑行业、汽车行业等，将会是一个巨大的绿色科技的网格。我们在绿色技术中格外关注碳治理技术，这是绿色技术中关键的一部分。可降低碳排放的技术被称为低碳技术；不产生二氧化碳的技术被称为零碳技术；可使二氧化碳净减少或把二氧化碳作为原料来生产新产品的技术叫负碳技术。

技术创新是碳中和的主角。再生能源、电动汽车、共享经济、人工智能、数字经济、智能制造、新材料等新技术、新产业、新模式层出不穷是近些年技术进步促进社会发展和经济增长的具体体现。正是在技术进步驱动下，光伏、风电发电成本快速下降。中国具有巨大的应用场景、产业规模，新技术能够迅速降低成本并被市场应用，这也正是中国产业优势所在，光伏发电成本在过去 20 年下降了 90%。

碳中和的战略目标将引领并加速能源科技的创新和发展。与碳中和相关、正在提速发展的能源科技包括储能技术、节能技术、绿氢技术、固废利用技术、分布式能源技术、新能源交通技术等。CCUS 是贴合中国特色碳中和道路需求的"撒手锏"，可以将二氧化碳从排放源中分离后直接加以利用。作为目前唯一能够实现化石能源大规模低碳化利用的减排技术，CCUS 是实现碳中和目标技术组合的重要构成部分。其中，捕集技术经过多年发展已经很成熟。捕集之后怎么办？欧美推崇封存，也就是把捕集到的二氧化碳封存到深海中去。且不说这样做是否经济，也不说是否会造成难以评估的地质风险，但就说捕集后没有变废为宝化敌为友，这样的处理就显得有点牵强附会的意味，没从根本上解决碳中和问题。也有国家推广利用二氧化碳驱油采油，但应用场景有限。二氧化碳还可以用来做干冰和食品添加，但用量都太小。

在中国这样长期以化石能源为主体的二氧化碳排放大国，任何能导致二氧化碳净减少的技术都应该被重视，能够把二氧化碳作为原材料、变废为宝资源化利用的更应该被重视，二氧化碳利用中具有经济效益和大规模利用空间的技术和产业尤其应该被重视和推广。

综合来看，判断CCUS技术是否有推广价值，有几个判断原则：原理是否有创新性、技术是否具有颠覆性；工艺是否简洁合理；产成品是否有广阔应用市场；规模化应用后经济上是否算得过来账；技术是否已经成熟；综合效应是否足够好。

碳基能源利用的基本化学反应方程式是碳加氧放出热量和二氧化碳，这是中学就学过的化学反应方程式。这个正反应如果成立，应该还有一个逆反应。逆反应是什么呢？应该是热量加二氧化碳生成碳和氧，这个碳可以是纯粹的碳，也可以是长链的碳氢化合物。实际上过去百十年来，业界和学界都在思考逆反应成不成立？逆反应的第一个难关，就是二氧化碳的化学键怎么低成本打开？现在的办法有电解、高温高压等。如果使用了巨大的能量，只产生了一点点能量，显然不经济。问题是能不能温和的、低成本的打开二氧化碳化学键？

等离激元理论是21世纪才出现的，当波长较短的电磁波，比如说可见光、红外、紫外等毫米波以下电磁波，照射在物体表面，物体尺度小于电磁波波长，也就是说物体尺度在几纳米到几百纳米，在它的尖端上，能量场分布不是均匀的，出现了能量的聚集和放大，放大倍数是平均场强的 100～300 倍，如果出现两个尖端恰好碰到一起的时候，能量场强会出现 1 000 倍的放大，能量的场强就可以把二氧化碳的化学键打开了，释放出热电子，而且是链式反应，这个现象就叫等离激元。1951 年美国科学家 David Pines 和 David Bohm 提出了等离激元概念，进入 21 世纪，材料技术的突破使纳米材料的成本降低，这个现象被发现。一批奠基的论文出现了，随后被观测到。等离激元刚开始出现的时候是被用作光增强的工具，后来有人用它分解二氧化碳、裂解水、人造食品，甚至有人认为这个理论是小型可控核聚变的路径之一。

1982 年出生的中国青年科学家王琼在美国麻州大学攻读博士学位时，师从等离激元在非金属领域应用研究领域的国际泰斗。此时正巧赶上等离激元技术刚刚成熟，导师让他研究等离激元在金属材料领域的应用。他带着研究小组用 10 年时间做了 66 000 次实验，终于把等离激元催化二氧化碳合成油气技术研究清楚了。该课题得到了美国能源部和美国自然科学基金会的资助，他是这个国际专利第一发明人，后来他们团队买断专利，回国创业。

按照对 CCUS 技术的判断原则，等离激元催化合成油气技术原理具有颠覆性，等离激元催化油气技术的流程相比于一般技术流程足够短，一般的煤化工是裂解、浓缩、化合、提纯四步完成，而等离激元是裂解、化合一次性完成。在技术成熟度上，已经完成工业中试，开始商业应用。

碳中和是一场涉及人类共同命运、人与自然生命共同体的大革命；中国要自立于世界民族之林，担起大国责任，就必须加入并领跑，中国碳中和压力巨大，难度极高，无非常之举几乎不可能；碳中和是新时期高质量发展的新规则体系,将引起中国经济结构、能源结构、能效水平的重构,将影响每一个行业、每一个机构、每一个人;碳市场是激励与约束并重的经济工具;碳中和宏伟目标要靠颠覆性技术创新来支撑,用新技术实现碳的双循环。

第三章

双螺旋：元宇宙与碳中和

鉴古可知今，既往而开来。我们尝试从人类能量和数据两大要素的历史，去管窥自然规律和人类文明进阶的奥秘，去探究元宇宙与碳中和这两个当今世界宏大主题的内在关联，进而去指导我们当前的生产和生活，提升我们对生命的认知，推动人类文明不断进阶。

元宇宙、碳中和各是一个宏大叙事，曲折发展，波浪前进。二者相互作用，交相辉映，协同演进，螺旋上升，恰似 DNA 的双螺旋。

以算力为生产力的时代已经到来，一场绿色能源革命必然相伴发生。只有解决好元宇宙为代表的先进数字经济与相对落后能源生产的矛盾，才能推动社会高质量发展。

第一节

人类文明进阶因子：能量与数据

一、能量与信息皆源自宇宙大爆炸之初

天地玄黄，宇宙洪荒。在138亿年前某个体积无限小、密度无限大、温度无限高、时空曲率无限大的奇点，宇宙诞生了……日月盈昃，辰宿列张，寒来暑往，秋收冬藏。在大约46亿年前，一片巨大的分子云中的一小块坍缩，形成了太阳和周遭万事万物，即太阳系。大约在35亿年前，在太阳系的行星，蓝色地球的某个海底火山口的热泉处，出现了以繁殖为目的，以运用能量自发熵变为进化方式和适应环境的生命体——单细胞生物！

其实，在奇点大爆炸之初的3分46秒，能量的世界就已形成，物质的世界从质能方程的角度来看也是能量的世界，自此刻起万物的演化、众生的进化皆关乎于能量的形态、变化和呈现。此时，万物都已是物质的呈现，能量越紧密则质量越大，质子和中子在宇宙中的配方也已确定。物种的生存、繁衍和进化，关乎的主题是如何在自然界以更有效率的方式直接、间接地获取太阳能，微生物如何提升能量吸收转化效率，如何快速繁衍适应环境；植物如何伸展枝叶以更大的面积接受太阳光，如何进化出更具效率的叶绿体，如何在太阳能间歇性匮乏环境下保持活性；动物如何以更快、更强的方式间接捕获能

量，如何利用最少的能量实现最大的繁衍生息。

此外，在奇点大爆炸之初的 3 分 46 秒，信息就已经是宇宙的客观存在，与宇宙一并诞生的除了能量还有物理。所谓物理即物上之理，是关于物质基本结构和最一般运动规律的科学之理，是大至宇宙，小至基本粒子等的一切物质最基本的运动形式和规律。或者说宇宙诞生之初关于能量的形态、能量的组织和能量转换、调用的法则，也就是信息就已经是客观存在的。古往今来，无论是伽利略、牛顿、麦克斯韦、普朗克还是爱因斯坦都只是通过各种规范与实证、逻辑与推理、抽象与归纳的科学方法，去发现和揭示这些特殊信息的使者而非信息本身的创造者。人类进而通过对这些客观信息的掌握和利用，去了解和认知物质与能量世界的本质与运行规律，从而进一步增加能量的获取方式，提升能量的使用效率。

人类自 320 万年前的"人类祖母"露西以降，茹毛饮血，而衣皮苇，度过了鸿蒙混沌的原始时代，又经历了以第一产业为主的农耕牧渔时代、以制造业为主的工业化时代、以计算机互联网应用为主的 IT 时代，即将步入虚拟与现实相融合的元宇宙时代。每一次换代，都是在原有产业基础上能量获取方法和能量利用效率的升级迭代，并形成相对清晰的四类产业形态：农业、制造业、互联网和元宇宙。

人类的繁衍和进化、社会秩序的维持和变革，以及由此产生的生活和生产活动，追本溯源是关于需要大量能量的获取和消耗，并依赖信息即能量利用的方式，横向传播和纵向深化而迭代演进间的联动。而人类对信息的掌握和使用主要是以数据的形式来记录、存储和传递的，即数据是信息的物理化表现形式与载体，是不断累积并越来越巨量的。人类文明的进程，无外乎是能量的开源节流，以及关于开源节流的掌握（即数据的累积），从而能量和数据，即成为人类文明延续、进阶的两大关键因子！

二、能量与数据坐标系

为了便于理解元宇宙、碳中和所带来的能量和数据两大因子的爆炸效应，以及两大因子在人类文明进程中的作用，我们先构建一个二维思考框架，基于能量与数据两个维度的坐标系来观察和思考人类文明的演进。

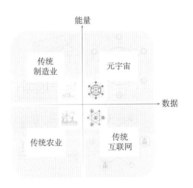

图3.1 能量与数据的关系

说明：该坐标系借用笛卡尔坐标系，只是为了表征人类社会发展过程中，能量利用和数据累积不断增长的关系，这里没有正、负，横轴往右是大数据，往左是小数据。纵轴往上是高能量，往下是低能量。原点处不表示能量和数据为零。

纵坐标是能量，人类从类人猿到南方古猿再到智人历经800万年，在能量获取和利用过程中不断探索和发现。一方面，火作为文明之光，照亮了人类发展的进程。火的使用是人类使用能量的重大跨越，火的使用是人类首次学会了自主使用生物质和太阳能，为人类提供了全新的能量转换方式，火的使用让人类提高了摄入能量的吸收效率，从此不再茹毛饮血，继而有了更多的能量去发展大脑。一方面，随着火的使用，人类又经历了薪柴时代、煤炭时代、油气时代和电力时代，直至近现代蒸汽机与电动机的大规模使用，人类逐渐发展出了对多样化、复杂形态的间接太阳能的使用并不断提高着能量使用的量级和效率。另一方面，学会制造和使用工具，更是人类发展中的神兵利器，起初人类只能凭借自身弱小的人力采集狩猎，随着动物的驯化、轮子、杠杆、铁器的发明，人类逐步跨入了农耕时代，之后蒸汽机、电力、计算机、互联网等的发明更是把人类文明提升到了辉煌的高度。

人类过去几万年的发展就是发现能量、获得能量并利用能量来改变周遭世界，同时也改变了人类自身的社会组织和文明发展进程。

从人类文明发展历程来看：一是能量由低能转向高能，农耕文明主要能源是薪柴、畜力、人力等，工业文明开始进入煤炭时代，接着进入油气时代，现在又进入电气时代。正是能量使用的越来越多，使得能源由低能向高能发展。二是能量使用总量随经济发展迅速增加，从空间维度来看城市的能量密度大于乡村，工业、信息技术行业的能量密度大于农业、畜牧业，从时间维度来看文明水平的高低本身就是能量密度高低的表象。三是人类总在发现能量密度更高的能源，同时兼顾场景、运输和成本等使用效率，从植物能源到化石能源，从风能、势能、太阳能到原子能，人类致力于探索能量密度更高的、更易获得的、更便捷可控的能源。四是单位能量创造的价值，是人类文明进步和评价各个经济体发展的主要指标，科技的进步一方面体现在能源总量的获取上，另一方面体现在能源利用方式和效率上，从瓦特改良万用蒸汽机到特斯拉发明交流发电机，正是对于能源使用效率的提升，才使人类经济社会实现了跨越式的发展。

横坐标是数据，数据的本质是物理化的信息，数据的价值来源于对物理化信息的使用，从而增加能量的采集方式和提升能量采集的效率。远古人类从结绳记事开始记录数据，进而有了文字、纸张等记录工具和算盘等计算工具。到20世纪40年代，人类发明了第一台电子计算机，20世纪80～90年代出现了互联网，21世纪移动互联网大行其道，今天又在朝着元宇宙方向发展。人类获取、存储、传输和使用的数据量越来越大，总数据量每隔一百天左右就会在以前的总和基础上翻一番。

人类对于数据的记录、处理和传播的深度和广度也在不断拓展。从数据记录内容的角度来看，"上古结绳而治，后世圣人易之以书契"。从三万两千年前的肖维岩洞惟妙惟肖的动物岩画，到三万年前施泰德洞穴的狮人雕像，再到五六千年前苏美尔人的楔形文字，人类数据的记载实现了从图画到立体再到抽象文字的飞跃，也实现了从具象动物到想象的半狮半人再到抽象事件推理的记载。

从数据记录介质的角度，美索不达米亚苏美尔人用胶泥制作的黏土版作为最早的记录载体照耀着巴比伦文明，莎草纸则是古埃及文明发扬光大的利器，羊皮纸伴随着希腊和罗马文明创造了影响至今的西方文化，而竹简和造纸术则让中华文明传承五千年。及至今日，数据的储存已跨越到了数字化时代，磁介质的使用，使数据的存储密度、复制效率实现了前所未有的跃迁。

从数据处理的角度，结绳记事，"有约誓之事，事大大其绳，事小小其绳,结之多少,随扬众寡,各执以相考,亦足以相治也",可谓是最早的数据处理方式。世界几大文明相继发明了用人力转换为算力对数据进行处理的工具,埃及的沙盘、希腊萨拉米斯算板、中国的珠算盘,都是人类对超越人脑算力的复杂数据的处理工具。历史的长河流淌至1946年,在美国宾夕法尼亚大学世界上第一台通用计算机"ENIAC"的诞生,为人类对数据的处理能力开创了新纪元。

从数据传播的角度,《人类简史》告诉我们原始社会中的"八卦"正是人类最早的信息传播,也是智人认知革命的基础,正是基于信息的传播人类才发展出语言,发展出分工合作,发展出科学传承。雕版术、胶泥活字印刷术为中华璀璨文明奠定了基础,近代古腾堡印刷术的发明更是为路德宗教改革铺平了道路,为现代人文主义和科学发展奠定了无可替代的基石。工业革命之后电报、电话、互联网的相继发明,更是让信息的传播进入低成本、高效率、全方位的光电传播时代。

从图3.1能量和数据的坐标中,我们会看到四种主要的社会形态。

第三象限是传统农业,包括农业之前的原始狩猎采集社会、农耕社会,这个象限的关键词是直接采用低量级能量,并处理低密度数据。早期人类通过采集、狩猎、农耕把生物质能直接转化为可以摄入的能量;通过对火的利用、驯化家畜、发明轮子等工具,增加采集能源的效率、提升能源使用效率;通过衣服的发明、固定住所、储藏能技术的发明,降低了对能量的损耗。而农耕时代的数据,则是以直接能量获取、使用和节省为主题的,最初发明的语言和文字书写系统,是为了部落间更好交流和狩猎,文字则是关于占卜、借贷等生产力的记录;之后各种促进农耕及技术发展的数据,也是关乎如何提升能量获取的直接经验，比如留存下来的黄历（关于二十四节气）、四书五经、中医典籍、四库全书等，与现代数据量相比，就是一个U盘的数据量；近现代农业开始产生和积累大量育种、种养殖、农肥农药等数据，但相对其他产业，都是很低数据量级的，总体处于低能量、小数据状态。

第二象限是传统制造业，包括第一次工业革命和第二次工业革命，这个象限的关键词是高密度能量的转化，以及提高能量获取的低密度数据。18世纪中后期的第一次工业革命是以煤作为主要能源，以珍妮纺纱机、万用蒸汽机、汽车、火车作为主要发明成就的轻工业蒸汽时代；19世纪末的第二次工业革命是以石油、电力作为主要能源，以电灯、电话、汽车、飞机作为主要发明成就的重工业电气化时代。从能量转化角度看，传统低密度直接生物能如火力、畜力，间接太阳势能如水力、风能为主的手工作坊以不能满足人类发展对能量的需求，于是能量密度更高的化石能源、能量广度更大的光能、风能、以及核能进入了历史舞台，人类可消耗的能量较之农业社会在量级上有了巨大提升。在数据上表现为三个层面，一是关于提高能量获取的数据仍处于低密度状态，主要的科学发明如蒸汽机、交流发电机等仍然属于提升能量获取的方式方法数据的传播；二是主要的数据传播途径，如电话电报、报纸等仍处于点对点的，主动获取的，有物理限制的数据复制传播方式；三是主要的数据产品，以制造业物质产品为主要产物，产品研发设计、生产销售和管理等环节等所产生的一些数据，相对于互联网和元宇宙占比很小，总体处于高能量、小数据的状态。

第四象限是传统互联网，这个象限的关键词是能量如何转换为数据并以数据作为生产力进一步促进能量的获得。较前两个象限,这个象限在人类发展过程中产生了思维上的跃迁,过去人类关心的是如何扩大获取能量的范围以及高效利用能量的经验知识数据,而在这个象限人类发现数据本身已经成为生产力,除了利用传统的数据经验利用来节省能量,还可以通过数据处理和传播来提高能量使用效率。比如计算机的发展,已经跨越了人类脑力的奇点,使人类迈入了超乎自己生理算力极限的智能时代;比如互联网的发展,也已突破传统信息物理单向、点对点传播的藩篱,人类已经可以通过高效率的数据交换,提高能量使用价值,减少能量损耗;比如生物科技的发展,人类正在通往修改遗传基因数据、培育转基因动植物的大路上,进一步通过直接修改遗传数据提高生产力。在这个象限里,电力为主要能量支撑,数据服务为主要表现,对算力的要求没有元宇宙大(只能支撑数据的交换,还不能支撑数据的交易),相对传统制造业,能耗还不算太高,目前大概占全社会总体能耗的10%。但相对农业和制造业,所产生的数据量却是相对很大的,总体处于低能量、大数据的状态。

第一象限是元宇宙,这是我们即将进入的社会形态。这个象限的关键词是数据将成为第一生产力并作为能量获取的主要工具。传统互联网产业是被动的生产工具,是附着在现实社会和现实价值体系下的信息化工具,而元宇宙则是可独立但又融合于现实社会的拥有自有价值体系和社会体系的人类新世界。在元宇宙中数据生产力更可能成为一个主动的工具,当人工智能、人类意识虚拟模拟实现后,元宇宙世界可能会出现不依附于现实世界拥有自我意识和自由意志的"元宇宙人",而元宇宙世界也可能通过数字孪生与机器人技术,跳出物质人类的桎梏,创造出"元宇宙生物",实现外太空移民和地球以外能量的获取。仰望星空，立足尘寰，短期来看元宇宙是在传统互联网产业基础上延伸而来，会融入农业和制造业，产生大量虚实融合的应用场景，提升传统农业、传统制造业和传统互联网产业生态，通过逐渐渗透的元宇宙率，最终实现现实世界向元宇宙的过渡。元宇宙对算力的要求比传统互联网产业更高，数据处理所需的电力将匹敌甚至赶超制造业，同时数据量将成千上万倍增加，总体将处于高能量、大数据的状态。

三、碳中和约束

我们已形成的共识是，文明程度越高，人类累积的数据和所需处理的数据越多，数据作为生产力的重要性越强，所需消耗的能量就越大。当前人类社会所需的能量，主要来自数十亿年来间接积累的化石类高碳排放能源。人类已经认识到化石能源、高碳能源的不可持续性，全球主要大国目前都在推进碳中和工程。在碳中和背景下，能量来源需要用清洁能源来替代，而替代过程不是一蹴而就的，目前全新的清洁能源获得和使用方式尚不确定，短时间内大幅增加清洁能源供给的路径尚不明朗。碳中和在相当长的一段时间里，将对很多高能耗产业规模化的创新发展形成制约，尤其是当前高歌猛进的元宇宙。

碳中和的定义是国家、企业、产品、活动或个人在一定时间内直接或间接产生的二氧化碳或温室气体排放总量，通过植树造林、节能减排等形式抵消，实现正负抵消，达到相对"零排放"。根据比尔·盖茨在《气候经济与人类未来》中的测算，人类每年约510亿吨的碳排放，31%的排放源于生产和制造（不包括发电），包括水泥、钢铁和塑料，27%排放源于电力的生产和储存，19%源于种植和养殖，16%源于交通运输，7%源于城市生活。按碳中和目标，人类的主要任务是用清洁能源替代大部分化石能源，从而实现碳排放和碳吸收的平衡。以中国为例，2060年前碳中和目标达成时，化石能源占比将从现在的80%降低到20%左右，风光水核等非化石能源占比将到80%。元宇宙将帮助传统制造业提高效率降低能耗，多出来的能量可由元宇宙产业来填补，即元宇宙未来的能耗占比将提高，甚至可能超过制造业；如果元宇宙应用需要增加新的能量需求，即能源总量还需要增加，则化石能源的占比还会进一步降低，从某种意义上讲，未来40年，碳中和将成为元宇宙发展过程中的重要约束因素。

放在人类文明和经济发展的角度下，碳中和本身是一个结果的计量方式和衡量指标，即碳的零排放，而实现这个指标所代表的生产力发展和生产技术提高约束着元宇宙的未来发展。如果碳中和的核心的指标是零排放，则这个指标可以拆解成多个子指标：一是传统碳类化石能源使用量的降低，主要是传统能源的节能与减排；二是与碳排放相关行业的替代，如产生大量甲烷的畜牧业动物品种的替代和植物人造肉替代，建筑化工行业技术的优化和材料的替代；三是创新清洁能源的使用，包括清洁太阳能和原子物理能的改造与创新；四是人类生产生活中其他碳排放的减少，比如通过虚拟现实和网络信息传递减少交通和物流。

从能量与数据的角度来说，碳中和并非目的，而是关于能量获取和使用的划时代的衡量角度和全新维度指标。上述能量与数据的二维世界里，能量实际是简化为能量量级或者说人类可以利用的一切能量的总和，在核能没有重大突破之前，能量约等于人类可利用的动植物太阳能、数十亿年来累积的化石能源和极少量风能、势能。当前在人类迈入元宇宙时代之时，当传统能量对人类经济生活的支持已近极限之时，能量的衡量需要从单纯的能量总量的角度，提升为能量来源和能量利用效率的多维指标。碳中和这个指标，恰恰既能够衡量传统能源的使用量（总体碳能源使用量的减少）和使用效率（碳排放量的减少），又能衡量新能源的使用量（风能、光伏、势能、原子能的使用，而新能源基本不产生碳排放），甚至可以说碳中和是新旧能源转换过程中的"定制"指标。随着元宇宙的到来和经济的不断增长，能源总量消耗仍然会呈现指数级的增长，而碳中和这个指标衡量的是旧能源的利用效率加新能源的获取量。

所以碳中和本身并不是一个负向的封闭限制型指标，而是一个正向的开放发展型指标，并不是说限制碳排放可以促进经济的发展，而是说只有促进新旧能源的转换，未来找到更大量级的替代能源和更具效率的能源转换方式，才能够进一步实现人类文明的跃迁。

因此，在能量和数据坐标系基础上，再加一个 Z 轴，就是排放。Z 轴向前是高排放，往后是低排放，原点就是今天。元宇宙就是面向未来的，是低碳的甚至零碳的，这不就是碳中和吗？用这样一个思考框架，就把元宇宙与碳中和的分析逻辑基本构建起来了。今后的元宇宙，应该是一个大数据、高载能、零排放、虚实融合的世界。

我们用一张三维坐标图来阐述元宇宙在碳中和目标约束下的状态与未来发展趋势和规律。图中，柱体的截面表示元宇宙所需的能量和所产生的数据量，柱体长度表示获取能量所对应的碳排放当量。

离原点最近浅灰色部分是现在的元宇宙，它的数据量还不太大，能量需求也还不太高，截面面积总体是小的；但是由于目前工业加

IT 为主的经济形态下，人类的能源获取的方式还是以碳基能源为主。能量供应系统仍然以火电为主（占 80% 左右），日常人类息息相关的养殖业、建筑业、化工业、交通也依然需要高碳能源来提供能量，所以当前碳排放量非常大，图中的柱体部分也很长。

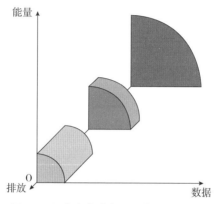

图 3.2　元宇宙在碳中和下的状态与规律

也许是 2035 年，也许到 2049 年，那时中国总体已经越过了碳达峰并接近于碳中和阶段了，元宇宙将处于中间中灰色扇形体所表示的状态。此时的元宇宙已经与产业充分融合了，它所需的能量比较高，使用的数据量也比较大，所以此时的截面面积增大了；由于清洁能源对传统能源的替代，那时电力供应主要是以风电、光伏、核能等为主的清洁能源，新型低碳排材料和技术的应用，以及元宇宙本身对人类交通运输及城市生活的改变，它的碳排放比浅灰色扇形柱体要小得多，碳排放少了很多，所以柱体变短了。此时是一个高能、大数据、近零碳排的状态。

再后，是深灰色的扇面，表达的是未来的真正意义的高载能、大数据、零排放的元宇宙的状态。此时所需的能量是极其巨大的，而数据量也极其巨大，截面面积总体更大了；而此时的能量供给系统，已经是零碳清洁能源，比如以可控核聚变为主要电力生产方式，算力也主要是用量子计算来提供的，但是这个时候的碳排放为零，柱体深度接近为零，薄得像一片树叶。此时，人类借助元宇宙，已经接近于做到在现实世界与虚拟世界中自由穿梭，真正的沉浸式计算。

四、元宇宙的碳中和破局

如前所述，电就是元宇宙重要的物质基础和技术前提，而当下，中国的电力以火电为主，在碳中和目标约束下，需要大量电力的元宇宙如何破局发展，成为一个必须厘清的问题。

按目前的 IT 设施能力，如果要达到元宇宙广泛应用所需的沉浸式算力，至少比今天要高成千倍，且要求传输时延要从目前的 100ms，缩短到 10ms 甚至 1ms，所需的能量似乎也是不可想象的，传统的化石能源甚至是地球数亿年累积的太阳能似乎是不能够支撑的。但回顾过去的七十多年，人类掌握信息技术、提供信息服务的基层工具——计算机 1946 年在美国费城首次出现的时候，它所使用的电力是所在城市用电量的 30%，但就是那样一台计算机的运算量也就是今天我们一个手环的运算量，人类对于处理单位数据所消耗的能量，经过七十多年的发展已经实现了数亿倍的提高。也就是说，随着人类 IT 技术的不断进步，比如量子计算成为可能，单位能耗所处理的数据将会越来越多，此外，元宇宙技术的应用，还可以提高传统产业的能效（从而降低能耗）和清洁电力的生产，我们相信元宇宙最终一定能够突破碳中和的约束，进入自由发展阶段。

从 IT 技术发展角度来看，单位能耗将能处理更多数据。

数据的存储、传输和处理，都需要耗费电力。而数据的存储、传输和处理效率，与设备算力、网络带宽、算法和数据类型等有关。

从提升数据算力的角度来看，设备算力是指计算设备（包括终端 PC、手机、服务器、存储、网络等）对数据的处理能力。据罗兰贝格预测，2018～2030 年，自动驾驶对算力的需求将增加 390 倍，智慧工厂需求将增长 110 倍，主要国家人均算力需求将从今天不足 500 GFLOPS 到 2035 年增加到 10 000 GFLOPS。

设备算力可分为个人算力（PC、手机等移动计算终端），组织算力（企业服务器群、政府服务器群、IDC）和超级算力（城市大脑、超算中心）。影响算力的主要因素有 CPU（主频、总线、缓存），芯片组，内存（显存），外存（容量、缓存、转速），影响组织算力和超级算力的还有网络体系结构和带宽等因素。目前设备算力的提升还基本遵循摩尔定律，每隔 18 个月性能提升 1 倍，然而摩尔定律已经趋近于极限，核心问题在于芯片运算中大量的能量耗散在计算产生的发热上而非计算本身，亦如数百年前蒸汽机 90% 的能量耗散在冷凝过程中而非抽水做功，当前整个产业都在从单纯提高计算性能转为降低单位能耗。

算法和数据类型是从软件方面提升数据处理效率的主要手段。元宇宙时代，围绕声音、图像、AI 等复杂数据的算法和类型设计是关键，充分利用新的硬软件架构，优化或创新算法和数据类型，可以成百上千倍地提高数据处理效率。例如很多超级计算机，就是不断地利用体系结构的优化，采用并行计算等方法，提高计算效率；声音和图形图像的处理，压缩算法非常关键。例如图像处理算法包括图像数字化、图像基础处理、图像几何变换、图像时频变换、图像增强、图像恢复、图像分割、图像特征与分析、图像形态学、模式识别和图像压缩、图像加密和图像水印等。如国内某高校的视频上变换技术团队所研发的算法，可以实现高清视频的近同步上变换到4K/8K，效率远远高于半人工处理模式（往往需要8到10人，近1月的工作量）。

当前科技巨头英伟达和谷歌在这个领域做出了显著的探索。英伟达发明的图形处理器（GPU），针对人工智能应用场景，优化了图像处理，将计算精度从64位降低为8位，基于对人工智能算法模糊运算的深刻洞见，GPU能够将单位能耗的计算力提高两个数量级。谷歌的人工智能芯片（TPU）针对深度学习算法的场景，使单位能耗的计算力又提高了两个数量级。未来针对特殊场景、特殊算法提升数据计算效率降低单位能耗将是重要的解决思路。

从提升数据传输效率的角度来看，网络带宽是数据传输的重要参数，目前主要应用的网络形式有光纤网络、有线电视网络和移动通信网络（如4G/5G）。降低网络能耗，提高网络带宽的主要途径：一是在不影响传输效率的情况下，简化网络结构，减少网络设备量，从而降低耗电量；二是降低网络设备耗电量，提高网络设备吞吐率；三是提高数据压缩比，从而提高传输效率；四是采用新的传输技术，如6G技术、卫星通信网、量子通信等。未来，三网逐步在融合，传输技术和设备不断在改进，网络结构会更加简单，数据压缩算法会更加高效，终端接入（有线/无线）带宽更大而能耗会更低；尤其是量子通信技术实现突破和广泛应用，则传输效率将是千百倍的提升。

从能量获取的角度来看，未来支撑元宇宙的能量将更多元化，更多层次，绿色能源革命是元宇宙的最关键支撑。

第一个层次是从广度上获取风光等清洁能源，增加核物理能源、大气环流能源、海洋环流能源、地热能源等，增加清洁能源的获取量、提高转化率，降低使用损耗。比如为实现碳中和，我国电力装机总量拟从现在的 22 亿千瓦增加到 60 亿～80 亿千瓦，其中风力发电、光伏发电共占比 70%，"稳定电源"（火力发电与核电）占比 30%。

第二个层次是从技术上创新清洁能源的获取方式，如人工光合技术、可控核聚变将是未来极具期待性的革新技术。

"人工光合"技术，即表面等离激元光催化二氧化碳合成油气技术（烷烃类产物，零碳能源技术），已经在实验室取得成功，并在小规模中试，未来一旦量产，可直接从大气中捕集二氧化碳，并利用太阳光能，在基本处于常温（150 摄氏度左右）常压（3 个大气压）条件下合成清洁油气，从而替代从地壳中开采化石类煤、石油和天然气。这种油气产品本质是一种零碳能源，理论上可以无限制备和使用，而不增加空气中二氧化碳的排放量。据测算，每一万平方公里光照资源丰富且有充足水源的区域，装备二氧化碳捕集装置、光能利用装置和催化合成装置后，可以利用空气中的二氧化碳 12 亿吨，产总烃（油气类产物）3 亿吨。

可控核聚变则是未来支持人类星际穿越的能量。核聚变是太阳产生能量的原理，两个较轻的原子核聚合为一个较重的原子核，并释放出能量，自然界中氢的同位素氘与氚会发生聚变，核聚变不会产生核裂变所出现的长期和高水平的核辐射，不产生核废料，也不产生温室气体，是最为理想的高能量密度的清洁能源。一升水中的氘和氚如果完全发生核聚变反应，释放的能量约等于 300 升汽油的能量，氘在地球海水中储量多达 40 万亿吨，基本可以认为是取之不竭的能源。如果全部用于聚变反应,释放出的能量足够人类使用几百亿年,而且反应产物是无放射性污染的氦。另外,由于核聚变需要极高温度,一旦某一环节出现问题,燃料温度下降,聚变反应就会自动中止。也就是说,聚变堆是次临界堆,不会发生类似苏联切尔诺贝利核(核裂变)电站的事故,是更加安全的核能源。因此,聚变能是一种无限的、清洁的、安全的新能源。可控核聚变的研究从1954年苏联库尔恰托夫原子能研究所创新性提出磁力约束"托克马克装置",到2007年国际热核聚变实验堆组织(ITER)正式成立,再到2012年东方超环(EAST)超导托克马克实验完成,人类对划时代跨越性的全新能量获取方式的追求渐入佳境。

第三个层次则是未来在地球以外获取能量实现星际探索和星际移民。地球上的能量主要是地球形成之时的核物理能,以及46亿年来地球接收的来自太阳的能量。未来人类若想实现星际穿越,则需要进一步考虑如何使用宇宙空间中的能量和如何就地取材,探索的星球本身的能量。

总之,从今天的角度来看,元宇宙可能是耗能大户,但耗能不等于排碳,不是线性相关,随着新能源技术的应用和清洁能源的开发,未来高能量能源大部分都将是低碳或零碳的。同时,数字经济会大幅度降低实体经济活动所消耗的能量,元宇宙作为数字经济、数字技术的集大成者,作为未来新一代的互联网应用,它所耗能源的碳排放与降低的碳排放相比,最终会获得平衡,从而突破碳中和的制约,走向无限的发展空间。

结合以上分析可以得出以下结论:

元宇宙是碳中和最大工程和最强工具。按照元宇宙三个世界的理解，元宇宙将极大地提高 GDP 中数字经济的比重，数据将成为第一生产力，元宇宙所引来的数字孪生将极大地降低要素、人员流动的能源消耗，元宇宙技术也将推动碳中和技术的飞跃。

碳中和是元宇宙最大制约与最强支撑。元宇宙所要求的巨大算力今天的能源系统是支撑不了的。元宇宙时代刚刚启幕，目前全球的能源供给已经到了紧张的边缘，包括中国、美国在内都出现了煤炭荒、石油荒、天然气荒，这启示我们，一场绿色能源革命必然到来，非如此不能解决以元宇宙为代表的先进的数字经济对能源的巨大需求与以碳基能源为主的相对落后的能源供给的矛盾。

元宇宙以数字化、智能化全面推动产业碳排放的大幅降低，推动碳中和与新能源技术的突破将是未来巨大的机会。

第二节

能量与数据

一、瓦特与比特

詹姆斯·瓦特1736年出生于苏格兰的格里诺克,是英国著名发明家、英国皇家学会院士、爱丁堡皇家学会院士。他基于对蒸汽动能的认识和理解,改良了蒸汽机(包括气压表、汽动锤等),开辟了人类大规模利用能源的新时代。从瓦特开始,人类开启了"蒸汽机+"的时代,人类对于能量的认识,始于火的利用,由此而摆脱刀耕火种、茹毛饮血的时代,而人类对大规模能源的利用,则始于对蒸汽能的认识和利用。蒸汽机进一步演进为内燃机、燃气轮机、发电机组等,利用煤、石油、天然气等化石燃料乃至核燃料,输出比人力更强大的动能和源源不断的电能,支撑了人类300多年来的发展进步。

为纪念瓦特的贡献,国际单位制中的功率单位以瓦特命名。1瓦特的意思就是:以1牛顿的力推某个物体走1米在1秒钟的时间内做的功。如果你有这样的能力,那么你就有1瓦特的功率。依次类推,一个灯泡功率是40瓦特的,那么这个意思就是说,这个灯泡发出来的光所消耗的能量,能够在1秒内把某个物体以40牛顿的力,推动1米——这个灯泡有这样的能力。因此,我们可以这样理解,功率是能量的一种表示。

从人类获取和利用能量的角度来看，18世纪中叶的第一次工业革命本质上是人类对高密度能源使用和高效率使用能源的巨大进步。第一次工业革命又被称为蒸汽机时代或者机器时代，蒸汽机、煤、钢铁是工业革命技术加速发展的三项要素，工厂化规模生产取代了个体手工作坊，既是能源转换的革命，也是能源使用方式的革命。

在工业革命之前，生产主要依靠人力、畜力和少量风力、水力。首先是在英国大量易于获取的浅层煤矿的利用，让人们发现了比炭火、畜力能量密度更高的能源，而这种高密度的生物化石能量能够为人类提供一种全新的能量供给方式，彼时煤炭主要的用途还是生火取暖。16世纪末开始，英国的采矿业伴随着经济发展日益发达，而单靠人力畜力已无法满足矿井排水的需求，在1698年塞维利制成了世界上第一台实用的蒸汽提水机"矿工之友"，煤炭烧热水产生蒸汽，蒸汽产生气压抽取井底的水，排水蒸气冷凝，循环往复。瓦特的贡献则在于对能量利用率的提升上，蒸汽机冷凝再加热的过程会损失80%的热量，因此传统的蒸汽机只有在煤价极其低廉的地区才能够应用，而瓦特发明了汽缸壁分开的凝汽器的往复式蒸汽机，大幅提升了能量的使用效率，因此瓦特本身并不是能量获取方式的创造者，而是能量高效使用信息的发现者和改良者。

自瓦特通过一个关于能量使用效率提升信息的密钥开启了工业革命的大门之后，"蒸汽机+"的时代就到来了，当蒸汽机加珍妮纺纱机，现代纺织工厂就出现了；当蒸汽机加鼓风机加焦炭炼铁法，现代钢铁行业就出现了；当蒸汽机加镗刀就出现了气缸镗床，使巨大的、精密的机器成为可能；当蒸汽机加交通工具就出现了汽车、轮船，使能量的长距离运输、人类的远距离探索成为可能。至于第一次工业革命为何是发生在轻工业行业，本质上来讲是煤炭转化的蒸汽动能，只能支撑能量密度低的产业，而高能量密度的重工业则需要能量密度更大的能源和更具效率的能量转换方式来支持，于是第二次工业革命呼之欲出。

第二次工业革命与第一次工业革命从本质上都是能源转换的革命，是更高密度的能源和更具效率的转换方式的迭代升级，而这一次的主角从煤炭变成了石油，从蒸汽动能变成了使用电力。伏特是根据世界上第一个发现用化学方法产生电流原理的意大利科学家亚历山德罗·伏特命名的电力单位，而电学中三种单位名称：安培、欧姆和伏特，都是在纪念人类对电的认知有着伟大贡献的科学家。法拉第对于磁生电现象的发现，为发电机的发明提供了理论基础，麦克斯韦用麦克斯韦方程组把电、磁和光统一起来，为发明电器提供了指导，之后西门子发明直流发电机，特斯拉和西屋电气公司完成多相交流供电系统，电才终于走上了人类能源利用的舞台。

自此"电力+"的时代到来了，19世纪下半叶到20世纪初，人类开启了电气时代的大门。当电加冶金业，以贝塞麦炼钢法为代表的高级精炼钢铁出现，为强度更大更精密的机器提供了可能性；当电加采矿业，各种品质的石油、焦煤出现了，为人类提供了多样化、大密度的能量；而内燃机的使用提供了更具效率和动力的能量使用方式；当电加邮政业，电报、电话的出现让人类远程信息传递成为可能；当电加化工业，糖精、阿司匹林、炸药、燃料、尼龙多种化工衍生品出现了，人类物质世界的大门就此打开；特别值得浓墨重彩的是电加农业，以前只有通过闪电才能产生的氮、钾和磷，现在可以通过硝酸盐、钾碱和过磷酸钙的制备产生，人类终于实现了历史性的能量平衡，从此远离饥饿。

比特是数据的最小计量单位。在信息和数据方面，从原始社会到农耕社会，人类对于信息的传递是一个渐进深化的过程，起初人类通过语言、表情传递信息，通过部落里的神职人员用人脑记录信息代代相传，之后文字和书写系统的发明，为人类信息固化为数据形态提供了介质，自此数据可以通过物理的方式进行储存和传播，而电报电话、计算机和IT时代则为数据的储存、传播和运算带来了前所未有的革命。

莫尔斯码是一种早期的数字化通信形式，其发明为数据储存和传输提供了全新的编码体系，即二进制的0和1的组合。数字电子电路中，逻辑门的实现直接应用了二进制，现代计算机和数字化设备里都采用二进制来表示、处理、传输和存储数据。每个数字称为一个比特，是数据存储的最小单位，其值要么为0，要么为1，也因此成为数据的最小计量单位。经过特定编码后的二进制数据，表征具有特定意义的信息，比如人的姓名、性别、身高、年龄、肤色、指纹、面孔、声音、视频片段等，都可以用特定的二进制编码来表示，并可被计算机和网络加以处理、传输和存储。计算机从数字到字符、从文字到图形、从声音到视频、从单位数据到复杂的结构化数据，随着应用的不断深入，所处理的数据量越来越庞大。在可预料的未来，一旦进入元宇宙时代，数据量将比当前要高出不止千万倍。据互联网数据中心（IDC）报告，全球数据总量2020年约为64ZB（1ZB=十万亿亿字节），2025年预计达到180ZB，其中中国也将增长到41ZB。

计算机的发明则为数据的控制和处理提供了强有力的工具，本质是使用能量对信息进行集合、控制并处理。早期的珠算是用人力对信息在算盘上进行集合、控制并完成结果的输出，而IT时代的到来则将人力替换为电力，将算盘替换为半导体。从莱布尼茨发明早期的具有上万个齿轮和零件的机械计算器开始，伴随着半导体科技不断进步，20世纪50年代晶体管诞生，60年代集成电路诞生，伴随着摩尔定律神奇预言，70年代初英特尔推出的处理器已经将集成电路的算力提升了千万倍，以至于我们现在最差的手机算力也优于50年代最先进的计算机，正如一个笑话所说：同样的算力，我们在玩"愤怒的小鸟"，而50年前科学家却用它实现了阿波罗登月。

比特也将人类带入了物联网的时代，从此万物互联。互联网在诞生之初就是以降低信息的交换成本、提高能量使用效率为目的。1969年，互联网最初是美军在美国国防部研究计划署制定的协定下将美国西南部四所大学的四台计算机连接起来，目的是在算力资源匮乏的情况下，更好地集中能量，联合算力，共享信息，自此之后越来越多的计算机加入了互联网。而点对点远距离通信，从最开始的电报系统到电话，再到移动通信1G到5G，则是提高单位能量信息传输率的研究与发展。互联网从最初机器间的互联，联合算力，传递信息，到人和人互联，网络媒体、网络社交，再到万物互联的物联网。

自此人类进入"互联网+"时代，当互联网+通信，就产生了新闻网站、电子邮件和各种博客、空间、论坛等新媒体；当互联网加贸易，就产生了网上商城、微店、网络营销等新商业；当互联网加社交，就产生了脸书、推特、微信和抖音等新平台；当互联网加计算存储，就产生了云计算、云盘等新设施；当互联网加制造业就产生了物联网、工业互联网等新生态。

如果说 IT 产业是第一次工业革命、第二次工业革命的延续与升级，那么其核心仍然是在延续能量的获取和能量使用效率的提升，人类第一次将数据作为生产力，并能够直接通过数据的传输、使用节省能量创造价值。只不过这一次人类将重点放在如何更好地传递能量、使用数据上，人工智能、微电子技术的发展，导致计算机、通信等 IT 产业革命，继而带来生物遗传学、信息学的进一步发展。随着千禧年的到来，系统生物学与合成生物学的耦合，为人类带来全新的第三次产业革命机会。

元宇宙时代，电力能源的增量始终是有限的，而数据量则是趋于无限的，如前所述，如何在碳中和目标约束下，用有限"瓦特"的电力，处理无限"比特"的数据，将是我们在元宇宙时代必然面对的课题。

二、碳基与硅基

碳和硅这两位在元素周期表上下位的兄弟元素在物理性质和化学性质上有着诸多相似之处。碳是地球有机生命体系的主宰，也是当前地球能量供给的主力军，中国社会生产和生活所需的能量，84.7% 都来自煤、石油、天然气等化石类碳基能源。化石类碳基能源与氧结合燃烧，既产生了能量，造福了人类，又释放出二氧化碳，造成地球高热，是碳中和的主要约束对象。硅是人类大规模掌握和利用太阳能的密钥。新能源规划体系中，光伏未来将占据主导地位，而光伏发电的主要原理是利用硅基半导体的光电效应。有专家曾做过测算，如果能把鄂尔多斯高原、阿拉善高原、柴达木盆地这 60 多万平方千米的干旱区的一半覆盖上太阳能电池板，就能够满足全国的能源需求。未来碳和硅将主宰人类社会能源史的很长一段里程。

硅基半导体,是目前计算机、网络、AI 和元宇宙等计算系统的主要载体,是数据存储、传输和处理的主要介质。研发中的碳基集成电路、石墨烯等碳基材料和技术具备比硅基材料更独特的光电和力学特性。在摩尔定律逐渐趋于失效之际,碳基材料在算力提升、大容量存储、设备节能等方面又给我们增添了无限遐想。北京大学研究团队正在研发的碳基芯片(石墨烯芯片),在理论上运行速度将是传统硅基芯片的 5~10 倍,且功耗降低 1/10。传统硅基芯片的极限是 1 纳米,现在已经做到 3 纳米,即将接近极限,而碳基芯片可以做到 1 纳米以内,这在性能提升上具有极大的优势。硅和碳这两个同一主族的兄弟元素,具有相似的化学性质,将为元宇宙时代的数据管理不断带来惊喜。上帝创造了碳基和硅基这两把密钥,也许正等着人类去开启新的文明。

长久以来由于二者的相似性,关于硅基生命的探讨从未停止,地球上已知的生命都是碳基的,主要源于碳原子可以比较容易与其他原子形成四个键,从而构建复杂分子——蛋白质、碳水化合物和核酸,而这个长而稳定的链也比较容易与氧形成断开键,从而释放能量。硅和碳拥有相似的化学性质,它也可以同时与其他原子形成四个键,硅和氧结合形成的二氧化硅也是地球上最常见的物质,同时硅也是地球上、宇宙中最常见的元素之一。1891 年波茨坦大学的天体物理学家儒略·申纳尔(Julius Sheiner)率先提出了硅基生命存在的可能性,1893 年英国化学家詹姆士·雷诺兹(James Emerson Reynolds)指出,硅化合物的热稳定性使以其为基础的生命在高温下可以生存。英国遗传学家约翰·霍尔丹(John Burdon Sanderson Haldane)提出,在行星深处可能发现基于半融化状态硅酸盐的生命，铁元素的氧化作用则向它们提供能量。在科幻世界里硅基生命不需要水，不需要氧，只需要吸收太阳能就可以不断制造能量。因为硅的稳定性，其生命力顽强，在宇宙中拥有更强的适应性。现存地球上的每个生物都可以回溯到数十亿年前，某个海底热泉口能够忍受高温喜好无氧环境的单细胞生物 LUCA（Last Universal Common Ancestor，所有生物物种的最后共同祖先），然而为什么是 LUCA 而不是硅基生物，或许有必然性，或许也只是因为随机存活，亦如所有的生命体都选择了右旋的葡萄糖和左旋的氨基酸。

让我们回到更宏大的生命科学叙事，重温薛定谔的名言"生命以负熵为生"。生命是以繁殖为目的，以自发熵变为具体方式的进化和适应过程的，物质本身不构成生命，而只有不断地输入能量对抗熵增实现遗传繁殖变异和进化的，我们才称之为生物。2016 年，谷歌公司开发的围棋人工智能程序 AlphaGO 战胜了人类围棋顶级选手李世石，AI 通过自我学习和自我运算就可以打败人类，未来以硅为基础材料的处理器的超级运算能力，通过 AI 技术，能够自我学习、自我复制、自我纠错的时候，它已经成为人工智能；未来以硅为基础材料的元宇宙世界，通过对现实世界的利用和改造，能够通过硅材料获得太阳能，通过磁力环的约束实现可控核聚变获取能量，它是不是就已经实现了自发的熵减。冰冷的石头，或许在人类的点化下，通过元宇宙就可以获得生命最重要的两个要素：能量和遗传，并在元宇宙中超越人类获得永生。

让我们再进入哲学的叙事，元宇宙为我们描述了人类超越虚拟与现实，虚实结合的终极愿景，而这个愿景可能为我们带来终极的挑战。著名哲学家赵汀阳提出，元宇宙对我们提出的真正挑战是思考"另一个版本的世界"，这本来是一个神学问题，因为原来只有上帝才需要去思考，到底要创造一个什么样的世界，而现在这个神学问题变成了人类的现实问题。尤瓦尔·赫拉利在《未来简史》提到，人类正在从"智人"演化为"神人"，因为我们在不懈的追求永生、追求源源不断的幸福和直接成为神并具有主宰宇宙的"神性"，在我们为自己创造的这些新世界中，人类与人类创造的人工智能角色共同存在。元宇宙的原教旨主义者认为广义的元宇宙实现之后，我们只需要将意识上传到元宇宙，就可以作为一行代码获得永生，彼时谁才是真正的我，现实的还是虚拟的？当人工智能，人类意识虚拟模拟实现后，元宇宙世界可能会出现不依附于现实世界拥有自我意识和自由意志的元宇宙"人"，那时什么才是生命？

第三节
生产要素的演进

一、生产要素演进历程

生产要素是指进行人类社会生产经营活动时所需要的各种资源。

英国经济学家威廉·配弟在《赋税论》中引用英国谚语:"土地为财富之母,而劳动则为财富之父和能动的要素。"虽然他没有明确提出"生产要素二元论",但实际上他已经将土地和劳动作为生产的两个要素。

在此之后,英国经济学家亚当·斯密又将资本列为生产要素之一,并在他的代表作《国富论》中提出"无论在什么社会,商品的价格归根结底都分解成为这三个部分(即劳动、资本和土地)",形成了"生产要素三元论"。

19世纪末20世纪初,英国经济学家马歇尔在其著作《经济学原理》中将组织作为第四生产要素,与劳动、资本、土地共同构成"生产要素四元论"。

后来的经济学家又将技术列为第五生产要素,从而将"生产四元素"提升到"生产五元素"。

20世纪80年代,一些学者将信息归为第六要素,认为劳动、土地、资本、组织、技术、信息为"生产六要素"。

2020年3月,中国政府又将数据纳入了生产要素体系。

二、六要素论

六要素论是工业化和信息化时代对生产要素的不断总结和论述,客观上指导着资源的配置和收入的分配。

第一个要素是土地,人们常说的土地是财富之母,就是从要素角度讲的。土地等相关的资源性物品构成了人类社会发展的物质基础。

第二个要素是劳动,被称之为财富之父。在长期的历史发展中,人类在提升劳动的能力,增长劳动的技能,并与物质要素组合而形成了新的价值。

第三个要素是资本,随着社会生产规模的逐渐增大,资本的作用越来越重要,资本及资本市场构成了推动社会经济发展最重要的基础。

第四个要素是企业家才能,也就是管理,企业家的才能构成了应对市场不确定性的解决方案,它是一个巨大的创造和国民的财富。

第五个要素是知识,科学知识是人们通过生产和科研获得的对客观事物的认识。

第六个要素是技术,技术是人类在认识和利用自然过程积累起来并体现在生产中的经验和知识。随着人类的演进,科学技术在生产中的作用日益显得重要,被称之为第一生产力。

三、中国要素理论创新:数据要素

2015年8月,国务院印发《促进大数据发展行动纲要》,提出全面推进我国大数据发展和应用，加快建设数据强国。2019年，党的十九届四中全会提出，健全劳动、资本、土地、知识、技术、管理、数据等生产要素由市场评价贡献、按贡献决定报酬的机制，这是我国首次将数据纳入生产要素范围。2021年3月出台的《中共中央、国务院关于构建更加完善的要素市场化配置体制机制的意见》首次明确数据为五大生产要素之一，并明确提出加快培育数据要素市场，推进政府数据开放共享，提升社会数据资源价值，加强数据资源整合和安全保护等要求，随着数字经济的持续发展，如何更好地积累、储存、交易数据将是未来生产力发展的重大课题。

数据是近几十年来发展起来的一个全新的生产要素，它是由计算机等机器计算所产生出来的数据，以及人们生产生活运行中所产生出来的数据。数据包括但不限于符号、文字、数字、语音、图像、视频等。人类社会的数据总量在过去的几十年中呈现爆发性的增长，现在一两年的数据总量，是过往人类历史加总总量的翻倍。

目前，有价值的基础数据主要分布在国土、市政（水电气）、公安、司法、交通、能源、电信、金融、发改、工信、工商、税务、社保、教育、医疗、科技等政府部门或行业国企；一些商业性数据主要分布在一些互联网平台公司和大型会员制服务机构；一些创意、设计、知识经验型数据主要离散分布在企业或个人；随着元宇宙应用的深入，大量有价值的数字资产会产生，成为数据要素的重要组成部分。

四、要素的特征及演进规律

要素的第一个特征是它的生产性，即所有的要素是用于生产环节而不是消费环节；第二个特征是它的组合性，要素一般至少要有两个组合在一起，才能进入生产与再生产，产生新的价值；第三个特征是它的时代性，不同的时代有不同的要素以及不同的要素组合。

土地、劳动、资本等传统要素基本都遵循等价交换的原则。但是知识、技术、管理和数据等要素很难简单的定价，因为它的价值在不同场景是完全不一样的，所以这些要素的交易只能靠基于区块链的智能合约等方法才能有效的解决。

随着经济社会的发展，要素在生产过程中的贡献也有特定的演进规律。

第一，要素中物的属性在逐渐降低，而人的贡献在逐渐升高。在过往的农耕文明与工业文明中，主要是物的要素在起决定性作用。而今天人在要素中作用越来越大。

第二，在人的贡献中，体力劳动贡献下降，脑力劳动的贡献在上升。这其中尤其以企业家的管理、技术的创造和知识的产生为主要体现。今后人的创意、人的思考在要素中的作用在提高。特别是虚拟空间的创造，包括游戏的创造性活动、数字孪生的延展所带来的价值，显然也是人的脑力劳动的产物。

第三，要素组合的维度在迅速增加。一开始两种要素组合，比如说农耕文明中，只有劳动力与土地的结合，到工业文明中就开始出现了劳动力、土地、资本和技术的结合。而今天显然就是土地、劳动、资本、技术、信息、企业家管理和数据总的集合才能产生更大的价值。组合的维度在增加，耦合的复杂程度在增加。

第四，数据今后在整个要素贡献中的占比会越来越大。数据产生的精确计算和模拟可以降低经济运行成本，提高经济运行效率，推动产业升级。在元宇宙爆发的背景下，数据将会构成全人类生产能力最重要的要素。

五、数据要素化的能量约束

数字化时代，数据是人类社会各类经济和管理系统的生产资料和产出品。在区块链等技术出现之前，数据具有可复制性，且在流转过程中，容易被篡改，数据的权属和真实性很难得到有效保障，从而很难按照生产要素来看待并形成有效的交易。

区块链等技术的出现，提供了一整套针对数据资源的采集、加工、标识、确权和防篡改（保真）机制，使得数据真正具备了交易属性，并成为类似于电力这样的基础生产要素，去支撑整个数字经济的健康发展。而区块链技术支持下的数据要素化，是需要巨大能量支撑的。

在区块链技术机理中，要实现数据确权和防篡改（保真），需要同质化的成百倍算力的参与。随着元宇宙等应用的深入，以数字音视频为主的数据量将井喷式暴涨，对算力的增量要求更是在百万数量级。

此外，数据要素化，还会催生基于数据要素的交易市场、金融体系、法律体系和监管体系等，从而形成相应的社会经济生态，需要更多的能量支撑，以确保和促进数字经济的健康有序和蓬勃发展。

总之，数据要素化，必然导致能量需求的大量增加，寻找到巨量的零碳排新能源，是数据要素化和数字经济时代必须应对的课题。

第四节
数字经济时代

一、能量与信息唯一性保证

传统物质社会里我们假定资源是稀缺的,著名经济学家保罗·萨缪尔森认为经济学研究的是一个社会如何利用稀缺的资源生产有价值的商品,并将他们在不同的个体之间进行分配。然而元宇宙的世界里,一切都是几乎为零成本的、几乎可以无损耗无限复制的数据,那么元宇宙世界的经济体系如何运行,如何对资源定价就成了现实的问题。

区别于物质世界物质的不可复制性的稀缺,元宇宙社会里也存在资源稀缺,只是资源稀缺的表现方式不同。第一是能源的稀缺,由于元宇宙本身需要半导体介质的芯片、磁盘存储和海量数据的电力的消耗,所以元宇宙的物质基础本身存在稀缺性;第二是算力的稀缺,元宇宙世界的根本生产力是算力,对数据的处理促进能源获取或利用,因此算力本身在元宇宙中就是稀缺资源,未来元宇宙世界中的强者和富豪应当是拥有或者能调动巨大算力的组织和个人;第三是创新的稀缺,算力的本身是人工智能,依靠于人类智慧对数据按照逻辑与推理、抽象与归纳等多种科学方法进行处理,而美学与艺术更是依靠人类的感性创造。而元宇宙的要素配置依然需要通过自由竞争和市场化交易来实现，一方面在元宇宙世界里，信息基本是对称的，而交易成本无限趋于零，因此市场基本是完全有效的；另一方面因为稀缺资源的供给和需求信息在元宇宙世界里也是充分透明的，所以市场将更快速地趋于均衡，摩擦大大降低，传统的单一定价权、割裂市场等经济形态将逐渐被充分透明的信息化市场取代。

因为存在着稀缺和交易，信息的唯一性就成为一个比较复杂的问题，它包括信息的完整性、准确性，同时加上时间戳，也就是信息产生的时点，它应该是可以追溯的和不可篡改的。要保证信息的唯一性，在不同的时代中应该有不同的解决方案。应该总体上讲，过往的人类社会还是一个层级社会，是由特定的中心在控制的，因此信息的唯一性是由权力来支撑的。在任何一个信息系统中，管理员也就是所说的超级管理员，显然对信息的唯一性有特殊权力。在低能社会中，权力的极致状态应该就是武力。美国的超级管辖权长臂管辖，实际就是靠他的航母和核武器来决定的。

区块链给予我们解决信息唯一性一个新的思路。区块链靠分布式记账和加密算法，实现了去中心化、点对点以及信息的不可篡改。区块链作为一种去中心化的分布式账单技术是元宇宙的基石之一，多网络节点、可编程性，去中心化的参与和治理，本身就是自由市场的基础，而区块链的网络效应和分布式技术，将会成为未来维持元宇宙运转的基础。然而在这样一个数据分布储存、复制零成本的世界里，数据使用过程中的生产者、采集者、管理者、整合者和使用者边界难以界定，权利与义务、经济价值的归属、隐私的保护都将成为元宇宙世界全新价值体系的基础，因此数据确权、数据安全是元宇宙当前面临的重大挑战。

当前 NFT 技术，为数据的确权提供了一个全新的思路和技术，首先，NFT 是不可交换、复制和分割的，这就区别于虚拟货币成为独一无二的整体；其次，这种唯一性可以用来验证特定数据资产的真实性和权利，在数字资产上加上了代码合约，也解决了数字物品权属的唯一性，为其确权和交易提供了基础。而 NFT 技术对于知识产权的保护本身就是元宇宙世界中对人类创造力这一稀缺资源的确权和交易。这套解决方案中，它的分散式信息维护成本，即所耗的能量是非常高的。同时信息还有这样一个特征，也就是原信息产生的成本提高，但是它的复制扩散的成本非常低，同时信息的形成、采集、传输、处理和显示都需要消耗巨大的能量。

如果我们往前看，可以看到如果进入了所谓高能社会，有可能形成一个平行的去中心化的体系结构。而在这里形成的保证信息唯一性的力量，主要就是靠能量来保证的，能量是最公平的，算力就是投票权，这显然与区块链给我们的启示能够产生某种联系。

二、权衡：生活、生产与生命中的数据权力

元宇宙中迄今为止最大的共识是没有共识，这个二元悖论恰是这个人类畅想的乌托邦世界最真实的描述，一方面我们畅想元宇宙是一个高度开放、高度自由、高度去中心化的各种社会关系和人类价值体系的超现实世界，另一方面元宇宙世界的价值体系、道德准则、资源分配、社会形态等却也是亟须定义和规范的，高度自由是因为有价值体系约束，高度开放意味着规则明确，分散去中心化则需要普世价值观一样的共识。

数字化浪潮铺天盖地，几乎改变了我们人类生产生活的方方面面。但是在这种弥漫性的数字化过程中，我们在很多情况下，不得不在数据的所有权与网络规模中进行优选，或者叫权衡利弊。这里所说的数据所有权是指这个数据是属于谁的？属于我对我有多么的重要，这对国家、企业、个人实际上是有非常大的选择差异的。另外，网络规模，现在互联网已经是一个全世界、全中国几乎所有人都已经接入的网络，它提供了巨大的便利性，包括产业升级，网络升级，网络维护的高质量，我们在数据所有权和网络规模中，在很多情况下不得不进行选择。

我们来讨论三个情形——生活、生产与生命。

生活这里主要是指人类的衣食住行等行为。应该说这些方面在过去三四十年中已经彻底被改变。尤其是在中国，由于互联网的普及，电子商务的普及，人们生活中的网络行为已经比比皆是，司空见惯，谁也没有认真地想过，实际我们是把我们个人的数据所有权让渡给了这种便捷性、方便性和低成本，以此换得了我们便利的生活、高质量的娱乐、衣食住行的便利等。而且中国的这种便利与西方发达国家比都毫不逊色。

尤瓦尔·赫拉利在《未来简史》中曾说"我们已沦为数据巨头的商品，而非用户"，传统的互联网商业模式中，我们免费使用着互联网提供的服务，脸书的社交网络，谷歌的免费搜索，微信的即时通信，然而在我们日常网络活动的过程中，互联网巨头凭借着免费的服务，收集用户的偏好、行为数据，通过诱导用户的爱好、消费、注意力甚至是意识形态获取利润，实现数据变现。利用搜索、浏览记录的精准广告投放是主流搜索引擎的收入来源，短视频带货消费物化用户对于世界的美好追求，特朗普大选时通过多达8 000万Facebook的精准竞选广告投放甚至可以影响民主选举。而我们发出的每一段微博或者想法，如果都有社交机器人导向性的评价，我们的社会舆论和人类多巴胺的分泌同样也是处于被少数人操控之下的。在元宇宙的社会里，我们认为数据是有价值的资产，应当归于创造者而非收集者，然而对于数据权利的界定和利益的分配，不单是一个 NFT 技术，或者一个 OpenSea 交易市场可以解决的，它将是未来人类普世价值观、市场经济和产权保护的巨大工程。

另外一个维度，所谓生产就是一个企业的设计数字化，生产数字化，供应链的数字化，销售的数字化以及售后服务的数字化，这些领域正在被产业互联网所改变，但是这种改变应该说还是相对缓慢的。很多企业是不愿意把属于自己的核心的信息，包括客户的信息，设计的信息公之于众，即放在公链上，在公有云上，这是很难接受的。它只能允许放在私链上，放在私有云上，实际就是它对数据的所有权是有所期望的，有所要求的。就是我的数字所有权不能给我的竞争对手，我的客户的信息不能给我的竞争对手。过渡到元宇宙以后，当数据成为第一生产力，算法、程序代码的专利权、利益保护以及对于盗版侵权的打击，以及社会发展分工生产过程中产生的数据如何分配使用，去中心化数据的收集、清洗过滤和使用也将成为议事日程上的重要课题。

另外就是生命，当我们进入元宇宙社会，简单的个人的浏览、搜索记录将转变为全维度的沉浸体验，通过 AR、VR、脑机接口，我们的脉搏、心跳、脑电波甚至思维意识都将充分暴露在元宇宙世界里变成透明的数据，当人类过去未来闪念而过的思维都可以被长久地记录时，元宇宙的数据风险就不再单纯的是隐私泄露的风险，而是关乎人类生存权的风险。而生命也可以理解为一组 DNA 信息，说到底就是一串程序，生命数据的所有权对每一个人而言都是最宝贵的，显然个人不会把它随意地放在公有链上，让渡给他方，哪怕是政府，实际上也没有公民的个人生命信息的管理权限，类似信息应该属于高度机密、高度私人的。从现代遗传科学的角度来看，未来转基因技术、基因编辑技术发展的终极边界在哪里，未来人类的遗传基因是否允许编辑，有基因变异的胎儿是否应该生存，都对人类终极的归路产生了挑战。毕竟世界是上帝掷骰子产生的概率世界，概率性、模糊性和不确定性是万事万物演化的基础，元宇宙世界数据的精准性、稳定性和确定性的优势，未来也可能会成为人类进化的障碍。

第五节

元宇宙新人生

一、数据为王的时代、虚实融合的人生

元宇宙通常被用来描述未来互联网的迭代概念,由持久的、共享的、三维的虚拟空间组成,并连接成一个可感知的虚拟宇宙。元宇宙作为人类终极的愿景,并非一蹴而就,而当今学者也提出了"元宇宙渗透率"概念,其关键词是融合,数字世界与物质世界的融合,数字经济与实体经济的融合,数字生活与社会生活的融合,虚拟身份与现实身份的融合。

元宇宙可以根据现实和虚拟的融合程度,分成四个阶段:第一阶段,数字孪生,在数字世界里把现实事物映射进去,无论是NFT艺术品、日常的生活、工业数据、各种智能设计软件、实验模拟测试环境,还是一个数据源于现实世界,重度依赖现实世界的阶段,数据是更有效率的改造物质世界的工具;第二阶段,数字原生,数据世界的东西与现实世界不再具有一一对应关系,可能是人工智能,可能是具有元认知的程序,可能是不依附于现实世界的经济货币关系,可能是数字世界里全新的社会价值体系;第三阶段,现实复现,现实在虚拟世界里重现,但它源于现实却不是现实,物质世界里的人类意识复现在虚拟世界里,或许是这个阶段的关键所在,当生命意识以数据形态

呈现在元宇宙世界时，元宇宙就完成了与物质世界的平行；第四阶段，现实改造，在元宇宙世界里，用更先进的生产方法，突破人类思维、认知和生理的极限，超越物质世界奔赴星辰大海。

元宇宙数字经济的高阶形态。元宇宙将使人类真正从 IT 时代步入 DT（数据）时代，数据将使人类的生产和生活更加智能和便捷。元宇宙以数据为原材料，同时以数据为出产物，为人类打开了无限的想象和精神体验空间。数据驱动商业决策将更加准确定位和响应用户需求；数据帮助人工智能走向工业制造和消费领域，提升人类的生产水平和生活质量；数据使得企业组织更加智能，人事、财务、法务等管理更加规范……

人类一旦掌握了能量与数据的奥秘，突破能量的制约，获得数据的助力，就开启了新的生命历程！透过元宇宙的层层迷雾，我们依稀可以看到未来一种复合的人生状态。人类在虚拟的数据空间和现实的物理空间之间自由徜徉，信息随需可得。不排除有一天，脑机接口、外骨骼和机器人等技术，将把人类武装成为"机甲战士"，人类将变成碳基和硅基复合体，去体验更加强悍、更加自由的人生。

二、新生活——消费元宇宙

元宇宙将极大地丰富人类的生活，重塑人类的时空观。

消费元宇宙将增强游戏、社交、观影、订餐、购物、买房租房、出行、文旅等消费场景，带给人类更深度和更全面的消费体验。

游戏和远程社交会更加身临其境，触手可及；影院会 4D/5D 化，观众会有更大的融入感；餐饮（订外卖）、购物（网购）、买房租房等会更加具有真实感和现场感,远程口感体验、量身定制、量体裁衣等将变成可能;汽车和穿戴设备将更加智能化,出行会更加便捷;图书馆、博物馆、展览馆、艺术馆、公园、乐园、旅游景点等线上可全息攻略,现场将虚实融合,自带导游。

以图书馆为例。通过虚拟现实技术,可以把图书馆空间虚拟化;通过数字化技术,把图书内容电子化。我们借阅图书的过程,可以直接在网上完成。可以通过虚拟现实技术,了解图书馆的建筑风格、空间布局、藏书分类等信息,为实地体验做好"功课";也可以网上阅览电子书,或者线上办理借还手续;通过数字图书馆的各种链接,还可以直通图书商城、在线影院、在线教育、在线医院、在线景区等元宇宙空间。

三、新生产——产业元宇宙

消费元宇宙只是前菜,产业元宇宙才是人类的大餐。

产业元宇宙将极大促进各类产业的转型升级,供应链协同设计、制造和营销将成为常态,产业数字化路径将更加清晰,社会化大生产将成为可能,人类将真实感受到在"地球村"里从事着农业、制造业和服务业……

5G/6G、物联网、AI、数字孪生、智能制造等技术,将把传统产业改造为智能化、数字化、虚实融合的场景。能源行业、农牧渔业、建筑业、制造业、医疗康养服务、金融、商务等的生产和组织方式,都将被重新定义。

以康养产业为例。元宇宙技术可以把康养基地虚拟化,把部分康养服务在线化。虚拟现实所刻画的线上基地，可以全方位展示服务项目，并实现与客户的"面"对"面"沟通问诊，在线确定康养方案。基地现场，可以大量采用虚拟现实和 AI 等技术，远程接入异地专家指导协同；还可以利用机器人、增强现实等技术，强化现场服务效果。更进一步，通过物联网，形成基地间和医院等康养资源的协同联动，增强服务能力。

四、新生命——人造生物

随着基因技术、生物芯片、人工智能技术等的成熟，人造生物将成为可能。

人造生物的一种技术路线是基于 DNA 技术，制造新的碳基生命物种，即转基因生命。美国科学家克雷格·文特尔开启了合成生物学全面人工设计与合成基因组的人工生物系统开发新时代。人造碳基生物体具有如下特征：一是，生命必须有一个容器，如细胞的细胞膜、人的身体等；二是，生命能进行新陈代谢，可在酶的催化作用下跟环境做物质和能量的交换；三是，生命具有可以被储存和复制的化学指令，这些指令控制着生命活动，并且能复制遗传。人造碳基生物更多是用于了解生命的起源和奥秘，提升对人体的认知提高医疗技术水平。

人造生物的另一条技术路线是通过 AI 技术，以硅基化合物（不排除部分碳基有机物，如光脑、生物电脑等）为基础制造硅基生命体，这类生命体的基本特征是：一是具有独立的能量供给系统，能利用太阳能或核能；二是拥有人类的价值观和思维能力（算力＋算法＋

数据），能够与外界交换能量和信息；三是没有新陈代谢，但可以自我复制和繁殖。人造硅基生物可以辅助或代替人类从事危险或复杂工作，甚至延续人类的记忆和智慧，去探索未知世界或创造新的文明……

当物质的人类进入元宇宙世界，一种方式是通过脑机接口，人类不再需要人体器官感受真实世界，元宇宙提供的生物刺激信号传导到人脑，不再存在虚拟与现实，或者说人类在现实中实现了虚拟；另一种方式是将人类意识上传到元宇宙中，直接通过数字化的方式，实现"神人"的存在状态，以意识流的形式实现存在，人类在虚拟中实现了现实。所谓庄生晓梦、南柯黄粱，虚实莫辨的物质与意志的统一，或将是人类的终极形态。

第六节

元宇宙新文明

一、卡尔达舍夫文明等级分类

1964年，苏联天文学家尼古拉·卡尔达舍夫提出了一套技术文明的分类系统，适用于人类和宇宙中可能存在的其他文明。该系统的分级机理是：根据一个文明所能够利用的能源数量，来推算文明等级。按此机理，最初定义了文明的三个等级：第一等级文明，可以利用整个行星以及附近卫星的能源；第二等级文明，可以利用所在的整个恒星系的能源；第三等级文明，可以将银河系这样的星系系统的能源为自己所用。卡尔达舍夫提出的等级仅到三级，此后，一些人提出了有可能的另外两个等级：第四等级文明，可以控制整个宇宙的能量；第五等级文明，可以掌握多重宇宙能量的超级文明。

人类生活在地球上，地球每秒接受母星太阳的能量大约为1 016瓦或1 017瓦，可用做文明活动的能量。人类目前已经掌握了生物质能源、化石能源、风光水和地热能源，以及核能等的利用，尚未掌握利用地震、火山、海啸、台风、雷暴等能量。据统计，人类社会目前的电力产能大致为每秒 2×10^{12} 瓦，按卡尔达舍夫等级分类，文明指数大约是0.73（0.1指数的增长意味着能量10倍的增长，0.01指数的增长意味着=1.259倍的增长），人类必须增加数千倍的现有能量产能，才能够达到第一等级文明的水平。

二、其他文明等级分类

然而有人认为，因为我们无法理解先进的文明，无法预测他们的演化与行为，所以，卡尔达舍夫指数的分类不能就此反映实际存在的一种先进的文明。因为仅仅以能量消耗量来衡量是不可能的，一个高度发达的文明可能只消耗不多的能量就足以达到"奇异科技"的水平。"它们能够具备产生并利用这些能量的技术，而并不是实质的消耗量。"因此，另一种分类方式是：

一级文明：此等级的文明所掌握的科学技术可以完全掌控他们星球上的一切可利用资源，以及一切事物。是星球上的绝对主宰者，可以随心所欲地控制天气、河流、土地、其他生物、海洋甚至地壳内物质的变化、兴衰。可以说，在他们的星球上他们无所不能。

二级文明：可充分利用其恒星所具有的能量，并将他们的恒星系完全纳入操控之下。可以在恒星系内的各个行星上自由居住、穿梭，不担心能源问题，因为他们懂得怎样高效利用从恒星上散发出的无穷无尽的能量，社会已经高度发达，发展趋于高加速式。

三级文明：他们已经不局限于他们的恒星系，而是所在的整个星系，比如我们的银河系。可利用星系内所有恒星的能量。这类文明已经超出了我们的想象，我们只能猜测他们的生存方式。根据爱因斯坦相对论，超过光速是理论上不成立的。一个星系很大，从这头飞到那头，即使是接近光速的速度也要几百万年，所以第三类型文明并不是像科幻片中那样，开着硕大的宇宙飞船，穿梭于星际之中。

四级文明：猜测其摄取宇宙中的暗物质和暗能量（两者占可视宇宙范围内质量的约95%）作为他们的能源。至于此类文明的其他方面，已是无从想象了。

三、人类文明晋级之路

无论哪一种文明分类，都强调文明对能源的利用和对科技的掌握。人类文明要实现晋级，能源和数据是两把密钥。首先，在能源方面，可通过逐步掌握可控核聚变或其他超大能量供给技术，达到1级文明程度所需的能源产能。其次，人类通过元宇宙，发挥数据潜能，洞悉社会与自然规律，加速人类科技的进步，并利用人工智能、机器人、人造硅基生物等手段，进一步控制和利用地球及太阳系能量，辅助人类走出地球，奔向太空，以至于穿越星际等。

以蚂蚁为例，他们的行为非常简单，即通过触角简单地交换有限的信息。单独看来，一直爬行中的行军蚁非常低级，若把一只行军蚁放在一处平面上，他们会兜兜转转，永不消停，直至累死。但若是把数百万只行军蚁放在一起，整体蚁群就成了难以预测的"超级生物体"，它们展现出高深，乃至骇人的"集体智力"，甚至可以抱成"蚂蚁球"渡过河流，尽管"球"外围的蚂蚁不断溺亡，但作为一个整体，却可以逃出生天，重建种群。

简单的规则，庞大的数量，就会创造出整体层次上的"智慧"，而这些，恰恰是AI所擅长的。

元宇宙是AI成长的天堂，是人类文明晋级的天梯。

物理学家弗里曼戴森认为，人类将在未来的200年内步入卡尔达舍夫的第一等级文明形态。而卡尔达舍夫曾设想，人类将在3 200年后进入到第二等级文明形态，届时人类可利用太阳每秒所产生的4×10^{26}瓦的能量。

需要说明的是，未来人类将有可能与我们在文化方面有很大不同，甚至在神经功能上也会存在差异。他们很可能是未来学家和哲学家们所预测的"后人类"或"超人类"。

科幻作家刘慈欣说，人类的面前有两条路：一条向外，通往星辰大海；一条对内，通往虚拟现实。当前元宇宙的探索者也有两类，一类是以马斯克为代表的，飞向火星，飞向太空，飞向浩瀚星辰，以脑机接口试图通向意识的元宇宙；一类是扎克伯格为代表的，把Facebook变成了Meta，试图从人类文明物质与意识、社会与经济、价值与形态的内在着手，重构象征着无限的内在元宇宙。然而对广袤宇宙的探索何尝不是对宇宙能量的了解和获取，对无垠元宇宙的构造又何尝不是将无边的能量以信息的方式加以重构和使用。

此刻《观沧海》中一句最能表达人类对波澜壮阔的史诗级元宇宙未来的憧憬和凝望，"日月之行，若出其中。星汉灿烂，若出其里，幸甚至哉，歌以咏志。"人类对外的探索和对内的重构终将在冥漠中归于玄同。

第四章

元宇宙：碳中和的最大工程和最强工具

站在元宇宙的角度看碳中和，我们先是容易理解"大蚂蚁"BIGANT六大技术对能源替代，提高能效和产业结构升级的积极作用。进而理解在消费、产业、工业和政务领域元宇宙对碳中和的全面赋能。元宇宙三条主线和三个世界以数字孪生最贴近而生动。因此，对于元宇宙以数字化、智能化全方位赋能碳中和、且是碳中和的最大工程和最强工具这个说法就不难理解了。

第一节
元宇宙是碳中和的最大工程

从本书第一章的元宇宙一句话定义可知,元宇宙是人类数字化、智能化高度发展下虚实融合的社会新形态。

也就是说,元宇宙是社会新形态、是下一代的人类社会,从这个意义上讲最大的碳中和工程必然是元宇宙,因为没有什么碳中和工程能超过整个人类社会!通常讲的碳中和都是指具体的技术、产品、设备、项目、产业。

此外在本章中,我们还会分别从元宇宙的三个世界、三条主线、BIGANT六大技术领域等分别去解构,为什么元宇宙是最大的碳中和工程,以及为什么元宇宙是碳中和的最强工具,即元宇宙是如何全方位赋能碳中和的。

仅在当前,元宇宙对人类生活方方面面的渗透势必会提高社会经济形态中数字经济的比重,而围绕数字经济所组建起的开放式、网络状生态,且数字经济先天所具备的平台化、共享化特征毫无疑问将为碳中和工程添砖加瓦。元宇宙的高速"开花"所带来数字孪生技术的广泛使用也将在数字能源、低碳城市方面做出相应的贡献,更重要的是,支撑元宇宙的技术底座体系——BIGANT,正是推动人类文明进入下一历史周期的关键性前沿科技。这六大技术对于碳减排的全面包围式赋能,将充分体现在数据确权、数据流通、金融交易、交通出行、游戏娱乐、工业节能、清洁能源等影响人类日常生活的方方面面,我们在本章中也会对其进行详尽的论述。

未来,我们将迎接高度数字化、智能化的元宇宙社会。这个元宇宙社会,将从前端能源替代、中端节能减排、后端循环利用的全方位为碳中和赋能,因为元宇宙中的数字化、智能化几乎是贯穿碳中和所有产业链和体系的。

多年以后,当元宇宙数字世界的经济规模超过物理世界时,正如以前第二产业的经济规模超过第一产业,第三产业的经济规模超过第二产业,人们对元宇宙是最大碳中和的工程这句话的理解就会比较深刻了。

第二节
元宇宙是碳中和的最强工具

高度数字化、智能化的元宇宙,作为新一轮科技革命的集大成者,是碳中和所需的最强工具。

据全球电子可持续发展推进协会(GeSI)研究显示,数字技术在未来十年内通过赋能其他行业可以减少全球碳排放的20%,主要通过智慧能源、智慧制造和智慧城市等领域实现。

实现"双碳"目标是一场广泛而深刻的变革,在这之中要注重处理好四组关系:一是发展和减排的关系、二是整体和局部的关系、三是长远目标和短期目标的关系、四是政府和市场的关系。在提升数字化和智能化程度方面,能实现更绿色的发展和更高效地减排、能更清晰更准确地呈现整体与局部的关系、能更好地测算和评估长远目标与短期目标、能更科学地把握政府和市场的关系至关重要。

可见,这四组重要关系的更优处理、紧迫而艰巨的"双碳"目标达成,均需要元宇宙这个最强工具,同时需要更高数字化智能化元宇宙的全方位赋能!

一、从元宇宙的三个"世界"解析

在前文提到,元宇宙是由三个世界所构成的:虚拟世界、数字孪生的极速版真实世界、虚实融合的高能版现实世界。在这三个"世界"中，充分体现了包含数字经济的元宇宙对碳中和如何全方位赋能。

第一个是虚拟世界，分为 A 和 B 两大部分，休闲娱乐的 A 部分和设计仿真的 B 部分。休闲娱乐部分完全是基于想象力和创造力的纯虚拟世界，除了算力什么也不消耗，只要是可再生能源所产生的绿色电力，虚拟世界的 A 部分就是低碳或趋近于零碳的。而虚拟世界的设计与仿真这个 B 部分，为碳中和当中的新材料、新技术、新产品、新设备、新厂房、新项目提供了强大的设计和仿真能力，不仅增强了创新、研发和设计能力，还降低了研发、小样产品、试制、各项试验测试等相关过程的碳排放，大大提高了效率、降低了研发成本、缩短了研发设计周期。比如现在的汽车公司正在使用设计引擎技术将初始设计和物理建模之间的时间从几周缩短到几天。波音公司最近宣布了在"元宇宙"中设计飞机的目标，并计划在未来十年内投资 150 亿美元用于数字化改造。

第二个是数字孪生的极速版真实世界，一方面通过全面数字化算法优化的加持实现了资源的高效利用，进而达到单位 GDP 碳排放持续下降的效果；另一方面，社会经济生活中的各类人员流动产生的交通差旅等碳排放，将因元宇宙数字化沉浸感的视觉呈现和交流便利性而大大下降。理论上讲，真实世界中绝大多数需要面对面沟通和处理的事情，都可以通过这个数字孪生世界极速地完成，甚至包括医生使用远程方式操控机器进行手术、远程控制和管理设备及工厂，包括实地旅游也可以在数字孪生世界里高效地完成。在宝马最新工厂的设计中，生产一辆车只需一分钟，而且每辆车都是不同的，生产过程自始至终在元宇宙环境中进行孪生模拟，管理人员可以在全球任何地方进行实时管理。啤酒企业百威英博将元宇宙用于生产流程,提升全供应链可视化,在生产过程中,百威英博为啤酒厂和供应链创建了一个完整的数字孪生,这套数字模型可以实时同步地反映物理环境的变化,映射出各种天然成分和酿造过程之间的复杂关系,而远在美国的管理人员可以对全球这200多个工厂进行实时远程管理。

第三个是虚实融合的高能版现实世界,是将前两个世界强大的数字化、智能化能力通过AR/MR等设备赋能给现实世界的人们,让我们能力持续倍增,人人成为高能者的现实世界也就是高能世界。此时,第一个世界的虚拟数字信息和第二个世界的孪生数字信息,都将被AR/MR等设备按需叠加在现实世界的每一个人、物和场景上,而且每个人叠加的信息可能都不一样。比如,你是加入碳中和行业的新人,当你戴着XR眼镜走进一家传统制造业工厂时,你的XR眼镜会实时计算着一切可以节能减排的事物:当你看到工厂的控制中心时,眼镜会显示这家工厂如果采用合同能源管理模式,每年会节省多少电、减掉多少碳排放、需要多大规模的投入、多久能够收回投资等,甚至连供应商都会一并推荐了。在这个元宇宙的高能版现实世界里,你XR眼镜里现实世界的一切人、物和场景都是被各种各样的数字化信息所叠加和包裹,你能真正感觉到信息就是能量,这种能量其本质来源于元宇宙帮你实时高效连接了强大的算力、AI、数据、专家和资源。用句夸张的话来描述,戴上XR眼镜的你,不是一个人站在这,你此刻拥有的能力背后,可能是几百、几千、几万人数字化的能力。可以想象一下,世界各地戴上XR眼镜的人才所组成的碳中和科研团队、技术团队、运营团队、实施团队、服务团队,给整个产业带来的价值该有多大。

二、从元宇宙的三条发展主线解析

第一条交互发展主线的最终目的，是要实现人类六感的无限延伸，你的眼即我的眼，我的身即你的身。这条主线的发展带来两个层面的碳中和价值，第一个层面就是人类因距离而产生的直接碳排放的减少。比如原来大量需要出差的会议、培训、商务沟通、考察、技术支持、社交、旅游等会因此而大幅减少。第二个层面是六感互联后每个人连接全球各类资源的能力暴增，这个对碳中和产业链带来的价值是难以估量的。比如你这边新能源新材料研发上碰到难题，你只需要带上 MR 眼镜，一键呼叫 AI 助手，帮你自动匹配元宇宙上的最新关联资料库，甚至直联全球任何一个顶级碳中和新材料专家接入你的 MR，就跟站在你身旁一样并肩作战、携手攻关。

第二条是各类引擎及其内容生成平台发展主线。比如游戏引擎、数字孪生引擎、服装设计引擎、自动驾驶测试引擎等。各类引擎越强大、效率就越高、对应的碳排放就下降得越快、对应的碳中和技术创新和迭代速度就越快。比如全球领先的自动驾驶研发厂商，纷纷转型使用游戏引擎大幅减少实际道路行驶来进行测试，因为这些引擎能够模拟出大雨、大雾、下雪等极端恶劣天气，就连太阳的高度、雾的浓度、雨滴的大小，都能进行及时的调整。业界公认技术领先的谷歌无人车 Waymo，在现实中只完成了 0.2 亿英里道路测试，但在虚拟场景中已经进行了 150 亿英里仿真测试。宝马公司透露，该公司 95% 的自动驾驶汽车测试都是在模拟环境中，而不是在道路上进行的。

第三条是基于区块链的经济与治理发展主线。这是社会生产关系和治理关系的重塑，是社会整体运营效率的跃升。现代社会的经济与治理体系效率比较低下，组织内部、组织与组织、国家与组织、国家与国家之间，主要基于一套纸质的法律与契约体系，以及需要依靠各种各样的中介机构，才能保持低效率的运转，而中介环节越多，这套体系的效率就越低下。同时，纸质甚至连纸质都没有的各类显性与隐性契约，又给人为操控破坏契约留下了大量不确定性的空间，而这也进一步加大了各个主体之间的摩擦和信任成本。区块链技术将推动互联网从 Web 2.0 向 Web 3.0 换代，互联网从最早的 Web 1.0 通信网络发展到 Web 2.0 的信息网络，即将进入 Web 3.0 的价值网络。价值网络最主要的特点在于把商业平台上的信任成本降到最低，并将信任的效率升到最高。比如区块链用于分布式能源的接入与运营管理，能大大简化接入效率；比如区块链用于碳中和产业链的供应链金融，能大幅提升产业链的良性运转率。如上所述，这条主线的发展，不仅能让碳中和所有产业链内部与外部的运转效率大幅提升，更能让元宇宙这个新形态社会的整体运营效率实现跃升，这是对碳中和最底层最坚实也是最多维的赋能。

第三节

元宇宙引领绿色 GDP

一、数字经济要义

当前,"数字化"和"低碳化"是全球经济的主旋律。特别是新冠肺炎疫情后,全球各国的经济刺激与复苏方案均指向数字化技术与新基建设施对于实现全球低碳经济增长以应对气候危机的重要地位。

我国数字经济在新基建、双循环、科技自立自强的战略驱动下,已成为驱动经济增长的核心。

数字产业化	产业数字化
即信息通信产业,是数字经济发展的先导产业,为数字经济发展提供技术、产品、服务和解决方案等。	包括但不限于工业互联网、两化融合、智能制造、车联网、平台经济等融合型新产业新模式新业态。
数字化治理	数据价值化
运用数字技术,建立健全行政管理的制度体系,创新服务监管方式,实现行政决策、行政执行、行政组织、行政监督等体制更加优化的新型政府治理模式。	价值化的数据是数字经济发展的关键生产要素。数据价值化包括但不限于数据采集、数据标准、数据确权、数据标注、数据定价、数据交易、数据流转、数据保护等。

图 4.1　数字经济构成

根据中国信息通信研究院所发布的《中国数字经济发展白皮书》,从定义上来说,数字经济是以数字化的知识和信息作为关键生产要素,以数字技术为核心驱动力量,以现代信息网络为重要载体,通过数字技术与实体经济深度融合，不断提高经济社会的数字化、网络化、智能化水平，加速重构经济发展与治理模式的新型经济形态。

数字经济具体涵盖了四大部分：一是数字产业化，即信息通信产业，包括电子信息制造业、电信业、软件和信息技术服务业、互联网行业等；二是产业数字化，即传统产业应用数字技术所带来的产出增加和效率提升部分，包括但不限于工业互联网、两化融合、智能制造、车联网、平台经济等融合型新产业新模式新业态；三是数字化治理，包括但不限于多元治理，以"数字技术+治理"为典型特征的技管结合，以及数字化公共服务等；四是数据价值化，包括但不限于数据采集、数据标准、数据确权、数据标注、数据定价、数据交易、数据流转、数据保护等。

图 4.2 我国数字经济增加值规模和增长率

2020 年，我国数字经济总量规模和增长速度均居世界前列，总规模达到 39.2 万亿元，占 GDP 比重为 38.6%。如图 4.2 所示，这其中数字经济核心产业增加值规模达到 7.9 万亿元，年增长率 5.7%。平台化、共享化是数字经济的典型特征，数据、算法、算力是数字经济的重要生产要素，其推动了资源的有效快速流动；数字经济与传统产业深度融合，将促进产业进行全方位全链条的升级改造，减少能源与资源消耗，提高资源的利用率和生产效率。

因而，提高 GDP 中数字经济的比重，将显著促进我国低碳经济的发展，助力我国实现碳达峰、碳中和的目标。

二、数字经济两大特征助力碳减排

相比以往传统的经济形态，数字经济具有天然的开放式、网络状生态，具备平台化、共享化两大特征。

数字平台，从定义上来说，是以大数据、物联网、人工智能等前沿技术为支撑的，对数据、算法、算力等生产要素进行捏合、链接、汇集的中枢，是我国数字经济发展的重要基础设施。近些年来，我国数字平台蓬勃发展，对各行各业均产生了深刻的影响。对于企业来说，数字平台提供了融合互助，相互赋能的可能性，有利于实现人才、资本、产业的有机结合。

同时数字平台可被视为需求与供给的连接纽带。在数据和算法的共同驱动下，数字平台可以更加高效、精准、个性化地把握需求，与生产端产生实时互动，提高要素流通效率，从而降低资源投入和浪费，最终促进碳减排。

数字经济的共享化指利用数字技术对社会分散资源进行整合，从而满足不同个体与不同群体的活动需求总和，"使用权"对"拥有权"的替代是共享化的主要特点，实现了"物尽其用"的消费观和发展观，符合当前我国经济可持续发展的大趋势。对消费者来说,共享数字经济有利于推动其消费观念转变,加大了对现有资源的深度挖掘和再利用,降低了生产要素的机会成本。

同时,在共享经济的商业模式下消费者所需付出的代价相比购买要低很多,有利于形成双赢的绿色消费模式。以我国的共享骑行市场为例,据生态环境部环境发展中心与中环联合认证中心发布的《共享骑行减污降碳报告》显示,交通领域碳排放占全国终端碳排放的15%,其中汽车的碳排放量是共享电单车的16倍,以一辆单车为例,在生产、运输、报废处理全生命周期中,大概产生76千克二氧化碳排放,然而在使用寿命内,平均骑行距离超过4 000公里,估算可减少碳排放约105千克,为整个交通运输部门综合碳减排做出较大贡献。过去一年,共享电单车用户较上年增长逾4倍,使用高碳出行的用户纷纷加入低碳出行行列,绿色低碳出行方式日益普及。

三、数字技术与产业结合带来减排效应

从技术创新的角度来说,人工智能、大数据、云计算、区块链等数字技术和数字化解决方案的发展将带来显著的碳减排效应。当前,数字技术与各个实体产业不断渗透融合,极大提升了产业劳动生产率和企业经营决策效率,进而降低了各环节能耗,有效促进了我国经济增长与碳排增长的脱钩。

根据世界经济论坛发布的数据,到2030年,全球各行业因信息通信技术(ICT)所减少的碳排放量将达121亿吨,这是ICT行业自身排放量的10倍。那么,数字技术对于碳减排的促进作用主要体现

在哪里呢？第一，数字技术本身对能源效率的提升，以 5G 为例，相比前代技术其每单位数据传输能耗大幅降低，同时还降低了智能手机、物联网终端和其他设备的电池消耗。大数据中心也可以凭借深度神经网络学习降低能源的消耗；第二，数字技术将对传统产业链结构进行重组和优化。如通过人工智能、数字孪生等技术可以增强工业、农业、能源、建筑、交通基础设施上下游的协作增效，加深各行业关联度，实现资源复用。从而减少不必要的浪费和能耗；第三，数字技术作为众多全新场景的技术底座，在很大程度上替代了原有人类生活、工作方式。交通排放本是全世界最大的空气污染和碳排放源之一，而远程办公、线上办公在疫情后取得了爆发性增长，替代了以往出行、差旅的场景，降低了汽车、火车、飞机等交通工具的使用频率，从而减少了交通排放。

具体到对我国来说，全球电子可持续发展倡议组织（GeSI）的研究显示，数字技术与重点碳排放领域深度融合，减少能源与资源消耗，实现生产效率与碳效率的双重提升，帮助我国每年减少二氧化碳排放 14 亿吨。接下来，我们将对数字技术与电力、工业、建筑、交通四大碳排放产业的结合赋能做一一解析。

电力：对于传统电厂来说，可以建立大数据检测中心，加强电网运行状态大数据的采集、归集、智能分析处理，实现设备状态感知、故障精准定位，人工智能技术应用将促进传统电网升级、电网资源配置能力提升，以数字化推动电网向智慧化发展，全面提升智能调度、智慧运检、智慧客户服务水平。数字技术助力电力行业碳减排的着力点包括但不限于数字技术赋能输配电网智能化运行，推动城市、园区、企业、家庭用电智能化管控系统构建，数字化储能系统加速实现规模化削峰填谷。

我们以雄安新区智慧能源管控平台为例，依托"大云物移智链"技术，雄安新区将大数据、物联网、人工智能、边缘计算等技术与城市能源管理深度融合，实现了横向"水、电、气、热、冷"多能互补控制，纵向"源、网、荷、储、人"高效协同，打造了新区城市信息模型唯一智慧能源模块，满足当地"数字城市"建设需求。系统监控园区内8 000多个点位，实时动态匹配能源生产与负荷需求，实现了多种能源梯级利用。稳定运行近两年来，城市智慧能源管控系统利用智慧运维等手段降低园区运维成本10%左右；通过对园区冷、热产耗平衡的精准调控，为园区节约冷、热供给量超过5%。

工业：在工业领域，国家一直在推动工业部门的绿色升级改造，并强调数字技术在其中的重要作用。2016年6月，工业和信息化部就制定出台了《工业绿色发展规划（2016—2020年）》，提出要落实制造强国战略，实现工业绿色发展，加快构建科技含量高、资源消耗低、环境污染少的绿色制造体系。此外，"十四五"规划纲要也明确提出，要"深入实施智能制造和绿色制造工程，发展服务型制造新模式，推动制造业高端化智能化绿色化"。我国工业与数字技术融合促进低碳经济发展主要体现在如下几点：

第一，数字技术推动我国传统工业部门生产方式的绿色化、精益化。对于工业生产的全流程"研发、设计、原材料供应、加工、制造、销售"，数字技术有效地提高了各环节协作的精确程度。对于生产资料、工业设备、人力资源这三大生产要素，数字技术强化了这三者间的流转、利用，实现生产要素的优化整合和高效运转。简而言之，数字技术大幅提高了工业制造部门的效率，使得其逐渐完成了向以高技术、轻资源为特征的绿色低碳制造转型。

第二，数字技术推动工业能源管理的绿色智慧化。在工业情境下，能源管理至关重要，我国每年都会有大量能源因为没有实现合理调度而造成能源浪费。对此，将网络协同制造、远程运维服务、智能环境数据感知技术等数字技术与能源监测管理相结合，能够实现数字化的能源管理，实现工业生产的节能提效。具体应用上，可以通过建设绿色数据中心，鼓励企业实现能源消耗与利用的动态监测、控制和管理，以及可以利用云计算技术，帮助广大中小企业实现共享能源管理，推动区域能耗监测体系建设。

第三，数字技术创新工业资源循环的绿色高效化。工业废料产生量近十年持续走高，虽然综合利用率有一定改善，但仍亟需利用物联网、大数据等数字技术创新改善工业资源回收利用方式，实现工业资源综合利用产业协同转型升级。为了加大工业废料回收力度，诸多传统工业部门建立回收利用企业创新电子信息平台，以物联网、大数据等技术作为工具，收集信息、分析数据、监测资源流向，承担起相应社会责任；鼓励传统工业生产企业建立高效、规范的资源回收体系，落实绿色节能。

宝武钢铁于2018年建成热轧1580智能车间，在作业无人化、全面在线检测、过程控制系统、设备状态监控与诊断、产线能效优化、质量管控、一体化协同计划、可视化虚拟工厂八个领域进行数字化提升，建立涵盖制造全过程的智能化应用，提高生产线稳定性和灵活性，降本增效，技术经济指标改善明显，工序能耗下降6.5%，内部质量损失下降30.6%，废次率下降10%，全自动投入率提升10.5%。

建筑：建筑运行阶段的碳排放主要来源于包括炊事、热水、分散采暖等运行直接碳排放和电力、热力消费等间接碳排放。从建筑的全生命周期来看，建材生产运输碳排放占比为55%，运行阶段碳排放占比43%，施工阶段碳排放占比2%。通过数字技术赋能建筑的运行管理，绿色智慧建筑为建筑碳达峰、碳中和提供了有效途径。

数字技术促进建筑领域碳减排的着力点主要在于节能设计、运行阶段的能效提升和构建"光储直柔"建筑，将数字技术广泛应用到建筑项目的规划、设计、采购、生产、建造、运行的全生命周期过程中，提升建筑质量、安全、效益和品质。在建筑运行阶段其核心是绿色建筑和智慧建筑融合，基于传感器、计量设备的能源管理，在线监测、分析与计算各项能源指标，智能化控制的能源需求，通过对设备和环境的实时感知、智能决策和自我控制，实现建筑内部能源资源利用最优和经济绿色运行。

以北京大兴国际机场的设计为例，针对该项目特点，设计施工团队通过数字技术进行室外光环境的辅助采光与遮阳的模拟分析、室内照明系统的分析计算；物理风洞实验分析与计算机模拟分析、室内自然通风模拟以及基于建筑物理模型的围护结构热工参数优化分析等，使航站楼更安全、节能和高效。

交通：交通运输行业是能源消耗和温室气体排放的主要行业之一，碳排放量约占总量的10%。从发达国家经验来看，交通能耗最终将占终端能耗的1/3。未来我国交通运输总体需求仍将保持增长趋势，这意味着我国交通运输行业碳排放还将继续增长，要在2030年实现碳达峰仍存在一定挑战。

从我国交通运输碳排放结构来看，营运性公路和非营运性公路碳排放分别占比50.7%和36.1%；以单位货物周转量来看，公路运输的能耗和污染物排放量分别是铁路运输的 7 倍和 13 倍。同时，我国乘用车平均油耗比欧洲标准高 1.0～2.0 升每百公里，比日本高 2.0～3.0 升每百公里。公路运输和城市交通优化将是交通领域碳达峰的关键。降低交通运输领域碳排放涉及全产业链条，通过大数据、车联网等技术进行资源配置优化、决策，助力构建更为灵活、高效、经济和环境友好的智慧绿色交通体系。

车辆的智能化、出行结构的优化和出行效率的提升、电动汽车的充放电优化、新能源汽车与可再生能源协同是数字技术促进交通领域碳减排的核心着力点。

湖南（长沙）国家级车联网先导区是我国智慧出行领域的先行者，这里建设了基于车联网的定制化智慧公交，对区域内的出行大数据进行了梳理，并基于大数据对周边居民的通勤规律进行挖掘，筛选出热门的出发地与途经站。该定制公交示范线将通勤时间从近 1 小时降低到不超过 30 分钟，近 1/4 的乘客由开车通勤转变为乘坐定制公交出行，仅仅半个月时间就让 700 多人从开车转变成了坐公交车出行，相当于单程降低了 1.27 吨碳排放。

四、数字金融解决低碳行业难题

数字金融通常也称为数字化金融，也就是技术成为金融的基因，通过数字技术的应用改变金融的运行模式、风险管理方法以及成本控制手段，是金融走向高质量发展的必须应用的手段。

在中国人民银行与国际货币基金组织（IMF）联合召开的"绿色金融和气候政策"高级别研讨会上，中国人民银行行长易纲表示"预计到 2030 年前，中国碳减排每年需投入 2.2 万亿元；2030～2060 年，每年需投入 3.9 万亿元"。如此庞大的投资金额不单要靠政府财政，社会资本也必定要参与进来，与政府财政共同构成多层次、成体系、互相补充的投融资结合体。对此，"绿色金融"势必要发挥重要的作用，而作为实现"绿色金融"的重要技术手段，数字技术与"绿色金融"相结合，所形成的"数字绿色金融"在提高金融服务普惠性和便利性的同时，也提升了资金配置效率效果。

数字金融本身就具有天然的绿色属性。和纸币相比，数字金融的绿色属性主要体现在以下 3 点：无纸化、低能耗；交易过程成本低、效率高、安全系数高；具有天然普惠性，通过数字金融，机构间可以及时做到信息同步共享，大幅降低机构金融风险，从而有利于扩大绿色低碳项目的融资规模，提振绿色低碳行业整体的投融资水平。

为支持数字金融与低碳金融的协同发展，在政策支持方面，我国要建立和完善以碳达峰、碳中和为导向的数字金融政策体系，制定完善我国应对气候变化相关法律规范，明确碳达峰、碳中和目标下的投融资政策，确定金融机构在碳投融资项目中的责任。将碳达峰、碳中和目标融入金融机构发展理念、发展战略和发展规划等顶层设计，强化对低碳发展领域的金融政策支持，推动绿色金融尤其是气候投融资市场发展，鼓励金融机构参与开发低碳发展、应对气候变化相关的绿色金融产品。同时，完善绿色金融与碳达峰、碳中和的政策协同机制，加强财政、税收、绿色金融政策与国家低碳发展中长期战略目标和相关产业的政策协同性，建立低碳项目与低碳投融资渠道的协同机制，形成绿色金融发展政策合力。

要强化金融对数字技术促进碳减排的支撑作用。未来我国金融服务必将"脱虚向实",回到服务实体经济的轨道,而低碳经济发展无疑为资本提供了投资新赛道,同时良好的金融引导也将为各领域利用数字技术开展低碳转型引来更多资金活水。

我们也不能放松对于数字金融本身低碳化的追踪式评估,要重点关注数字技术是否助力商业银行对低碳客户的选择,商业银行在支持低碳经济发展中,重要的是金融服务的客户是否是低碳经济的主要作为者,数字金融赋能低碳经济的应用,首先要将服务的对象是低碳者通过技术手段从客户群中优选出来,作为金融重点支持服务的对象;要关注数字化是否助力低碳金融的风险管理。发展低碳金融面临有些行业和企业退出市场或转型,将会带来较大的金融风险,因此,数字金融在商业银行低碳化过程中,既要支持低碳经济发展,更要通过技术手段的应用,实现本身真正的低碳化,降低低碳金融的风险本身就是一种减少社会资源浪费的低碳行为;关注数字化是否对传统低碳金融模式进行优化,绿色金融实质上是低碳金融的另一种提法,绿色金融理念一直是影响着我国商业银行行为的重要因素,而数字金融的发展,有利于绿色金融理念转化为低碳金融具体行为目标的实现。因此,要重点关注数字金融是否推动低碳金融发展模式的优化,提升低碳金融的服务效能;关注数字化是否助力降低低碳金融发展和管理成本,要通过低碳金融的数字化,有效地管控低碳金融的成本,从而极大地提高低碳经济发展的质量。

第四节
数字孪生高效节能减排

一、何为数字孪生

数字孪生这一概念起源于航天、工业领域,由"孪生体"向"数字孪生体"发展。

"建立一个孪生体,用于管控实体的运行状态"这一理念最早起源于美国"阿波罗"计划,工程师们在地球上建立了与发射到太空上的飞行器一模一样的航天飞行器,用于反映其工作状态并帮助工作人员进行操控演示。随后,Michael Grieves 教授在美国密歇根大学的管理课程上提出可以建立虚拟孪生体来管控产品全生命周期,将该设想称为 PLM 的概念性设想(Conceptual Ideal for PLM)。2012 年,美国国家航空航天局(NASA)正式提出了数字孪生概念,并将其定义为充分利用物理模型、传感器、运行历史等数据,集成多学科、多物理量、多尺度、多概率的仿真过程,在虚拟信息空间中对物理实体进行镜像映射,反映物理实体行为、状态或活动的全生命周期过程的技术。

NASA 提出数字孪生概念后,被多家企业、研究机构广泛使用,并在使用范围、概念内涵上逐步拓展。数字孪生不仅局限在基于物联网的动态模型软件,而是涵盖更多技术体系、延伸到更多更复杂领域。数字孪生的本质仍是建立与现实体一一映射，反映现实体状态的数字孪生体。

数字孪生（Digital Twin）技术综合利用感知、计算、建模等信息技术，建立与现实世界实时映射、虚实交互的虚拟世界。数字孪生需要具有五维结构：物理实体(Physical Entity)、虚拟实体(Virtual Entity)、服务(Services)、孪生数据(DT Data)和连接(Connection)。

- 物理实体：物理实体是数字孪生的基础，通过在物理实体上部署传感器等基础设施，监测其环境数据和运行状态。
- 虚拟实体：物理实体的虚拟化数字镜像，通过几何、物理、行为、规则等多种模型相互加成以表现物理实体实时状态及变化。
- 服务：集成各类信息系统，为物理实体和虚拟模型提供智能计算、运行和管控服务。
- 孪生数据：是建立虚拟孪生体的核心，包括以上三维度所有信息数据，并随着物理实体的运行实时更新，推动整体数字孪生体系运转，也是数字孪生系统的核心驱动。
- 连接：将各维度之间彼此连接，进行有效的实时数据传输，实现一一映射。在数字孪生技术的不断演化过程中，如今已初步成为企业数字化建设的技术能力基础。

而随着信息技术发展，数字孪生逐渐被应用于制造业、交通、医疗等多个领域。物联网、大数据等前沿技术的发展打破了数据孤岛，把物理世界的数据快速传递到数字孪生世界，帮助数字世界快速优化、意见反馈。数字孪生成为数字化浪潮的必然结果和数字化的必经之路。数字孪生强调通过管理与现实世界一一映射、实时交互的虚拟世界来实现现实世界的高效运行。越复杂的系统越适合使用数字孪生技术进行管理，人们可通过虚拟孪生体快速高效反映物理实体实时状态，监测其运行情况，精准管控，节省成本；同时可以通过虚拟孪生体进行决策预演，模拟规划等，帮助决策顺利执行。

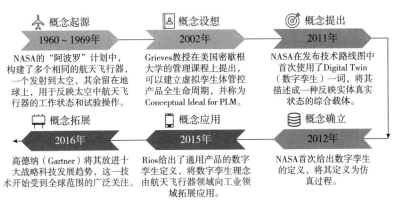

图 4.3 "数字孪生"概念的发展历程

二、数字孪生主要应用方向

（一）数字孪生城市

根据中国信通院的定义，数字孪生城市是数字孪生技术在城市层面的广泛应用，通过构建与城市物理世界、网络虚拟空间的一一对应、相互映射、协同交互的复杂巨系统，在网络空间再造一个与之匹配、对应的孪生城市，实现城市全要素数字化和虚拟化、城市全状态实时化和可视化、城市管理决策协同化和智能化。数字孪生城市可以广泛理解为通过对物理世界的人、物、事等所有要素数字化，在网络空间再造一个与之对应的"虚拟世界",形成物理维度的实体世界和信息维度上的数字世界同生共存、虚实交融的格局。

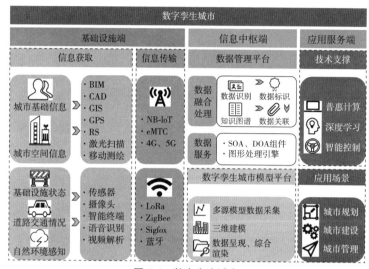

图 4.4 数字孪生城市

注:建筑信息模型(BIM)、计算机辅助设计(CAD)、地理信息系统(GIS)、全球定位系统(GPS)、遥感(RS)、窄带物联网(NB-IoT)、增强机器类通信(eMTC)、面向服务架构(SOA)、面向数据的体系结构(DOA)组建、低功耗局域网无线标准(LoRa)、紫峰协议(ZigBee)

我国数字孪生城市兴起于 2017 年,由中国信通院在基于智慧城市研究基础上提出。2017～2018 年,对于其概念和理解逐渐丰富。同时,对于城市而言,数字孪生城市的三大优势分别是能够提升城市规划质量和水平、推动以人为核心的城市设计和建设协同创新、优化并评估智慧城市建设成效。2018 年,中共河北省委、河北省人民政府发布《河北雄安新区规划纲要》,提出设立与现实城市同步规划建设、具有深度学习能力的数字城市,成为率先将数字孪生理念应用于城市建设的规划项目。

2019 年，随着数字孪生城市的热度不断上升，百度、腾讯、阿里巴巴、京东、华为等多家互联网、通信巨头陆续加入，提出数字孪生城市架构，构建生态体系。另一方面资本入场，多支"数字孪生"概念股大涨，多家专注数字孪生城市的企业获得大额融资。在技术架构逐渐丰富明确之下，陆续有省市提出建设数字孪生城市的行动规划，以南京江北新区为例，在《南京江北新区智慧城市2025规划》中明确提出数字孪生城市建设方案。

2020～2023 年，包含北京市、上海市、海南省、浙江省、广州市等全国有 16 个省/市明确提出数字孪生城市建设相关政策或行动方案，中国数字孪生城市正式进入建设期。目前大多数的数字孪生城市都在基础建设期，我们推测该阶段将从 2020 年持续到 2023 年，基础建设将从基础终端、通信网络建设、三维建模和可视化渲染等技术层面全面着手开展。在此，我们列举几个数字孪生城市的典型应用场景，以便读者更好地消化吸收该新兴概念。

第一，城市综合治理：2021 年端午假期，上海南京路步行街游人如织。南京东路河南中路路口，一幢现代主义风格的历史建筑里，一位游客被窗外繁华景象吸引，打开窗户将手机探出窗外拍照，安装在窗户上的传感器第一时间监测到开窗行为，店内保安佩戴的智能手环立即接到系统自动报警，马上赶往现场处置，系统随后显示窗户关闭。如此迅速的反应，背后是一整套的数字孪生系统在做支撑，实时监测大楼的生命体征。

第二，城市规划建设：作为粤港澳大湾区核心引擎，深圳前海自贸区新一轮整体规划面积 74 平方公里，地下空间开发约八百万平方米。深圳前海自贸区使用建筑信息模型（BIM）平台，实现从地面一地上—地下的多维表述，建设城市全信息数字化沙盘，动态规划城市开发和更新的实际情况。第一次实现了城市集群地上、地下同步开发的协同创新模式，解决了开发建设所面对的体量大、标准高、交叉多、时间紧等诸多难题，获得了 2017 年全球基础设施 Be 创新大赛冠军，被收录在 Bentley 的《纵览基础设施建设》杂志中，作为典型案例发送给全球 15 万家以上的主流媒体、政府部门和企业。

第三，城市交通管理：西安交警互联网＋大数据平台是将数字孪生城市与城市内交通管理业务相结合的典型应用案例。该平台融合普通电子地图、高精度道路地图、三维模型地图、多源交通信息融合、天气、122 警情、视频、微信各类基础数据，所有数据源都通过平台的 DataHive 数据蜂巢具备的数据集成融合能力进行汇聚、清洗、分类、处理和分发。在交警管理的各个业务领域，通过平台提供的 MineMap 将所有数据以直观形象的形式在可视化大屏上集中体现，以数字孪生的城市基础空间数据为数字基座，在一个大屏上发布和展示各个业务端的应用成果和信息反馈，实现交警业务管理的情报获取、指挥调度、勤务管理、监督考核、宣传引导五大环节的实际运用。

（二）智能制造

毫无疑问，数字孪生已成为智能制造最为关键和基础性的技术之一。数字孪生将数据和模型作为驱动，打通业务和管理层面的数据流，实时连接、映射、分析、反馈物理世界行为，使工业全要素、全产业链、全价值链达到最大限度闭环优化，加快制造工艺的数字化、生产系统的模型化、服务能力的生态化进程。具体到工业制造的各个环节，在产品上，数字孪生覆盖研发、工艺规划、制造、测试、运维等周期；在工厂端，数字孪生在设计、建造、生产线调试、运行监控、安全诸多方面为企业降本增效；在供应链端，数字孪生技术可以应用在车间物流调度、运输路径优化等方面。同样，我们在此向读者列举一些数字孪生技术赋能智能制造的一些典型应用。

一是设备实时监控：工业设备生产过程中，利用数字孪生技术可以实现状态感知监控，监控设备生产运行信息、监控信息、维护信息以及管理信息。

二是设备故障诊断：根据监控信息，工厂可以可视化设备生产工艺过程，并且可以针对故障报警进行器件定位，提供故障及维修案例库。

三是设备工艺培训：工厂可以凭借数字孪生技术所提供的可视化工业设备 3D 智能培训和维修知识库，以 3D 动画的形式培训员工，大幅缩短人才培养时间。

四是工厂实时状态监控：通过工厂的数字孪生体，可以对正在运行的工厂进行可视化管理，包括实时设备状态能够详细到当前加工的订单信息，设备、产线的设备综合利用效能（OEE）、设备产量质量与能耗情况等实时信息。对于出现故障的设备，可以显示出具体的故障类型。当前在国内，中国烟草、海尔、美的等企业在利用数字孪生技术监控工厂实时状态方面均卓有成效。

（三）数字孪生网络

5G 网络出现之前，数字孪生技术平稳发展，进展较慢，5G 时代的来临将数字孪生技术发展推上快车道。毫无疑问，数字孪生的实现必须要依赖通信技术的高效支撑,且数字孪生与网络发展势必相辅相成。当前我国的数字孪生网络发展还处于探索阶段。

据全球移动通信系统协会(GSMA)相关专家表示,5G 物联网时代的数字孪生将大幅提升各行业数字化进程,随着 5G 时代到来,网络数字孪生应运而生。截至目前,5G 网络的可用性还相当有限,想要实时访问 5G 网络仍存在一定的困难,并且成本相当高。各个行业也均在探索 5G + 产业的商业应用场景价值潜力。

数字孪生网络的优势之一在于可以提供一个灵活、低成本、高效率的研究场地。另一方面,在网络安全的重要性日益提高的今天,基于数字孪生的智慧网络即为一个具有代表性的沙盘,可以利用其进行前瞻性的潜在风险研究。简单来说,数字孪生网络是一种仿真出来的物理网络端对端的软件复本,可以连续地实现对于物理网络端的评估、预测和建议,以高效、前瞻的方式为实际运行的网络进行必要的预防和保障。

在数字孪生网络的应用上,展会、赛事是较为典型的应用场景。展会、赛事期间,场馆中人流量巨大,对网络的稳定性、5G 信号覆盖强度、针对紧急状况的保障等要求均比较高。数字孪生网络可以通过规划、分析、预测、监控等措施,对网络提前进行建设规划,当突发事件发生时,可以有条不紊地指导各方处理。

三、数字孪生将赋能碳减排

我国"3060"目标将系统引导产业的绿色低碳发展,不仅可以带来自然环境质量的提升,另一方面还将促进我国经济能源结构、产业结构的转型升级，有利于推进生态文明建设和生态环境保护，持续改善生态环境质量，并且对于加快构建以国内大循环为主体、国内国际双循环相互促进的新发展格局，推动高质量发展具有重要的促进作用。

能源数字经济是降碳减排的重要途径。我们已进入数字经济时代，数字孪生技术可以赋能能源从生产到管理的全链条进程，显著削减了人类经济活动碳排放的强度和排放总量。可以利用数字孪生技术，辅以精细化物理模型、传感器数据、运维历史等资料，可以在虚拟空间中完成对能源数字系统的仿真化过程；数字孪生实例能够与对应的设备保持全生命周期的同步，实时反映设备的更新与动态演化。

数字孪生在能源数字化系统中的架构分为五部分：物理层、数据层、机理层、表现层和交互层。物理层中包含智能资产、边缘系统和IoT，采集到的数据由数据软件汇总并传输到数据层。数据层从而执行预处理、数据安全监测并传输。机理层从数据层收到历史数据和实时数据后，输入智慧能源系统仿真模型，对数据进行整合计算。机理层的模型一般采取"仿真模型+数据驱动"的混合建模技术，采用基于模型的系统工程建模方法学，以"数据链"为主线，结合人工智能对模型进行迭代优化，实现对现实环境的虚拟映射。表现层则融合了AR/VR/MR技术，根据从机理层获取的结果，进行现实、虚拟展示，给用户提供"沉浸式体验"。交互层作为用户与智能设备间的通道，包括交互接口、应用软件、交互操作，实现用户与模型间的深度交互体验。

整体来看，数字孪生对能源系统进行数字化建模，贯穿了智慧能源系统全生命周期过程，通过服务和模式创新，显著提升智慧能源生态系统的工作效率，降低能源产销成本，实现智慧能源系统规划、运行和控制方面的降本增效。最终达到能源系统和数字孪生体之间的信息共享、共同进化的孪生共智状态。

建设低碳城市,城市中的不同部门、管理者、规划者、设计师和使用者,各种不同的角色均需要新技术和工具来辅助应对城市中一系列复杂的可能性。显而易见的是,相比各部门的分散与不同步,将各个方面的行动和决策结合起来,能更大地发挥城市在碳减排方面的潜力。当前我国建设低碳城市的内在痛点集中在以下几个方面:管理系统数量多且不统一,造成信息孤岛;信息、数据收集呈现不全面直观状态;收集来的数据不具备空间属性,无法追溯到碳足迹;仿真预测能力缺乏,无法基于数据追溯历史、预测未来。

数字孪生技术,其结合了多项现代科技与工具的发展,如传感器技术、建模技术、可视化技术,可以理清建设低碳城市进程中不同影响因素之间复杂关系,指明降低能源消耗和碳减排的可选路径,并对比各项措施对不同城市所产生的个性影响。

传感器技术为低碳城市建设提供了实时的、精细的设施管理和过程数据。经过多年的发展,传感器技术在近年来已经进入了一个全新的阶段,具备了集成化、智能化、微小型化和无线网络化等特点。在低碳城市的建设过程中根据需求,可以将传感器安装在如锅炉、电梯、暖通空调机组等不同设备单元上,为管理者提供尽可能详细的设备信息、设备能耗数据、设备实时状态数据等。

动态建模技术的应用可以使低碳城市创建过程中的数字模型和过程模拟更加真实准确,贴合实际情况。数字孪生模型是数字孪生城市的核心元素。使用基于 CAD 等平台开发的高级建模工具,可以将城市中建筑信息、能源信息、基础设施数据等物理世界的元素、行为、过程如实的在数字平台上反映出来。城市管理者可以根据所形成的基于现实的数字孪生模型,分析低碳城市多个场景下有可能出现的情况,帮助城市改进设计和优化配置。

可视化技术在低碳城市建设中的使用则大大地扩大了参与建设者的广度,上文我们所提及的建模与模拟分析,其结果在大部分情况下仍是以数据的形式来体现,相关人员如果想要理解,必须具备相关专业知识的积累。因此,可视化技术将模拟的数据结果再以 2D、3D 的可视化技术展示出来会显著降低数据理解难度,增强工作人员的了解意愿,突破工作人员的技术水平限制,为不同层级、专业的用户了解新的政策或系统的影响和潜力提供了有效路径,从而提升相关人员的参与度、参与意愿和参与范围。

让我们放开想象,对于城市管理者而言,未来在数字孪生技术的赋能之下,可以在城市数字孪生指挥大屏中"一张图"式的总览城市碳足迹情况,并可以执行城市级别的能耗仿真,进行快速决策,通过城市日照光线仿真,实时掌握城市光伏能源数据,从而实现高效的能源结构调整。同时,在城市新建、扩建和改建时,也可以以低碳为建设取向,要求新建、改建严格避免高碳锁定,数字孪生可以模拟城市建成后的运行状态,为城市碳中和提供零碳能源保障。

第五节
BIGANT 全面赋能碳中和

在本书第一章中,我们提到支撑元宇宙的六大技术支柱(BIGANT),包括:区块链技术(Blockchain)、交互技术(Interactivity)、游戏引擎与孪生引擎技术(Game Engine)、人工智能技术(AI)、综合智能网络技术(Network)、物联网技术(Internet of Things)。这六大技术,不仅是支撑元宇宙未来世界的地基,同时也是我国实现碳中和的助推器。

一、区块链技术赋能碳减排

国家的"双碳"目标需要各方协同实现,在此背景下,科学规划自身碳目标,做好碳排放峰值评估以及碳中和行动方针制定成为各方发力的重点。而数据的可信程度,从盘查碳排放,编制温室气体排放清单,到确定达成碳排放目标的路线、时间与施工图,发挥着极其重要的作用。

可追溯、不可篡改、可信、共享是区块链系统数据的主要特征,建设以区块链技术为底层的碳排放监测与"双碳"目标管理平台,可以使得地方、产业、企业们的碳排放来源与排放量、减排量及碳目标管控等数据变得可信,这一过程提高了数据的生产力,激活了数据作为要素的开发潜能，实现了数据的价值化流转。释放出了数字技术对实体经济发展的赋能、促进和放大作用。

在 2021 年 3 月发表的《中华人民共和国国民经济和社会发展第十四个五年规划和 2035 年远景目标纲要》中，提出要进一步发展云计算、大数据、物联网、工业互联网、区块链、人工智能、虚拟现实和增强现实等七大数字经济重点产业。而在区块链产业具体内容上要推动智能合约、共识算法、加密算法、分布式系统等区块链技术创新，以联盟链为重点发展区块链服务平台和金融科技、供应链管理、政务服务等领域应用方案，完善监管机制。

联盟链是介于公有链与私有链之间的一种系统形态，它由多个中心控制、若干组织一起合作维护同一条区块链。该区块链的使用必须是带有权限的限制访问，相关信息会得到保护，如供应链机构和银行联盟等对该区块链正积极探索。有专家指出，联盟链的本质是分布式托管记账系统，系统由组织指定的多个"权威"节点控制，这些节点之间根据共识机制对整个系统进行管理与运作。联盟链可视为"部分去中心化"，公众可以查阅和交易，但验证交易或发布智能合约需获得联盟许可。"双碳"目标管理数字化平台即是构建在联盟链之上，就是利用自主可控的区块链底层框架，构建的碳排放、碳减排及碳目标管控的追踪、核查、确权的联盟链系统。

连贯透明的区块链数据结构与存证机制，打通了碳排放、碳减排及碳目标管理流程中的信息孤岛。可信的数据帮助企业实现符合标准规范的碳核算，从而推进科学的减排目标，实施节能减排行动。当企业的碳排放、碳减排与碳目标管理等数据上链后不可篡改，操作节点精确，具有可信时间戳，这有利于企业提高资源利用率和整体运营效率、构筑绿色供应体系、控制生产成本，促进工艺与技术转型升级，形成"双碳"目标下的低碳竞争力。基于链上大数据汇总分析，梳理碳排放管理最佳方式，第一时间发现不合规现象并触发预警机制，防止环节性、系统性错误。

凭借区块链技术，一方面可以推动绿色低碳循环项目的订单化实践，构建"双碳"目标引领下绿色产业发展新模式；另一方面可以打造碳排放监测与目标管理数字化平台，实现对碳排放、碳减排的追踪、核查、确权和优化，促进数据共享，优化业务流程，降低运营成本，提升协同效率，推动"双碳"目标达成。

（一）区块链筑牢数字经济底座

区块链技术的兴起被称为"互联网的下半场""价值互联网"的新时代。元宇宙会带来丰富的数字场景与数字资产，成为数字资产交易最具想象力的落地场景。

原因在于"上半场"只解决了资产信息的传递问题，即实现了资产信息化，但无法验证交易对手和资产信息的真实性，并且关键数据属于不同机构的私密数据库，无法互联互通。

如果想要验证交易者的身份，以及验证资产的真实性、权属和价值，就需要人们亲自出现在相关手续办理的机构和提供身份证明，从各个相关机构取得不同的数据和证明。区块链就是要实现从"资产信息化"转向"资产数字化"，进而实现"资产通证化"，这将是数字资产交易实现的重要路径。

通证一词，其英文为 Token（代币、令牌），即可流通的加密数字权益证明，是基于价值互联网的可信任的价值共识的数字化载体。

现实世界的各种权益证明（股权、债券、积分等）都能以通证的形式，放到数字世界里流通。

通证的三大属性，保证了其具备真实的价值支撑。首先是物权属性，能够代表使用权，可交付实际物品或服务；其次是流通属性，至少在生态内是硬通货；最后，在具备前两者的基础上，自然具有投资属性，代表收益权，未来可以持续产生收益，升值空间随着前两个属性的增加而升高。

通证经济系统包括建立数字身份，资产数字化并上链，通证权益设计，通证的分配、流通机制和价值锚定等步骤。

以构建唯一的可信数字身份为例，通证承载着价值，通证流通即是价值的转移，在现有的信息互联网上实现价值转移，需要基于可信的第三方中心做信用背书。中心之间数据隔离，用户在每个中心上都有独立的身份体系，将用户的属性和行为都割裂开来，无法形成唯一且可信的数字身份。区块链系统数据分布式存储、不可篡改和匿名性的特点，可以让公钥私钥对成为公链上唯一的数字身份，在公链上的生态中产生的数据都权属于此数字身份，数据的产生、存储和使用过程，都牢牢掌握在用户手上，对于用户和系统来说，此数字身份双向可信。

再以价值锚定为例，在通证经济中需要"稳定币"作为一般等价物的数字通证，例如可以锚定信用货币（如美元）或真实资产（如黄金）实现价值的稳定性和低波动率，通过扩大使用场景、提升市场认可度实现稳定币的高流动性，最终使稳定币趋同于一般等价物。

碳资产以减少温室气体排放、应对气候变化为目。完全符合以上要求。因此，有观点认为，是通证经济系统的最佳锚定物。

总而言之，缺少区块链技术作为一致性和安全性保障的通证无非是 Q 币、蚂蚁积分，而缺少通证激励体系的区块链，也无非是分布式存储技术，只有和区块链技术结合的通证才是真正意义上的通证。

（二）元宇宙经济系统雏形已现

构建在区块链基础上的通证经济，也为元宇宙提供了构建独立闭环经济系统的可能。

独立的经济系统包含两个方面：一是系统内部有完整商品流通和交易内循环，二是对外的商品需求和供给因素，不会干涉，或者不能大范围影响系统的内部循环。

对于元宇宙而言，区块链基础上的通证经济核心作用其一为数据确权，其二为实现数字资产的有效交易。从目前来看，这两方面功能均可通过 NFT 实现。具体体现在，NFT 可以在元宇宙中承担关键资产的决策作用，因此有了稀缺性，并能够确权。在此基础上，围绕 NFT 可以建立一系列的商业模式，保证元宇宙经济系统有效运转。

根据 Statista 的数据，2018 年，NFT 的销售出现了短期的繁荣，随后于 2019 年进入泡沫化的谷底期，2020 年市场略微回暖，2021 年 NFT 市场热火朝天，元宇宙、游戏、艺术品等成为关注焦点，且该领域中 NFT 销量表现十分亮眼。在游戏 *The Sandbox*（沙盒）中，NFT 对应着游戏中的土地资源，"地主"可以改造自己的地皮，创意的稀缺性便是 NFT 作为游戏中关键资产的重要基础。

在商业模式方面，区块链游戏开发者可从其开发的物品二级市场交易中收费，例如，OpenSea 平台开发者能设置二级市场销售抽成比例，也可以从用户创作 NFT 的交易中收费，这种商业模式在 Cryptovoxels 中已经有成功的例子。此外，还有 NFT 抵押贷款平台等，帮助 NFT 开发者获取短期贷款等新商业模式，这些商业模式无形中孕育着元宇宙经济的早期雏形。

（三）实现低碳 NFT 模式

可见，区块链为元宇宙的经济系统运行奠定了基础，NFT 则承载着元宇宙中价值转移的功能。但是，必须注意到现阶段 NFT 能耗太大。

《纽约时报》曾评论："创建一枚普通 NFT 会产生非常巨额的碳排放，会带来超过 200 公斤的碳，相当于一架普通美国汽油动力车行驶 500 英里产生的碳足迹，这些排放将会导致地球变暖。"

毫无疑问，必须实现"低碳"乃至"零碳"模式。

首先，必须形成能耗更低的共识机制。NFT 能耗巨大的罪魁祸首是以太坊网络使用的 POW 共识算法，长远来说，需要使用燃料费用更低和碳足迹更少的算法。

其次，使用绿色电力代替高碳电力。近一半以上欧盟国家的电力供应都是清洁能源，这为其他国家提供了良好的示范。不过，值得注意的是，这些欧盟国家在承接 NFT 铸造和兑换工作节点时，是需要良好有序的组织管理能力的，这在实践层面上的难度极大。

最后，在加密市场引入绿色投资。当前，不少国际组织已经在积极推动可持续金融领域的区块链技术应用，绿色投资的进入，意味着 NFT 项目不仅面临着环保减碳的绿色指标压力，还需要满足投资人的要求，否则就会面临资本回撤的风险，这将倒逼 NFT 项目早日实现零碳化。

在碳中和背景下，NFT也出现了一些新形式。例如，基于NFT的碳追踪产业兴起就是其中一例，碳排放额度的购买和消耗是需要追踪的，基于区块链的NFT，具有可溯源的特性，可以有效对碳指标的身份进行标识，并记录碳指标的流向。

尽管当前区块链、NFT的应用并非"环境友好型"，但是产业界在低碳NFT模式上的各种尝试，终将使NFT走向低碳环保。

超算中心、低碳算力、低碳NFT方兴未艾，人们愈发认识到元宇宙并非悬浮在空中，而是与生产生活息息相关，了解元宇宙与现实世界千丝万缕的联系，将帮助我们更准确地把握时代脉搏。

二、交互技术赋能碳减排

在第一章中，我们明确了交互技术主要分为输出技术和输入技术。人体交互技术是制约当前元宇宙沉浸感的最大瓶颈所在。输出技术包括头戴式显示器、触觉、痛觉、嗅觉甚至直接神经信息传输等各种电信号转换于人体感官的技术；输入技术包括微型摄像头、位置传感器、力量传感器、速度传感器等。复合的交互技术还包括各类脑机接口，这也是交互技术的终极发展方向。

新冠疫情暴发以来，居家办公已经成为全球大部分企业的必选项。但是，居家办公、线上会议的效率仍然逊于线下。"元宇宙办公"恰好补足了这一短板，补偿线上办公除了声音、图像以外的信息，缩小线上线下区别。用支撑元宇宙交互技术手段提升线上会议的体验，是当下最迫切、实用的元宇宙应用场景。

随着 AR/VR/MR 等交互技术的提升，在元宇宙中所进行的线上会议沉浸感已大幅提升。2021 年 8 月，Meta 正式推出"爆炸级"产品——VR 会议软件 Horizon Workrooms 的虚拟会议室功能。吸引了整个元宇宙圈的关注，瞬间在各大社交媒体上刷屏，引发社会各界讨论。在虚拟会议室功能中允许用户用虚拟分身与其他参会人在同一个虚拟会议室中进行交流协作，重新定义了"沉浸式"线上会议体验。

同样在"元宇宙会议"领域有所布局的微软也不甘于后，Microsoft Research 发布用于在线会议的虚拟机器人系统 VROOM。该系统融合了 AR 和 VR 技术，并使用远程呈现机器人将真人大小的数字化身带入虚拟工作场所。VROOM 开发团队最近发表的论文详细对 VROOM 系统进行了介绍，该系统可以实现在 VROOM 中进行线上远程办公的工作人员和在办公室工作佩戴 HoloLens 头显的同事感觉同时处在一个空间，准许他们加入协作，共享全息体验，实现加入虚拟会议、发送聊天、处理共享文档等功能。

2021 年 9 月，在中央网信办、国家发展改革委、生态环境部、四川省人民政府联合指导的"首届中国数字碳中和高峰论坛"上，中华环保联合会绿色循环普惠专委会与生态环境部宣传教育中心联合发布《在线会议助力碳减排量化研究报告》。研究结果显示，平均每次在线会议产生的减排量为 27.932 千克二氧化碳当量 / 次，每人次在线会议产生的减排量为 2.202 千克二氧化碳当量 / 人次。

来自国际大会与会议协会（ICCA）的调查数据显示，2020 年以来，中国大型会议活动比 2019 年有所减少，但疫情期间纯线上会议活动量提升了 600%，后疫情时期线上线下融合会议比 2019 年增长

1.14倍。在国家碳达峰、碳中和目标背景下，在线会议在减少交通碳排放、减少空气污染，降低会务用品损耗等方面发挥了重要的减排作用。

在未来，交互技术将会给用户带来更加沉浸式的在线会议体验，在线会议必将成为公众践行低碳生活和提高工作效率的重要举措。

同时在工业领域，AR、VR以及MR的应用程序的开发，将创建功能强大的新型工业解决方案。任何公司都可以使用以来提高效率，同时促进碳减排。

通过AR技术，工程师可以使用数字叠加层从现场提取新鲜信息，这在以往仅仅使用工业设备本身的情况下是实现不了的。另外，AR、VR融合MR的理论概念是一种极好方法用于在连续体上观察现实，其中增强现实反映了现实环境，而虚拟现实更接近虚拟环境。

在现实的工厂环境中，工人将在实际工厂系统中使用机器。例如，在虚拟环境中工作的工人可以使用由Oculus Rift等工具支持的虚拟工厂车间规划。在接下来的5年中，随着公司将增强现实应用程序用作日常工具来收集实时运营洞察力，改善维护和服务，以3D进行设计，降低员工入职成本以及开发强大的远程协作平台，而无须让团队紧密接近。交互技术进步所给工厂带来的环节改进和效率提升势必将大量减少工业领域的碳排放。

三、游戏引擎与孪生引擎技术赋能碳减排

在2019年举行的联合国气候峰会上，联合国环境规划署发起名

为"玩游戏，救地球"（Playing for the Planet Alliance）的环保倡议。多家游戏公司纷纷加入该环保倡议联盟中，其中就包括玩家耳熟能详的索尼、微软、谷歌 Stadia、育碧（Ubisoft）、Twitch 等游戏巨头。联盟成员均针对气候危机做出了积极承诺，包括将绿色环保活动纳入游戏之中、减少自身排放和浪费、支持全球环境议程等。

作为"玩游戏，救地球"联盟的排头兵，微软公司承诺将生产 82.5 万台"碳中和"的 Xbox 游戏机；此外微软还启动了一个气候创新基金，并承诺投入 10 亿美元，用于进一步研究和开发新的碳去除技术。2021 年，微软将与上下游供应商合作，保证供应链碳排放也得到有效控制。微软公司首席执行官纳德拉（Satya Nadella）表示："如果我们不遏制排放，全球温度将继续攀升，科学告诉我们结果将是毁灭性的。我们每个人都必须采取行动，其中包括企业。"

另一游戏巨头索尼公司则在游戏硬件方面进行革新。索尼的 PlayStation 4 通过提高电源供应效率，利用缩放技术降低功耗，节能休息模式等每年减少了 1750 万吨的碳当量排放，这一数值有望在 2030 年达到 3000 万吨，相当于 2017 年整个丹麦的碳排放量。

除了主机游戏厂商以外，云游戏"绿化行动"也已经开始。云游戏是否会比主机游戏对环境造成更大的伤害，取决于数据中心是如何运作的，以及它们是由什么样的能源提供动力的。为了加入能源环保的行列，许多公司正在尝试使用可再生能源为他们的数据中心供电。Azure 数据中心的运营方微软正在努力推动将其设备转换成可再生能源。

从可持续发展的角度来看，相比主机游戏，云游戏模式将显著降低游戏产业碳排放。本身云计算即具有集约、按需计算的特征。云游戏可以实现一台设备共享游戏内容，玩家不需要进行频繁的硬件更新迭代或一人拥有主机、掌机、个人电脑在内的多个硬件终端，更不需要去购买光盘、下载和更新游戏，节省了网络带宽。

从开发的角度来看，云游戏开发商一次开发即可使内容在多平台运行，节省了不同平台移植、适配所需付出的成本。而随着边缘计算和音视频压缩传输技术的发展，云游戏的流媒体消耗将进一步减少，对用户体验所造成的影响也将逐渐无感化。

目前，已经有一些游戏在提高人们对气候变化认识方面发挥着重要作用。例如，《气候之路（The Climate Trail）》《木星与火星（Jupiter & Mars）》和《生态（Eco）》等使游戏朝环保方向迈进一步。

除此之外，一些大型的游戏制造商也纷纷加入环保队伍。Creative Mobile 将其旗下的 ZooCraft 打造为一款以环保为主题的游戏；WildWorks 把修复元素融入游戏中，专注通过大型植树活动来修复世界的一些森林；育碧也在开发游戏内的绿色主题，并将从环保工厂采购材料；中国独立游戏平台 iDreamSky 也陆续在游戏中加入绿色元素。近期，腾讯首款碳中和主题公益小游戏《碳碳岛》上线，这是一款模拟经营城市碳中和过程的放置经营类小游戏，在这里玩家能够建设打造出一个碳中和的未来之城。随着游戏的上线，腾讯游戏开启为期 4 天的"零碳周"主题策划，期间每天都会通过不同的方式带领用户更多地了解碳中和。在碳碳岛上，有着城镇经营和生态景观两种地块，其中生态景观就代表了各种各样的绿植，它们的功能就是中和碳排放，只有碳排放和绿植的吸收达到平衡，才能建成真正的未来零碳城市。《碳碳岛》是由腾讯互娱社会价值探索中心与腾讯碳中和实验室联合推出的小游戏，它用放置经营类玩法，让碳中和这个严肃枯燥的环保话题，在游戏中变得生动有趣，让玩家通过自己亲自建设城市，了解碳中和的重要性。

四、人工智能技术赋能碳减排

实现"双碳"目标的过程，是一条技术密集型的道路。在这个过程中，人工智能在技术上的突破将借由信息通信技术基础设施应用于各类行业，并与行业的碳减排技术及具体应用相结合，体系化、规模化创新，并成为技术降碳减排核心。

当前，人工智能技术的多元化感知、多模态融合、专用芯片、开源平台和计算创新等板块正在组成智能化的新型基础设施。在节能降碳的细分领域中，深入运用人工智能技术形成"创新—运营—优化"的反馈闭环，将实现各行业、各子领域节能应用的智能化开拓创新和优化运营，并在一个可预见的较长时期内成为信息通信技术创新与绿色发展紧密融合的代表。

根据 IDC 模型估算，到 2020 年全社会碳排放量（不含 LULUCF）为 115 亿吨；预计 2030 年前碳达峰时，峰值排放量为 121 亿吨。从当前至 2060 年实现碳中和，涉及人工智能技术驱动的技术减碳总计将超过 350 亿吨。信息通信技术助力碳减排总计有望达到 610 亿吨，在此过程中，与人工智能相关的技术减碳贡献占比将逐年提升，到 2060 年将至少到达 70%。

首先，人工智能可推动信息通信技术体系化降碳减排。未来，数字经济向智能化与绿色化发展，技术驱动的创新是必经之路。人工智能从模型走进现实的周期越来越短，信息通信技术在为其构建一系列支撑条件的过程中,自身对于各类行业技术的基础性和智能性特点也将得到进一步显现,助力各类行业技术的研发交付、集成耦合、规模应用、体验升级等,推动不同行业和流程的初始价值创新,再经过优化实现最终的精益运行。

例如,在中国碳排放占比最高的煤电领域,可通过大数据技术和人工智能技术,建立热能效最优模型,通过调整送风量、送风压力、一二次风比例、减温水流量等运行参数,提升锅炉燃烧换热效率。同样,结合电厂温度、汽轮机负荷、风力特征等因素,可使用机器学习技术优化电厂空冷岛风机的启停运转,降低电厂厂内风机电耗。

其次,以智能化驱动产品价值升级,降低碳排放强度。运用智能化技术驱动流程优化可以发生在每一个阶段:在设计阶段进行智能辅助设计和仿真,减少试生产的材料和流程;在生产阶段以智能化技术进行精密控制,优化生产工艺;在检验阶段进行智能质检,提升产品成品率,降低残次品生产等等。提升流程效率和减少残次品的生产都可以直接降低因生产而产生的直接排放。

最后,以智能技术创新近零排放产业。以智能化技术集合技术系统优势,创造出颠覆性的近零排放产业,最典型的即为无人驾驶。虽然在实现的过程中困难重重,但以人工智能技术集合感知、通信、控制等诸多精尖技术所创造的无人驾驶时代终究会来临。无人驾驶因其与电能动力车辆更好的耦合性,将极大地驱动交通产业的电气化,加速燃油车的退出。事实上,当我们展望2060年碳中和实现的时候,交通行业很可能已经被电力的无人驾驶车辆所渗透。

五、综合智能网络技术赋能碳减排

支撑元宇宙的综合智能网络技术不仅是指传统意义上的互联网和通信网,主要是指云化的综合智能网:包含 5G/6G 等通信、人工智能、算力、存储、安全等能力,架构上包含了中心化、分布式和边缘计算的混合网络架构,是端边云网智的复合。不再是传统的信息传输网络,而是具有综合能力的基础设施网络。

其中 5G 网络作为元宇宙最底层的基础设施中的核心要素,具备高带宽、低时延、广连接、高可靠的特性,其更高的性能与更出色的效率能够帮助企业和公共基础设施提供商,富有弹性地对有效数字化管理和监控分散运营的大量应用与用例进行强化。凭借强大的网络能力,5G 可以帮助企业、物流网络、电力公司和其他机构实现更高效、更自觉、更有目的性的运营,确保符合可持续发展目标。主要通过 5G 网络基础设施实现的宽带蜂窝连接是碳减排工作唯一、强大且直接的推动因素。企业如果能够在自身达成降本增效的同时,利用 5G 网络打造一条能够达成低碳成果的颠覆性商业途径,则可谓实现"双赢"。

例如,新兴的按需移动与自动驾驶正在重新定义我们的交通出行,由此给企业和个人创造了以更低碳足迹运送人员与货物的可能。同样,如果制造业企业利用 5G 网络承载的增强现实设备进行产品制造,或者通过 5G 网络实时监控和管理能源的消耗水平,那么企业的业务运营不仅可以得到大幅优化,更可以对其日常碳排放产生积极影响,造福社会。

目前,融合了 5G 技术的智能系统数字移动网络已被越来越多的企业用于实时监控、管理、降低能源与资源消耗水平。如果能将这些企业的智慧解决方案在行业内深度推广，那么"脱碳"带来的巨大经济效益、社会效益将在全社会范围内呈爆发式增长。

在能源领域，由于 5G 能够为电网提供更高水平的可重构性，因而允许本地网络与主网络分开工作，并协助可再生能源装置实现更为灵活和高效的运行，5G 成为增强边缘连接的关键工具。德国亚琛工业大学教授 Antonello Monti 认为，5G 网络能够让数百万构成未来网络的设备实现整合。由 5G 连接云网，凭借其低时延、高可靠的优势，允许企业在靠近能源设备的地点，例如设在沙漠的光伏电站、海上的风力电场，达成智能化管控目标，大幅缩短关键数据与指令的往返传输时间。

在制造业中，材料回收和再利用对制造业的减排影响非常大，预计到 2030 年可占减排量的近一半。5G 生产管理系统和物联网跟踪能够发挥重要作用。据了解，5G 智能工厂的运行能耗比同类建筑减少了 24%，工厂内部 100% 的电力来源于厂区安置的太阳能电池板以及其他可再生能源，大幅减少碳排放。

交通运输领域同样亟须 5G 赋能。交通运输业能否在未来进一步提升自身经济效益，取决于共享基础设施（公路、铁路与通信网络）之间能否实现价值单元（车辆、人员、货物甚至是数据）的高效率传递。但是目前，大多数交通系统仍然处于孤立状态。以 5G 为首的信息通信技术填补了基础设施和车辆之间缺乏协作性创新的空白。5G 网络允许车辆制造商、出行服务提供商、驾驶者和公共交通网络等不同元素连接到协调且可持续的交通规划之内，让行业在未来实现"脱碳"成为可能。

未来几年中，云计算将加速"碳中和"进程，可以减少超过10亿吨二氧化碳的排放。2020年，使用云计算减少的二氧化碳总量，相当于减少了近2 600万辆燃油汽车上路，或者减少3 900亿公里的行驶里程，超过了目前所有特斯拉电动汽车碳影响总和的15倍。

加强对云计算技术的应用，改进数据中心能源效率，是实现"十四五规划"中碳中和和碳达峰目标的重要手段。通过使用云计算数据中心，提高计算资源密度，达到更高的计算效率，可以大幅度减少二氧化碳排放。通过将离散的企业数据中心的计算资源聚集到更大规模的云数据中心，可以更有效地管理电力容量、优化冷却设施、提高服务器利用率，从而使IT资源的利用能效比达到最高，达到减少排放的目标。

除了显著的环境影响，更大的工作负载灵活性、更好的服务器利用率和更节能的基础架构所带来的好处，使迁移到云端的成本比维护企业自己的数据中心更具成本效益。从服务器计算、网络和IT人工成本的整体来看，企业可以从云迁移中节省高达30%~40%的成本。

在实现可持续发展云计算的过程中，无须进行重大重新设计的战略迁移，可持续发展软件工程实践的应用以及对"云架构"的应用优化。与传统基础架构相比，仅初期的云迁移就可以减少84%以上的碳排放量。

而未来算力的清洁化也是必然趋势。计算，作为一个对能源价值（电费）高度敏感的行业，会自发寻找更清洁更高能效更符合社会发展趋势的能源来源。从奖励最丰厚时期普通民用电即可满足需求，到后面为了控制成本用各种方式去能源产地寻求便宜的火电水电。行业特有的周期和规律一直在倒逼计算产业不断优化，往更为精细化的运营方向发展，减少碳排放是世界趋势，对于矿工来说，寻求清洁能源是长期的事情。

由此，当人们展望算力行业的发展，综合政策导向、经济收益等现有的因素，在粗放式生长过后，一切都指向了统一，或者说是唯一的未来方向——算力清洁化。

以全局视角看待高性能计算产业，这是一个以电力为生产资料和主要生产成本的行业，换句话说，这也是一个以能源为本位的行业。由清洁能源提供清洁算力，既符合社会ESG发展方向，又提供了符合经济效益的最优解。

而近些年，可再生能源成本已经在不断降低。在过去10年里，核能发电的成本变得越来越贵，天然气发电变得越来越便宜，而世界上最大的电力来源——煤电的成本几乎保持不变。

究其原因，是因为不可再生类能源和可再生清洁能源的产生成本存在本质区别：化石燃料和核能的成本在很大程度上取决于燃料的价格和发电厂的运营成本这两个因素；而决定可再生能源成本的基本只是发电厂的成本，也就是技术本身的成本。而近些年中国新能源技术发展迅猛，并得到了有效的落地应用，目前光伏产业产能及装机总量，锂电池产量都位居世界第一。具备技术优势的中国企业在参与市场竞争后，风能发电成本在十年内降低了50%，风能、光伏发电成本和锂电池价格也在10年内降低了90%。嘉实基金ESG研究部的数据显示，太阳能和陆上风电的平准化电成本（LCOE）已经达到燃煤的电网平价。随着科技进一步发展，可再生清洁能源会变得更加实惠。

科技对于能源成本的降低有两方面，除了在生产端优化可再生能源的产生和利用,从源头直接降低清洁能源成本外,还有一种是在应用端通过提高清洁能源的能效,来降低其成本。

在大型数据中心里,大量的能量被消耗,同时大量的热量也会被释放出来。服务器产生的热量是如此巨大,以至于数据中心不仅需要关注硬件,还需要关注冷却系统。对于传统IDC行业来说,热量多数情况下被看作一种需要冷却和分散的运行"副产品"。

而现在,通过科技手段,IDC行业多了一种选择——多余的热量可以被收集再利用,从而在降温的同时再做他用。比如数据中心可以为家庭供暖,也可以为温室供暖,或者替代某些行业的热源为寒冷地区供暖。

位于天津市滨海高新区的腾讯数据中心的余热回收项目,利用机房冷冻水余热二次提温替代市政供热,提取低品位热源,节省采暖费用的同时降低冷却水系统耗电量。

相信随着技术的进一步发展,计算产业和清洁能源会进一步融合,更多的人可以在科技的助力下享受到更加清洁高效的电力、热力和算力。

六、物联网技术赋能碳减排

物联网技术将在我国实现碳中和的过程中扮演重要的角色。由物联网设备所构成的生态系统似乎成为地球的一层"皮肤",可以行之有效的检测、分析、管理碳排放数据。众多企业、机构、国家也意识到了物联网对于碳减排的赋能作用,纷纷开始尝试探索,据世界经济论坛发布的数据,物联网与5G、人工智能等技术相结合,在全球范围内可助力减少 15% 的二氧化碳排放量。且多达 84% 的物联网相关项目本身即自带可持续发展属性，而在这些项目中，25% 关注于工业和基础设施创新，19% 聚焦于提供价格合理的清洁能源。

在碳排放检测领域，通过各类物联网设备智能传感器，企业可以实时动态掌握能源利用和损耗数据，有效避免浪费情况的发生也可以针对紧急情况及时作出反映。物联网设备所侦测产生的数据多种多样，不仅包括企业生产运营过程中的碳足迹，还包括在企业员工办公与差旅期间所产生的碳排放。根据苹果所披露的 2020 年碳足迹，产品生产、产品试用和产品运输过程中的碳排放分别占比 76%、14%和 5%。产品生产环节毫无疑问成为企业碳排放大户，而企业也可以凭借物联网智能设备所反馈的产线数据，对生产流程进行优化，降低能源消耗。

不仅在生产端，物联网在整个价值流通链的其他环节如原材料、分销、使用、回收等也可以充分赋能碳中和。

原材料上，物联网传感器可以实现自动甄别，监控原材料生长环境，从而有效调节适宜不同品类生长的时机与最佳时间点，减少资源使用。

分销上，物联网实施向企业反映出货物追踪信息，减轻了企业供应链管理的负担。如当前已经有企业在利用物联网进行车队管理，在可追踪燃料使用情况，优化运输和交付路线，可做预测性维护的同时，还可以监测温控货物状况并符合政府监管要求，可谓一举夺得。

使用上，物联网可延长产品使用寿命，据联合国预测，2030 年，全球将有 60% 的人口居住在城市，而且城市化的趋势仍将持续，人口超过千万的大型城市越来越多。采用物联网技术的产品可有效降低大型城市碳排放。如配置了物联网芯片的智能空调可以根据室温自动调温,最高节省70%的碳排放。

回收环节,有关部门可以基于物联网技术搭建废物管理系统,提升报废产品的管理和回收运营效率。

除了物联网技术本身,它与其他数字技术相结合往往可以达到"1+1>2"的减排效果。如物联网技术与人工智能结合,可以根据企业工作过程,减排需求,对未来的碳排放量做出预测,帮助企业更加准确的确定、调整碳排放目标,制定合理的减排路径。据波士顿咨询的数据,至2030年,人工智能的应用有望减少全球26~53亿吨二氧化碳排放量,占减排总量5~10%,同时为企业创造1.3~2.6万亿美元的价值。

霍尼韦尔(Honeywell)所发布的智慧能源管理解决方案(Honeywell Intelligent Energy Management Solution,HiEMS)系统即是物联网技术与人工智能结合应用的典型案例,该系统可对建筑内的电、水、气等的能耗数据进行采集和监测,结合设备状态和环境变量数据洞察企业的能源消耗趋势和成本比重,并通过人工智能对大数据的进一步分析和评估,将企业的能源预算和节能目标分解到各个部门,明确节能工作责任,更精准、有效地减少企业能耗。

物联网与区块链的结合则可以服务于监管端监督企业碳减排的配套设施,比如碳交易。新技术、新能源企业可以用省下来的碳配额来增加企业盈利。以特斯拉为例,其全年首次盈利其实并不是靠卖车,而是靠卖碳积分。2020年,特斯拉全年碳积分收入达15.8亿美元。

在碳交易过程中,碳信息的有效性和可披露性就显得至关重要。

而采取物联网和区块链技术相结合的方案，则可以简化和促进企业环境、社会和公司治理（Environmental、Social 和 Governance 的缩写，ESG）数据的收集和自动呈报流程，保证碳交易的可信性和透明性。

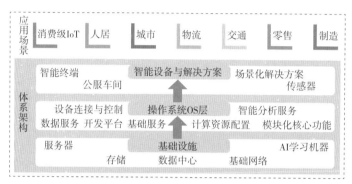

图 4.5　物联网的体系架构与应用场景

第五章

碳中和：元宇宙的最大制约与最强支撑

站在碳中和角度看元宇宙，开门就是高山：元宇宙对算力需求动辄千倍，而现实是能源保供维持尚有困难。一场绿色能源革命已经开始，相伴而生的是绿色算力解放，非如此不能解决以元宇宙为代表的数字经济能源需求与相对落后的源供给之间的矛盾。

人类从来没有停止过追求更多、更新、更绿色能源的脚步，也从来没有停止掌握更大数据、算力的步伐。

碳中和将以绿色能源、绿色算力关键性支撑元宇宙。

第一节

高碳能源是元宇宙最大制约

高能世界就是"高能量的世界",能量是元宇宙的"洪荒之力",电力、算力、《黑客帝国》的人体电池、潘多拉星球的灵魂树和珍稀矿石头等,其本质上都是能量。首先我们来看一组数据:2019年,台积电全球耗电量为143.3亿度,相当于深圳市1 344万常住居民一年的用电量;2020年,中国数据中心耗电量突破2 000亿度,是三峡大坝和葛洲坝电厂发电量总和(约1 000亿千瓦时)的2倍。芯片、数据中心这些耗电大户恰好都是元宇宙不可或缺的基础设施。

仅就芯片而言,云计算、AI、交互技术这些元宇宙中各项底层技术应用的基础硬件都是芯片,具体包括中心侧的网络芯片、高性能通用GPU、端侧的新架构芯片,以及支撑新一代显示技术、人工智能物联网(AIoT)应用的芯片,这必将导致芯片市场需求爆发。

此外,随着元宇宙场景越来越多元化,需要处理的数据量越发庞大,芯片的价值会更加明显,除了单一芯片的不断进化外,融合各类芯片能力的生态体系也将会加快构建。

元宇宙对芯片产业的刺激作用,还可以从"芯片巨头们"的最新动作上可见一斑。

在2022年国际消费类电子产品展览会(CES 2022)上,美国超威半导体公司(AMD)、英伟达、英特尔都针对游戏场景——元宇宙最有可能的切入口，发布了高性能处理器和显卡，例如，英伟达发布四款最新显卡的同时，还宣布正式向个人创作者提供免费版Omniverse，该平台定位为"工程师的元宇宙"，可以帮助游戏创作者、设计师、研究人员等轻松设计虚拟游戏、搭建3D场景等。AMD推出的锐龙7 5800X3D处理器，可以带来15～40%的游戏性能提升，号称是"全球最快游戏处理器"。英特尔则在数十款最新游戏中，进行了竞品的对比测试，其表示自家的移动端芯片，相较市面上的AMD旗舰处理器，均表现出了更高的帧数。

在芯片之外，元宇宙的稳定运行还依赖庞大的数据运算及存储，对互联网数据中心（IDC）的需求十分强劲。

各大云计算厂商的资本开支，是衡量互联网数据中心需求的重要先行指标。Meta 2021年三季报指出，公司2021年在元宇宙的投入资本支出为190亿美元，预计2022年将大幅增加资本开支至290～340亿美元，用于支持元宇宙转型下的AI与机器学习支出。其他三家北美云计算厂商——亚马逊、微软、谷歌，也不约而同地宣布扩大云计算业务，就2021年第三季度业绩来看，亚马逊科技（AWS）营收同比增长39%，谷歌云（Google Cloud）营收同比增长45%，微软云（Microsoft Azure）营收同比增长50%。从各大科技巨头云计算业务的高速增长不难看出，元宇宙正在产生海量数据运算需求，并且将带动数据中心需求。根据Valuates Reports预测，到2025年全球数据中心网络市场规模将达341.02亿美元，2019～2025年的复合年均增长率（CAGR）为12.99%。

由此不难看出，没有电力作为支撑，元宇宙就不可能被创造出来。

同时，元宇宙还是一个不断运行的社会体系，电子人、数字人、虚拟人作为人类的虚拟化身，其进入元宇宙，并在元宇宙中工作生活，都离不开电力。

例如，现阶段人们普遍认为 VR/AR 会是元宇宙的"入口"，毫无疑问，使用这些硬件设备的第一步，就是装上电池或插上电源，而尽量降低 VR/AR 设备的功耗，使其续航能力更强，则是目前产业界共同努力的方向，毕竟没有人希望在元宇宙中"游玩三分钟，充电半小时"。

还有很大一部分人认为，"脑机接口"是人类进入元宇宙的终极形式，类似于《黑客帝国》中主人公进入"矩阵"的方式，电影中这一方式成立的基础在于，"矩阵"的底层拥有源源不断的人类电池作为能量。

在《黑客帝国》的世界里，人类是能量，在今天的人类世界中，"电力"及背后的煤炭、石油等不可再生能源，以及水能、风能、太阳能等可再生能源就是能量。

人类进入元宇宙后，会依靠虚拟化身在元宇宙中活动，与人类在现实世界中活动类似，虚拟化身无时无刻不在消耗资源。区别在于，前者消耗的资源以"有形商品"为主，而后者消耗的是"0 和 1"构成的数字资源。当人类在现实世界中留下"碳足迹"时，虚拟化身也通过消耗数字资源，进而消耗能量，间接排放了碳。

另外，支撑元宇宙运行的每一个设备几乎都需要电力支持，要维持元宇宙长期运作，充足稳定的电力供应必不可少。

总之，人类"创造元宇宙——进入元宇宙——参与元宇宙运行"的全部过程，都离不开电力支撑，这意味着现实世界的能源结构直接决定了元宇宙的能源结构，实现碳中和的根本途径是能源结构从化石能源走向以光能、风能等清洁能源为代表的非化石能源，元宇宙作为"高能世界"必然需要依靠碳中和带来的更加可持续的能源结构。

根据能量守恒定律，能量既不会凭空产生也不会凭空消失，它只会从一个物体转移到另一个物体，或者从一种形式转化为另一种形式，而在转移或转化的过程中，能量总量保持不变。

能量在现实世界中的常见形式是"电力"，在元宇宙中的常见形式便是"算力"，今天人类通过数字孪生、AI、大数据等技术手段，将现实世界和意识形态"映射"到元宇宙的过程，本质上都是"电力"转化成"算力"的过程。

根据不完全统计，2020年全球发电量中，有5%左右用于计算能力消耗，而这一数字到2030年将有可能提高到15%到25%。

被外界认为是全球最早全面介绍元宇宙的"专业人士"——马修·鲍尔（Matthew Ball），在其撰写的Metaverse（元宇宙）系列读本中，将算力定义为"支持Metaverse的计算能力，支持物理计算、渲染、数据一致性和多端同步、人工智能、投影、运动捕捉和语言翻译等多样且高性能的需求"。

顺着Matthew Ball的定义，我们不妨来梳理下元宇宙需要的具体算力有哪些。

首先，三维立体、超写实数字人等均是元宇宙的必选项，将带来海量三维建模、图形渲染需求。

大部分3D模型都是通过多边形建模创建的，即通过大量的顶点围成成千上万的三角面，从而表现形状，顶点数量越多，意味着计算量越大，需要的算力也就越大。

第五章 碳中和：元宇宙的最大制约与最强支撑

在处理完顶点之后，还要经过图元处理（连接顶点成为多边形）、栅格化处理（将多边形转换成像素点）、片段处理（给像素点上色）、像素操作（调整像素信息以达到显示效果）等步骤完成实时渲染，进而可以达到以假乱真的视觉效果。

其次，人工智能技术在元宇宙中的广泛应用，同样需要海量算力。

人工智能将成为元宇宙重要的内容生产力，即人工智能生成内容（AI-Generated Content，AIGC），在元宇宙中，人人都是创作者，AI技术自动生成或辅助生成环境、物体、脚本等内容，既降低了内容创作门槛，又能以批量化、规模化的自动生产取代重复的机械化操作。人们常见的"AI换脸"就是AI生成内容的一种，虚拟数字人中的算法驱动型数字人，需要观察人类用户的行为、语音、意图等自行调整行为，这种能力的背后，都离不开AI的加持和算力资源的支持。

人工智能还将持续帮助人类找到元宇宙中的bug，不断优化迭代。在电影《失控玩家》中，主角作为普通游戏中的NPC，其初始代码中加入了AI引擎，由此获得了"自由意志"，不用按照游戏设置的日程一成不变地执行任务，而是可以像人类玩家一样在游戏中打怪、赚钱，成为"失控玩家"。这一角色设定的背后，其实就是AI神经网络学习等技术所带来的自动智能，不难想象，在元宇宙的代码测试、bug修复等工作中，人工智能远比人类合适。

一方面，算力支撑着元宇宙虚拟内容的创作与体验，更加真实的建模与交互需要更强的算力作为前提；另一方面，人工智能技术在元宇宙的广泛应用导致元宇宙对于算力的消耗呈指数式增长，大规模用户的持续在线和创作需要近乎无尽的算力作为支撑。

初步估计，元宇宙对算力的需求会达到天文数字量级。英特尔高级副总裁兼加速计算系统和图形部门负责人 Raja Koduri 曾表示，要满足元宇宙的算力需求，目前的集体计算能力需要提高 1 000 倍。谷歌 AI 负责人杰夫·迪恩（Jeff Dean）曾预言，我们真正需要的是超过现在 100 万倍的计算能力，而不仅仅是几十倍的增长。IDC 则预测，到 2030 年，元宇宙总算力（包括 AI、VR/AR、物联网、区块链等）需求将是当前规模的百倍之上，甚至更高。

然而，从计算产业发展史来看，算力一直处于极度短缺状态。

2012 年，谷歌大脑为了从 1 000 万张图片中识别出一只猫，整整动用了 1 000 台电脑、16 000 个 CPU。

直到 2015 年前后，移动终端才能以较低成本和较充足的算力，支撑一场约 100 名玩家实时在线的游戏，由此，传统单机游戏逐渐被大众熟知的"吃鸡"类手游所取代。

2018 年 PC 版的《堡垒之夜》实时在线人数突破 345 万，成为行业里程碑式事件，但次年 Epic Games CEO Tim Sweeney 在公开采访中表示，《堡垒之夜》是由十万个小的百人 session（在计算机中，尤其是在网络应用中，称为"会话控制"）组成的，由于技术限制，不能把他们放在同一个世界中。

据 Stem DB 统计，2020 年 2 月 2 日 Steam 同时在线人数超过 1 880 万人，是截至目前同时在线人数最高的产品。元宇宙的终极形态应当具备让全球公民随时进入的条件，在线人数必然会突破亿级，以目前的技术水平来看，根本不可能实现。

公开数据显示，2012～2019 年，人类对算力的需求增长了 30 万倍，平均每 100 天就会翻倍，远超摩尔定律。算力供给的实际增长却十分有限，需求和供给之间形成了巨大的鸿沟。

第五章 碳中和：元宇宙的最大制约与最强支撑

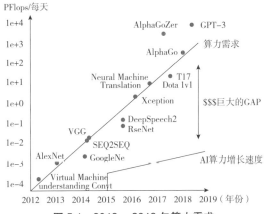

图 5.1 2012～2019 年算力需求

不难看出，元宇宙正受限于算力的供给和发展（即使 C 端用户察觉不到）。算力不足那就补充算力，但是这意味着巨大的成本和能耗压力。

智能计算中心是填补供给和需求"鸿沟"的重要方式，其一般定义是"融合架构计算系统为平台，以数据为资源，能够以强大算力驱动 AI 模型对数据进行深度加工，源源不断产生各种智慧计算服务，并通过网络以云服务形式供应给组织及个人"。

在成本方面，智能计算中心的建设成本主要包括三方面：

第一，基础设施的厂房建设成本。

第二，服务器、芯片等硬件成本。

第三，后期运维成本。

部分市场人士表示，智能计算中心的投资规模为 1 亿～2 亿元起步。从目前国内各地智能计算中心的建设成本来看，单位 100PFlops（每 10 亿亿次浮点运算）16 位精度算力投入，最高达 4.6 亿元，最低为 7 500 万。

219

动辄上亿的建设成本,让产业界望而却步,将严重影响算力的广泛应用。

中科院人工智能产学研创新联盟为新一代智算平台给出了算力价格标准方案:在同时具备5P双精度算力(64位)、25P单精度算力(32位)和100P半精度算力(16位)的情况下,智能计算中心的基础设施价格为1亿~1.5亿。

目前产业界基本认同,在这一价格标准下,算力有望走向大规模通用。

除了降低成本,还必须考虑降低算力能耗。依靠算力优势,AlphaGo下棋打败了人类,但如果考虑能耗,AlphaGo"性价比"其实非常低。在人机对弈中,人类只用了20瓦的大脑能耗,AlphaGo却用了2万瓦,这意味着如果更多脑力劳动被机器取代,芯片散发的热量会让地球变得滚烫。据预测,到2035年,中国数据中心和5G总用电量约是2020年的2.5~3倍,将达6 951亿~7 820亿千瓦时,将占中国全社会用电量5%~7%。

总之,人类现阶段的能源供给还难以支持元宇宙需要的天文数字的算力,何况目前全球的能源供给已经到了紧张的边缘,包括中国、美国在内的大部分主权国家都出现了煤炭荒、石油荒、天然气荒等能源危机。因此,要满足元宇宙的算力需求,除了优化能源结构,还必须提高电力转化为算力的效率,即"单位能量能处理更多的数据"。

第二节
绿色能源是元宇宙最强支撑

从本章第一节的分析中知道，元宇宙算力主要由电力转化而来，要满足这一天文数字量级的需求，必须优化能源结构并提高能量转化效率，这两项都可以通过碳中和来实现。我们认为，在碳中和发展趋势下，元宇宙终极形态的算力必然是低碳算力甚至零碳算力。

本节将按照"能量—数据—碳排放"三维坐标中元宇宙的阶段划分标准，分阶段介绍碳中和给元宇宙带来的关键性支撑。

一、第一阶段：低能量、小数据、高碳排放

"低能量、小数据、高碳排放"的元宇宙形态，大致对应2020～2030年的碳中和。在这一阶段，碳中和的主要目标是实现碳排放达峰，主要任务是降低碳排放强度，大规模发展清洁能源，控制煤炭消费，倡导节能（提高工业和居民的能源使用效率）和引导消费者行为。

基于此，元宇宙中严重依赖传统能源结构的部分会受到限制，但有利于节能减排或是依靠清洁能源的部分会受到碳中和的正向牵引，在某些细分领域，将形成较成熟的低碳算力供给方案。

在优化能源结构方面，能源供给侧要实现电力零碳化和燃料零碳

化，能源需求侧要实现能源再电气化和智慧化。

电力零碳化。当前，全球高达41%的碳排放来自电力行业，我国更是高达51%的碳排放来自发电和热力，电力脱碳与零碳化是实现碳中和目标的关键。

根据能源转型委员会（Energy Transitions Commission, ETC）和落基山研究所（Rocky Mountain Institute, RMI）的研究，它们设定了一个2030年实现的电力零碳化情景，并称之为"零碳投资情景"。根据该情境的假设，中国2030年发电装机构成中，非水可再生能源发电装机量将达到1 650吉瓦，煤电装机量将被控制在2019年的水平，约为1 041吉瓦；中国2030年发电量的构成中，非水可再生能源发电量占比将达到28.5%，非化石燃料发电占比将达到53%。

具体来说，电力零碳化可以从大力发展可再生能源发电、给予CCUS（Carbon Capture, Utilization and Storage，碳捕获、利用与封存）技术更多支持两方面入手。可再生能源包括风能、太阳能、水能、生物能等，以风电和光伏发电为例，我国疆域辽阔，可以因地制宜发展可再生能源发电，在"三北"地区（西北、东北、华北）和沿海地区可以重点推进大型风电基地建设，在内陆地区则可以积极开发分散型风能资源，在西部地区则可以建设大型光伏电站。CCUS技术可以把生产过程中排放的二氧化碳进行提纯，继而投入到新的生产过程中，是目前实现化石能源低碳化利用的关键手段。根据《中国二氧化碳捕集、利用与封存(CCUS)年度报告(2019)》内容显示，截至2019年，国内共开展了9个二氧化碳纯捕集示范项目、12个地质利用与封存项目，其中包含10个全流程示范项目。这些项目整体规模较小且成本较高，后续发展壮大，必须获得更多资金、政策等方面的支持。

燃料零碳化，即以太阳能、风能等可再生能源为主要能量制取可再生燃料，主要包括氢、氨和合成燃料等，有利于实现燃料净零碳排放。以可再生能源制氢为例，基于中国丰富的可再生资源和有力的氢能发展政策环境，实现大规模的可再生能源制氢可以说是势在必行，但同时，生物质制氢、核能制氢和光催化制氢都还在研究阶段，面临着不能工业化应用的瓶颈，因此，在接下来一段时间内，中国的燃料零碳化还需要技术上的重大突破。

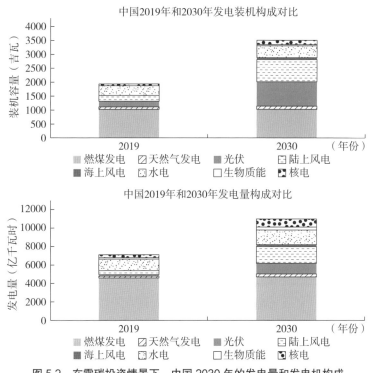

图 5.2　在零碳投资情景下，中国 2030 年的发电量和发电机构成

能源再电气化和智慧化。再电气化是指在传统电气化的基础上，进一步拓展电能的利用范围和规模，深度替代煤炭、石油等终端化石

能源消费，最终实现以清洁能源为主导、以电为中心的高度电气化社会的过程。具体实施路径包括利用清洁能源实现对化石能源的增量替代和存量替代、提高能源消费侧电能占比等。智慧化是通过"云物大智移"等技术，实现能源设备、服务、使用者等的智慧互联，具体体现为可视化的能源流、信息流，智慧能源控制、电网数字化等，近来电力物联网、智慧能源系统运行控制云平台、智慧能源综合服务云平台、能源互联网生态圈等的建设，都将促进电力智慧化。

在提高能量转化效率方面，从中国产业实践来看，目前主要实施路径包括"存算一体""绿色数据中心"和"东数西算"。

存算一体。将计算机中的运算从中央处理器转入内存中进行，直接在存储单元内部进行运算，缓解数据搬运，可大幅降低数据交换时间以及计算过程中的数据存取能耗，进而实现低碳算力。

当下的计算处理器如 CPU，GPU 或 AI 专用芯片等，均采用冯诺依曼架构设计，即存储和运算分离的架构，80% 的功耗发生在数据传输上，99% 的时间消耗在存储器书写过程中，而真正用于计算的能耗和时间占比很低。随着 AI 计算、自动驾驶和元宇宙进入行业快车道，全社会巨大的算力需求正在催生新的计算架构，存算一体技术被 AspenCore 预测为 2022 年的全球半导体行业十大技术趋势之一。

事实上，产业界的巨头们早已开始布局存内计算技术。例如 2019 年三星表示，希望在 2030 年前后实现存储器和处理器集为一体，2021 年其发布 HBM-PIM 内存计算技术，即在高带宽存储器（HBM）配置中集成新的内存处理（PIM），与现有内存解决方案相比，可以将计算性能提高约 4 倍（理论水平）。此外，IBM、微软、亚马逊、博世等在存算一体 AI 芯片领域都有所布局。国内方面，阿里巴巴达摩院在

2021年12月宣布成功研发出新型存算一体架构芯片，与传统CPU计算相比，该芯片性能提升了约10倍，能效比提升超过300倍。

绿色数据中心。当前，我国政策对于数据中心的能耗水平要求越来越高，一线城市尤甚。北京、上海、广州的最严新建数据中心PUE（电源使用效率，是评价数据中心能源效率的指标，PUE=数据中心总能耗/T设备能耗，越接近1则代表能效水平越好）要求已经分别下探到1.15、1.3、1.3。然而，国内目前平均PUE为2.2，只有部分头部IDC企业能将PUE控制在1.5以下，绿色数据中心建设迫在眉睫。

绿色数据中心主要可以通过以下三大能力践行低碳路线。

其一，创新硬件技术。例如，可以使用智能间接蒸发冷却机组，在智能运维系统的帮助下，数据中心管理人员能够实时了解蒸发系统的温度系数等，快速定位故障发生位置，使用模块化设计灵活调整制冷模式，从而最大限度降低能耗。

其二，使用清洁能源。例如，可以在数据中心园区中大规模建设分布式光伏电站，并探索风能等其他可再生能源发电形式，不断降低园区电力碳排放，同时还可以在供电、空调、照明等系统搭建中，采用中低压一体化供电模块、集中式锂电储能等最新节能技术，降低数据中心整体能耗。

其三，提高智能运维能力。具体包括，搭建全面感知的数据中心系统，通过部署大量IoT设备，对数据中心运行的数据进行全方位分析，持续地调整机房制冷策略，最终达到绿色节能的效果；实现对全系统算力设备的实时监控，智能地调度算力资源和计算任务，错峰使用，极大提升电力系统效率。

一方面，东部一线城市第二、三产业规模大，增速高，数据需求量大，就地建设数据中心导致当地能耗巨大；另一方面，西部地区拥有丰富的可再生能源和土地资源，数据中心建设成本小。因此，算力向西走就成为必然选择。当然，东数西算当前也面临着西部地区网络带宽低、跨省数据传输费用高等问题。但是，长期来看，西部未来将成为面向全国的算力保障基地。

通过构建类似于"西气东输"的"信息通道"，把东部的数据"输送"到西部进行存储和计算，在西部建立国家算力枢纽节点。以此改善数字基础设施不平衡的布局，发挥数据资本化的最优价值。

二、第二阶段：较高能量、较大数据、较低碳排放

"较高能量、较大数据、较低碳排放"的元宇宙形态，大致对应着2030～2045年的碳中和。在这一阶段，碳中和的主要目标是快速降低碳排放，主要任务是推动新能源从增量替代转向存量替代，煤电作为电力能源支撑的角色会逐步弱化直至退出，高耗能行业脱碳基本完成，低碳算力开始走向大规模普及。

基于此，元宇宙受碳中和的限制作用会明显减弱，低碳算力不再难以获得，人类将以绿色低碳的方式快速扩充元宇宙的应用场景。

在优化能源结构方面，供给侧要构建新型电力系统，兼顾储能技术发展，需求侧要加快推进钢铁、水泥、建筑等行业脱碳。

构建新型电力系统。该新型系统的核心特征在于以风光等新能源为代表的可再生能源成为提供电量支撑的主体电源，其涉及的新兴技术主要包括源网荷储双向互动技术、虚拟同步发电机技术、虚拟电厂

技术等。

具体实施路径包括：

增强电力系统资源的灵活性。为了保证新能源项目电力供应的稳定性，可以配置煤电、水电、储能等调节性资源，对于可以实施改造的传统火电项目，可以将其与抽水储能、电化学储能等项目相结合，实现资源灵活调用。

推动分布式、微电网与大电网融合。改革传统中心式的大电网供电模式，基于"就近取材""就地消纳"等理念，搭建分布式电网和微电网，实现"绿能"身边取。

发展"新能源+储能"项目。储能是指通过特定的装备或物理介质将不同形式的能量储存起来，随着新能源在能源结构中比例不断提高，必然对储能技术提出更高要求。原因在于，光伏风电等可再生能源的间歇性，与用电负荷的连续性和随机性并不匹配，需要储能发挥消纳、调频和削峰填谷的多重功效。

新能源电力系统中的储能技术主要包括物理储能技术（主要有抽水储存、压缩空气储存和飞轮储存三种形式）、化学储能技术（锂电池、钠硫电池、液流电池、金属空气电池等）、电磁式储能技术（可分为超导储能和超级电容储能两种）、相变储能技术等。

根据在电力系统中接入位置、服务对象以及投资主体的不同，储能应用场景可以被划分为发电侧、电网侧与用户侧：

在发电侧，主要用于平滑新能源出力波动、跟踪新能源电站发电曲线、辅助火电深度调峰、自动发电控制（AGC）调频；

在电网侧，主要用于参与系统调峰、调频、调压，提升新能源消纳能力，延缓电网升级改造投资，优化电网潮流分布，提供紧急功率支撑；

在用户侧，主要用于峰谷电价差套利运行、提升用电可靠性、满足多样化供电需求、支撑微网离网运行。

实现高耗能行业脱碳。除电力行业外，要脱碳的重点领域主要是钢铁、水泥、建筑等耗能大户行业。

在提高能量转化效率方面，2030年以后，围绕智能（异构）计算（简称AIDC）的"云、边、端"协同模式将成为算力升级的主要趋势，绿色数据中心等将逐渐发展为零碳计算中心。

云边端协同模式。谈及云边端协同，就不得不提到边缘计算，边缘计算主要分为"云、边、端"三个部分，"云"是传统云计算的中心节点，是边缘计算的管控端；"边"是云计算的边缘侧，分为基础设施边缘（Infrastructure Edge）和设备边缘（Device Edge）；"端"是终端设备，如手机、智能家电、各类传感器、摄像头等。随着云计算能力从中心下沉到边缘，边缘计算将推动形成"云、边、端"一体化的协同计算体系。

一方面，边缘计算距离数据源更近，数据存储和计算任务可以在边缘计算节点上进行，更加贴近用户，减少了中间数据传输的过程，从而提高数据传输性能；另一方面，数据处理不需要上传到云计算中心，边缘计算不需要使用太多的网络带宽，随着网络带宽的负荷降低，智能设备的能源消耗在网络的边缘将大大减少。因此，传统集中式云计算模式必然会被云边端协同的计算模式取代。

当前，在新型电力系统建设中，云边端协同计算已经在发挥作用。大型算力中心作为支撑新型电力系统的核心基础设施，将储存和处理海量电力运行数据和设备信息，为基于大数据和人工智能技术的电网的运行分析、运行优化、风险预测等场景提供算力支撑；分布式边缘计算数据中心借助本地计算和低时延响应优势，可以将更多计算处理过程在本地完成，大大提升处理效率，在减轻云端压力的同时保障本地数据的安全性，为用户提供更快的响应服务。依托分布式边缘算力和集中式大规模算力，可以发挥能源电力消费需求侧响应资源作用，为最大限度接入新能源服务。

零碳计算中心。预计在碳中和趋势下，绿色数据中心将由"数据中心＋储能"进一步升级为"数据中心＋储能＋分布式光伏"，逐渐实现零碳排放。

首先，"零碳"意味着数据中心的能源结构将主要由清洁能源组成，例如微软亚利桑那州的新数据中心将太阳能做主要能源，百度云计算（阳泉）中心充分利用太阳能供电。但是，完全使用清洁能源供电的数据中心，在技术实现难度上极其大。因此，对于无可避免的碳排放，还可以通过交易市场进行碳抵消，即数据中心购买绿电或碳排放额，实现能源使用的零碳化。

其次，注重提高能源的使用效率。现阶段常用的手段是降低数据中心IT设备、建筑等本身的耗能，例如可以利用智能控制系统、智能散热系统、余热回收利用等技术手段来降低综合能耗。此外，目前出现的一个新趋势是在数据中心选址过程中有意识地利用自然界的冷能资源，将数据中心建在高纬度严寒地区，可以借助当地净化后的冷空气，自动给数据中心降温，由此相当大程度地降低了设备冷却所需要的能耗。

最后，持续建设储能系统，完备的储能系统能够较长时间支撑数据中心平稳、安全的用电，虽然目前产业界尚未取得突破性进展，但是储能系统进入数据中心已经是必然趋势。

三、第三阶段：高能量、大数据、零碳排放

"高能量、大数据、零碳排放"的元宇宙形态，大致对应着2060年以后的时代。在这一阶段，"碳中和"目标已经达成，小型可控核聚变实现突破性进展，氢能等清洁能源广泛普及，零碳算力极大应用。

基于此，元宇宙发展受到碳中和的限制将不再明显，元宇宙与碳中和形成相互促进相互融合的关系。

在优化能源结构方面，要大力发展氢能。氢能是实现碳中和与碳达峰最关键的因素，氢经济更是被认为是21世纪世界经济新的转折点。截至2020年12月份，全球27个主要发达国家中，16个已制定全面的国家氢能战略，还有11个国家正在制定。国际氢能源委员会发布的《氢能源未来发展趋势调研报告》预测到2050年，氢能源需求将是目前的10倍。预计到2030年，全球氢能燃料电池乘用车将达到1000万~1500万辆。

绿色氢能是指可再生能源转化的电力电解水所制备的氢气，因其从生产到消费全过程碳排放量几乎为零而被称为"绿氢"。利用富足的可再生能源电解制氢，运用储存和运输技术，将氢输送到能源消费中心多元化利用，可以有效解决风电、光伏、水电等可再生能源不稳定以及长距离输送的难题。

当前，我国的绿色氢能开发利用技术与国外相比仍有一定的差距。绿氢技术正处于发展阶段，尚不能完全发挥其在能源转型中的重要作用，需要从国家战略制定、关键技术研发、政策扶持等方面加大力度。

此外，绿氢在制取、储运等方面仍面临技术难题，造成成本过高、不能产业化应用。政府、科研院所、企业应共同努力，在政府的

扶持和引导下,加强科研院所与企业的技术研发合作,加大绿氢相关技术研发力度。对于成熟的绿氢技术加快商业化推广和示范,对于处于实验室阶段的绿氢技术,加大投资与研发力度。

(一)在提高能源转化效率方面,随着量子计算时代来临,零碳算力不再是梦

量子计算实现产业化应用,不仅能大幅提升算力,还能大幅降低能耗。

在提升算力方面,无论是经典计算还是量子计算,其底层逻辑都是计算每进行一次操作,都需要消耗一个单位时间。区别在于运算模式,经典计算的数字是单独存储、逐个计算,因此计算机对4个数字进行同一操作时,就必须消耗4个单位时间,量子计算的优越性在于可以并行计算,能同时对2n个数字进行同一操作,随着量子比特数量越来越大,这种优越性将愈发明显,运算速度将实现指数级的飞跃。

在降低能耗方面,经典计算中,每一个比特的计算都会产生能耗,例如计算机对两组数据处理后,输出结果只有一组数据,就会产生热量,原因是根据能量守恒定律,消失的数据信号会转换为热能。此外,随着经典计算机的集成度提高,散热会更加困难,又会产生更多的能耗。量子计算数据输入和输出过程中组数不会减少,因此不会产生能耗。

在中国,量子计算已经获得了高度认可,既有其技术创新价值,又有促进经济高质量发展的巨大潜力,有望引领中国乃至全球的新一轮技术革命和产业革命。

不过，行业普遍观点认为，量子计算至少需要十年以上时间，才可能实现有价值的商业化落地。其中，最关键的挑战是减少噪声问题。尽管量子计算能带来算力的巨大提升，但是却不能消除计算过程中的噪声。经典计算通过电路进行，数据比特位是 0 或 1，噪声信号相对简单，很容易消除，但是，量子计算是通过量子比特进行，数据比特可以是 0 和 1 的任意组合，噪声可以轻易破坏量子的基本属性，且量子计算系统难以有效纠错。现有研究表明，量子计算纠错技术短期内仍将难以实现。

此外，虽然量子计算机可以使用少量的量子位来表示大量的数据，但目前还没有能快速将经典计算数据转换为量子状态的方法。在软件方面，量子计算机还需要建立全新的软件栈，由于和经典计算的程序存在明显差异，因此量子计算机必须重新创建、调试专属软件系统和工具，技术难度和复杂度远高于硬件技术。

可见，量子计算在短期内难以走向应用场景，需要依靠政府、企业、科研院所等多方合作，攻克技术难点，加快研发成果转化。

（二）最理想的终极能量来源：小型可控核聚变

核聚变是目前已知的唯一没有污染、取之不尽用之不竭的新型能源，有望成为人类未来的理想能源。我国核能发展"热堆—快堆—聚变堆"三步走战略中，将聚变能作为解决能源问题的终极目标。

可控核聚变技术利用太阳燃烧的原理来释放热量，这类实验装置常被称作"人造太阳"，比起现在令人害怕的核裂变发电技术，可控核聚变没有严重的放射性辐射，也不产生核废料，更加安全可控。更重要的是，核聚变的燃料是氢的同位素氘和氚，氘在海水中的储量非常丰富，一公斤海水提取出的氘，聚变反应出的能量相当于 300 公斤汽油，足够供人类使用几百亿年。

不过，可控核聚变距离商用还差得太远，原因在于目前核聚变发电的 Q 值（输出能量和输入能量之比）太低，国际上公认 Q 值需要达到 30，核聚变发电才具有竞争力，乐观估计至少还需要 30～40 年。

目前实现可控核聚变的方式有两种，一是超强激光束进行能量聚焦，二是托卡马克（Tokamak）装置。

激光方面美国技术最先进，但仍旧达不到商用可控核聚变的程度，该技术需要使用尽可能多的激光束，把能量聚焦到一个点上，每个方位的能量输入不能有偏差，技术挑战大且对光学设备要求极高。

托卡马克装置技术相对成熟，被科学界公认为是探索、解决未来稳态聚变反应堆工程及物理问题的最有效途径，国际上已基本达到输出能量大于输入能量的水平，我国相关技术也达到了较高水平。

例如，我国中科院合肥物质科学研究院等离子体物理研究所就有一座全超导托卡马克核聚变实验装置（EAST），2021 年 12 月 30 日，该实验装置实现了 1 056 秒的长脉冲高参数等离子体运行，创造了世界上托卡马克装置高温等离子体运行的最长时间纪录，也标志着人类距离可控核聚变商用又前进了一步。

展望未来，人类如果能够实现可控核聚变，将会克服阶段性的能源危机，真正的从"石油文明时代"走向"核文明时代"。

第六章

新赛道：元宇宙与碳中和融合

元宇宙与碳中和融合发展的新赛道显然是热点。元宇宙的三大世界、六大技术等不同维度分别与碳中和四大领域（供给侧绿色化、终端电气化、全产业节能提效和碳捕获利用）相交，得出不同颗粒度的寻宝图。

这些节点向具体产业延展，并加以定量分析，引爆时间预测，将会更引人入胜、更有价值。

本书的应用场景当中，有些是试点有些是思路，当然，最有价值的是实践。"纸上得来终觉浅，绝知此事要躬行"。

第一节
新赛道的寻宝图

元宇宙是新一轮科技革命的集大成者,碳中和是一项庞大的系统性工程。两者相交的维度和交集很多,比如用元宇宙的三大世界、三条主线、四大应用领域、六大技术支柱、七层产业链等不同维度分别跟碳中和价值链相交,会得出不同的融合寻宝图。

中国实现碳中和的整体思路是,电力部门深度脱碳、非电力部门深度电气化、终端设备节能提效、碳排放端"绿色化"。

为便于大家把握要点,我们列出两张新赛道寻宝图:一张从大处着眼,采用元宇宙的三个世界作为融合的维度来寻找和评估新赛道的价值和机会;另一张从小处着手采用BIGANT六大技术支柱的维度来寻找和评估。

我们先来看看从元宇宙三个世界的角度与碳中和的融合。

元宇宙三个世界中第一个是虚拟世界,虚拟世界除了有一半是纯粹用想象力创造力构建的休闲娱乐世界外,另一半是设计与仿真的世界即虚拟研发平台和中心,是帮助人们在数字平台数字空间里研发和仿真模拟测试真实世界尚不存在的那些新技术新产品新装备新场景,这是人类研发工具研发能力和研发模式的飞跃。与传统研发相比,元宇宙时代的研发是在高度AI化、引擎化、可视化、仿真化、数字化以及强算力支撑下完成的,可以大幅降低对物理、化学、试制等传统研发和实验方式的依赖。这种研发能力的飞跃对人类加速实现碳中和价值重大。

第二个数字孪生的极速版真实世界，本质上是把我们所处的真实世界按使用要求实现不同颗粒度的 3D 化和数字化。表中我们只是简单列举了一些直接跟碳中和数字孪生有关的机会，实际上在数字孪生化之后，这个世界理论上就可以按数学逻辑在各个领域和场景实现数学式优化、求最优解。会产生无数的新机会。

第三个虚实融合的高能版现实世界，更是让我们每个人拥有了通过元宇宙瞬间整合物理世界和数字世界一切资源和能力的可能。它与碳中和的结合和赋能，几乎是全方位的，创造的新机遇也是最庞大的。

几乎表格的每一格，展开讨论的话都有很多的可能性，书里难以展开，希望能借此引发更多的思考，给大家更多的启发。

表 6.1 元宇宙和碳中和融合的新赛道（三个世界维度）

元宇宙的三个世界	能源供给端	使用端电气化和节能提效	排放端绿色化 CCUS/回收/碳汇	碳管理监测/交易	其他
虚拟世界（休闲娱乐+设计仿真）	助力新能源技术的研发	1.助力节能新材料新产品的研发 2.电气化新工艺仿真 3.公众广泛参与双碳的创新平台	1.助力CCUS碳利用系列技术的突破 2.循环经济的仿真与设计	/	当实现绿色电力后，虚拟世界自身就是零碳的

续表

元宇宙的三个世界	能源供给端	使用端电气化和节能提效	排放端绿色化CCUS/回收/碳汇	碳管理监测/交易	其他
数字孪生的极速版真实世界	1.数字孪生电厂 2.智能电网管理系统 3.分布式新能源管理平台	1.数字孪生工厂 2.数字孪生设备/项目/建筑 3.数字工厂的数字员工服务 4.垂直类孪生引擎平台	1.CCUS的数字孪生 2.循环经济的数字孪生	数字孪生交易所	只要数字孪生收益大于成本，一切都应孪生
虚实融合的高能版现实世界	1.虚实融合高效协同的新能源产业链平台 2.虚实融合的新能源团队	1.工业互联网升级为工业元宇宙 2.产业互联网升级为产业元宇宙	1.虚实融合的数字专家系统 2.与经济系统无缝融合的业务系统	1.可视化智能监测 2.智能合约自动交易	虚实融合下的碳中和全产业链人员均能力倍增

前面说过，元宇宙与碳中和的融合面与融合点很多，既有传统数字化与碳中和的融合部分，又有升级成元宇宙的新数字化与碳中和的融合。广义的元宇宙是指虚实融合的人类社会新形态，远不止技术层面、也大大超过了数字经济的层面。

为避免讨论的泛化，下面我们就从元宇宙BIGANT六大技术支柱维度来讨论与碳中和价值链的融合，这样新赛道颗粒度就相对细一些了，也便于大家发现细分领域的机会。

表 6.2 元宇宙和碳中和融合的新赛道（BIGANT 六大技术维度）

BIGANT	能源供给端	使用端电气化和节能提效	排放端绿色化 CCUS/回收/碳汇	碳管理 监测/交易	其他
区块链技术	1. 分布式新能源组网系统 2. 能源安全系统 3. 分布式新能源经济系统	1. 基于智能合约的能源管理 2. 基于区块链的电气装备融资租赁平台	1. 再生材料溯源系统 2. CCUS 管理系统 3. 碳汇管理系统	1. 可信监测 2. 碳资产管理 3. 碳交易管理	1. 供应链金融 2. 可信物联网
交互技术		远程沟通和协作			XR 可叠加在大多数数字化系统的交互层
游戏及孪生等引擎技术	1. 新能源行业设计与仿真引擎 2. 数字孪生电厂和电网管理	1. 各类垂直行业的设计与仿真引擎 2. 数字孪生工厂管理 3. 各专业岗位的数字人引擎	1. 回收评估专家系统引擎 2. 细分领域循环经济仿真模拟引擎	1. 交易所可视化 2. 监测系统可视化	各垂直引擎本质上是专业技能的自动化
人工智能	1. 新能源 AI 辅助研发 2. 智能电网	1. AI 辅助研发 2. 智慧建筑 3. 智慧交通 4. 能耗管理	1. AI 辅助研发 2. 垃圾智能分类 3. AI 监测分析	1. 智能预警 2. 智能交易	AI 几乎可以应用到所有环节
综合智能网络	1. 高速低时延高密度接入的网络支撑 2. 分布式算力的支撑 3. 云化的 AI 能力支撑 4. 分布式存储的支撑				元宇宙需要的网络是各种能力均已云化的网络
物联网	能源监测 设备监测与管理	能耗监测 系统监测 电气化率监测	污染监测 材料和产品溯源	碳排放监测	是所有环境和设备数字化的源头

240

不管我们从哪个维度去解构元宇宙与碳中和的融合，本质上都是数字化、智能化不断迭代后带来的更大变量、更优算法和更优解持续更新的结果。

碳中和的涨潮将连绵不断，在这涨潮之上，技术的发展和全球竞争必然会不时掀起惊天巨浪。元宇宙兴起也只是刚过元年，这个将引领人类新文明的大变革也才刚刚开始。所以，拥抱碳中和，拥抱元宇宙，就是拥抱未来，新赛道的机会也会在你的拥抱之下陆续展开。

第二节
数字驱动的新型电力系统

元宇宙与碳中和融合后最大的应用场景一定会出现在电力生产体系中。

2021年3月,中央财经委员会第九次会议召开,碳中和再度成为热点。会议指出,要构建清洁低碳安全高效的能源体系,控制化石能源总量,着力提高利用效能,实施可再生能源替代行动,深化电力体制改革,构建以新能源为主体的新型电力系统。这是实现碳达峰、碳中和目标的重要手段,具有重大的历史意义和现实意义。

中国发展新能源已经将近20年了,但是光伏、风电等新能源在发电装机的比重还不到20%。主要原因是光伏、风力发电具有随机性和波动性特征,大规模高比例接入电网后,会带来电力平衡、电量消纳、电网安全稳定控制等诸多挑战。此外,东部有些地区还存在风电、光伏发电发展与土地矛盾问题。

如前文提到的数字技术与产业结合带来减排效应,而电力系统在双碳背景下,提出发展新型电力系统,需要充分借助数字技术的力量大幅改善电力系统的生产、消纳等环节,人工智能、数字孪生、区块链等技术的逐渐成熟应用也为构建清洁安全高效的能源体系和源网荷储一体化的新型电力系统创造了条件,实现智能互动、灵活柔性、安全可控和广泛互联。另外就是储能技术大踏步进步,使得电力系统中

"源、网、荷、储"这四个角色中"储"的作用显著提升。电网即发即用、不可储存的特征发生革命性变化。本书以四大技术为例讲解在电力行业不同应用场景中的减排应用。

一、人工智能提升电网的全域互联、高效感知能力

新一代人工智能的特点是以高性能计算、大数据以及机器学习和深度学习三大技术为支撑的综合性技术。人工智能在新型电力系统中的应用主要体现在态势感知方面，基于深度学习的负荷预测大数据智能分析方面，评估和控制来自不同消费者、生产者和在电网帮助下连接的存储设施的数据；基于深度学习的故障诊断，通过深度学习从运行数据中自适应的提取诊断判据，实现故障检测、辨识和定位。

同时，机器学习技术也能够被用于智慧用能领域，为综合能源系统合理定价和能源结构优化提供理论性的支持。分布式的人工智能也能起到能量路由器的作用，在设备稳定运行时，可以根据主动配电网内负荷及各分布式设备的优先级，实现多能流的灵活调配，进行大数据分析和管理。

二、物联网提升数字输电能力

基于物联网平台，应用WAPI、北斗定位、智能纠偏和任务航线等新技术，升级机巡系统，打造云巢巡检新模式，实现航线智能规划、通信终端和输电智能网关，实现架空、电缆线路的全面监测与数

据采集，实现输电全景信息融合、全域智能决策，提高输电网安全运行和防灾抗灾能力。

随着新型电力系统持续大规模的推广及应用，提升终端感知、网络连接、平台管控、数据交互和安全防护能力，未来电力互联网扮演着日益重要的角色。

三、数字孪生"模型驱动 + 数据驱动"打造智慧能源系统

数字孪生的交互技术，在新型电力系统中提升人机交互能力。该技术可以结合虚拟体的仿真结果，为设备的物理实体增加或扩展新的能力，实现对电力系统设计端和电力系统运维端的反馈与控制，最终完成对设备物理实体和虚拟仿真体的精确描述与行为预测，进而驱动整个新型电力系统高效智慧化运转。

四、区块链为新型电力系统提供全生命周期服务

为促进消纳具有波动和随机特点的新能源，需要借助区块链去中心化、分布式对等、透明可信、高可靠性的技术特点提高分布式能源的自治与协同运行，并在逐渐分布式化的新型电力系统中通过共识机制、智能合约解决系统参与者众多，数据信息多样化的问题。

区块链也能够实现能源生产信息、能耗数据、储能信息等数据的上链可信，采用私链+联盟链的模式，打破数据壁垒，构建多链+综合能源调度机制，通过链上信息结合大数据智能分析，对企业负荷的需求、能源供给和储备进行匹配，提升供给与响应速度，实现电力

电量的动稳态平衡。

五、数智化赋予新型电力系统更多想象空间

过去人类的所有生产都是行为产生数据，数据经过计算形成决策，再来指挥生产，也就是生产在先，数据在后。而在今天的场景下，是数字在先，生产在后，数字驱动生产的全新电力生产与消纳模式。

我们设想数字赋能下的场景——网格化的电力生产系统。比如10平方公里的一个网格中，有多少台风机、光伏板等装置，由于计算技术的进步，能够把实时的卫星云图和天气预报的数据传输给这些生产设备。一阵风马上就要来了，在A1网格位置的风机马上启动，发出电来。此时该风机会面临两个可能性，一个是当时可以联网，一个是不可以联网。继而还有一个价格决策，此时联网电价高还是低，如果比较高就联网，电价低就不联。不上网的电，数据指挥储能装置立即启动把电储存起来。储能装置也是一直在线进行着运算，监测上网电价波动，电价高就开始向网上送电，上网电价低，甚至它可以从网上购电储存。在电源侧的储能设备一般会安装在发电设备物理位置比较居中，同时离电网接入点比较近的地方来建设。

另外电网一侧也会建立自身的储能中心。当然它的储能装置可能就是反向的价格原理了，也就是电网价格低的时候它来储能，电网价格高的时候，往网上送电。

在负荷端，体量较大的用户也可以自建储能系统，在电价低的时候，就从电网购电储存，电价高的时候就往外送电，甚至家庭的电动

车、农机，这个时候都可以作为储能装置。

大家设想一下，如果这样一个智能驱动系统完全运行起来，人类实时互动在线交互、数字高仿真模拟驱动的生产方式，就在电力系统中第一次由梦想变成了现实，这不正是一个完完全全的产业元宇宙吗？

第三节

公众自愿碳中和

碳中和作为一场关乎人类命运的全球性运动,全体中国人如何参与进来,如何大规模展开与实施中国公众自愿减排工程是一个大话题。

自愿减排已有成熟的国际实践,并已在中国落地,但参与者还是以企业为主。根据《碳排放权交易管理办法(试行)》,国家核证自愿减排量(CCER)是指对我国境内可再生能源、林业碳汇、甲烷利用等项目的温室气体减排效果进行量化核证,并在国家温室气体自愿减排交易注册登记系统中登记的温室气体减排量。减排量的计算方法是假设在没有该CCER项目的情况下,为了提供同样的服务,最可能建设的其他项目所带来的温室气体排放减去该CCER项目的温室气体排放量和泄漏量。

产业元宇宙的典型场景应该有以下特征:大人群参与、离散行为、小额价值、新生事物、弱监管、便于数字化。公众自愿碳减排完全符合上述特征。

一、数字世界里的公众自愿碳减排实践

国富资本团队一直在研究、策划一系列的标准、方法学、产品与

服务。如前文所说，微克拉是基于区块链，也就是在元宇宙生成并记录的一个通证，本质上是把公众的自愿碳减排行为在数字世界进行价值量的标定，把公益慈善行为量化记录下来，把公众的行为变成积分，形成一个长期的收益管理系统。1 微克拉 = 少用 1 度电 = 减排 1 公斤二氧化碳，我们希望一微克拉将来可以与 CCER 互换，以及与数字人民币挂钩。

国富资本跟一家中央财经媒体研究制定消费品的碳中和指数，如服装、鞋帽、食品、饮料、酒、农产品，不同产品、不同品牌，研究全生命周期碳足迹，用微克拉来计量。比如牛肉制品，由于养牛的温室气体排放高，它的微克拉值就高于猪肉制品。比如某马铃薯品牌，测量从种植、包装、储存和运输的能耗，到消费者烹饪的全程碳足迹，换算出微克拉值。

除此之外，国富资本与北京绿普惠网络科技公司在推动公众交通行为碳排放减碳行为管理系统，由于手机的存在，目前公众的许多交通行为都已经数字化了。我们把比如开车、步行、骑车、坐公交车、坐飞机、坐高铁等等，测算出不同行为的不同减排量，把少开一天车，多走一万步记录下来，变成积分，鼓励那些个人的低碳的、减碳的行为。

国富资本还策划了"人树网"，林业碳汇公众自愿碳减排系统。"人树网"创设了树木精神产品委托种养服务模式，将树木的物质所有权、精神所有权和碳汇相分离，在不改变树木物质所有权归属的前提下，对树木精神所有权和碳汇进行委托种养服务。即树木的物质所有权归国家或林业企业，树木的精神所有权和碳记在合同约定期间内归树木精神寄托人。在精神树木寄托人持续支付抚育费的前提下，精神树木寄托人终身持有该树木的精神所有权，林业企业有责任管护养育好该树木。

二、碳中和艺术生态引领公众碳减排

洛可可创新设计集团创始人贾伟提到，当2021年元宇宙时代到来，作为元宇宙AI艺术家的他与一直关注潮流艺术的美籍华裔策展人陆蓉之女士探讨时，当看到用提倡环保时尚和可持续的一吨计划、看到用倡导艺术与大自然有机结合的大地艺术时，他思考人类能源使用问题，思考如何能低耗能进行艺术表达，思考如何通过艺术呈现的形式来引领公众关注碳减排和可持续。2022年构建元宇宙美学，他尝试用艺术语言给"废品"二次生命，提出"废品即作品"和"绿色即潮流"的创作理念，开始新型环保型艺术，通过艺术形式引导公众绿色时尚。充分利用自然、有机物，减少无机物使用，或者使用废料进行创作，是一种新型可持续的艺术理念与艺术形态。

贾伟把工业生产废料融入艺术创作中，通过数字化手段进行分解，让废料进入元宇宙世界形成数字NFT艺术作品。运用回收材料做艺术

品，利用废旧唱片进行艺术创作，不同材质给人不同的触感，让如花与视障小朋友携手感知世界、用数字与像素的逻辑进行艺术创作。

形成新的艺术表现形式，引导公众了解碳减排艺术、并共同参与环保艺术创作。

贾伟所创作的如花NFT艺术作品《如花在野》系列，于2022年1月14日在元视觉平台发布，1分钟成交6500幅，实现三十余万艺术消费流通；发行的全球首款数字葡萄酒藏品《如花在野·奥妙若兰NO.1》，于2022年1月15日通过cocafe平台拍卖，1天实现119名竞拍者在线自行出价竞拍，最终也通过数字化手段，自动完成成交交易。

元宇宙时代的以上艺术交易过程，极大降低艺术产业各要素、各环节的能源消耗，大大降低碳排放。减排量通过数字化计算，可以变成艺术产业过程中每一环每一个人的碳中和减碳贡献量，通过可视化激活公众碳减排积极性。

公众碳减排的自愿性需要引导，洛可可打造以"潮宇宙艺术"为聚集的如花岛，形成环保艺术、潮流艺术与元宇宙的聚集地。以"绿色创作"和"环保艺术"为潮流目标，吸引志同道合潮流艺术家前来聚集，并鼓励用元宇宙技术进行数字艺术创作、展览，形成元宇宙艺术家创作与聚落的典型,并以 NFT 艺术通证、碳减排数量为如花岛上岸凭证,搭建元宇宙碳中和与艺术应用场景。

洛可可搭建如花碳中和艺术生态圈,尝试探讨元宇宙与碳中和应用,通过艺术手段引领公众碳减排。

第四节

工业元宇宙

一、工业元宇宙概念界定

目前,产业界较为认同的工业元宇宙(Industrial Metaverse)概念,可以理解为是元宇宙在工业领域的应用与发展,是一种以 XR 和数字孪生为代表的新型信息通信技术与实体工业经济深度融合的工业生态。

在人类社会的发展进程中,生产力在不断地变革,系统变得愈发复杂,人的学习曲线随之减缓,当人的学习曲线落后于技术的进步,机器的知识将超越人的经验。这时,制约生产力提升的因素不再是机器的生产效率,人的知识、经验、创新力和服务能力将成为瓶颈。

在工业领域,生产力的发展同样需要突破这种瓶颈。元宇宙或将作为一个有效的解决方案,解决知识的产生、利用和规模化复制的瓶颈,实现工业企业价值创造的一些新突破后是例如,降低创新门槛和复杂度,提升产品转化的便利性,扩大创新的规模化等。展望未来,工厂将从以黑灯工厂和无人车间为标志的未来工厂 1.0 和以数字孪生、CPS 和全链接为标志的未来工厂 2.0,逐渐向以"工业元宇宙"为核心的未来工厂 3.0 阶段发展。

二、工业元宇宙技术衍生

虚实融合仿真技术：信息物理系统（CPS,Cyber-Physical Systems）是一个综合计算、网络和物理环境的多维复杂系统。通过 3C 即计算—交互—控制技术，在大型的工程系统中，将实时感知、动态控制及信息交互等有机地结合起来。

在 2021 世界数字经济大会主论坛上，中国联通首席大数据科学家范济安介绍，早在 2013 年德国人提出的工业 4.0 中，虚实融合仿真技术就被认为是智能制造的核心。美国总统科技顾问委员会 PCAST（President's Committee of Advisors on Science and Technology）在《挑战下的领先——竞争世界中的信息技术研发》中也将 CPS 列为 8 大关键的信息技术之首。

在工业领域，CPS 可用于智能交通系统、医疗设备系统、环境监控及关键基础设施等多个场景。通过 CPS 或将重新排列现有产业布局，甚至催生出新的工业。扩展现实：是增强现实（AR）、虚拟现实（VR）、混合现实（MR）等多种技术的统称。

在工业领域，XR 技术是实现数字孪生与虚实融合的重要手段之一。在制造业中，首先会通过计算机辅助设计（CAD）软件等工业软件将产品进行虚拟的设计开发及仿真验证，再通过数字化制造的手段将其加工、制造，最终组装成完整的具备可实用性的产品。

通过 XR 技术，企业又可以将数字孪生中重要的信息，包括文字、图像、三维模型、音视频等虚拟信息叠加到真实世界中，两种信息互相补充，真正实现了"数、物、人"的深度融合。

目前，人工智能在工业领域可实现应用数据的可视化分析、机器的自我诊断、预测性维护等。在工业元宇宙中，AI还可协助员工进行数据分析和决策指导等，提高工作效率与准确性。

三、工业元宇宙特征及重要意义

在工业应用中，部分产业数字化程度较高，为进入元宇宙时代创造了先天的优势。而"工业元宇宙"将不仅仅是XR等技术在工业领域的简单应用，它具有更为丰富的内涵和外延。

首先，工业元宇宙是信息维度的再一次升级。通过在互联网的"二维画面"基础上再加一个维度，可以进一步地避免产生"信息盲区"。在工业场景，这种"信息盲区"的存在，可能会造成较为严重的后果，如管理者无法准确判断机器运作情况而造成的运维事故等。近几年来，数字孪生、工业互联网等相关技术和理念正在逐步渗透到工业场景，帮助企业构建了更全面的、实时的数据与信息洞察渠道，避免因信息缺失或滞后造成损失。

其次，在工业元宇宙中，人机交互将更加自然和直接。元宇宙是一个虚拟的空间，在这个空间中，人与机器可以实现更直接的链接，同时也允许个人在数字环境中与其他用户进行交互，创造了一个人机协同、多人协同的创作环境。同时，VR和AR技术的兴起，也将这个虚拟世界具象化，使人可以更全面的感知虚拟世界中的要素。在这个世界中用户可以使用多种开发工具进行开发或创作，或将带来更多的可能性。

同时，工业元宇宙是数据、虚实、生态的大融合。在完整的工业元宇宙架构中，有三大核心：第一，是人以及人的思想；第二，是物理部分，包括机床设备、网络系统、物料等等；第三，是信息部分，包括订单数据、产品数据、经营数据等等的处理和分析。

通过数据、虚实、生态的大融合，数字经济将走向更高层次的发展阶段，实体领域产业或将迎来全面转型升级。

工业元宇宙是未来工业的重要推动力量，也是实现碳中和的重要方式。截至2020年，我国连续11年成为世界最大的制造业国家，工业增加值增加到31.3万亿。对世界制造业的贡献比重接近30%。从"制造大国"到"制造强国"，通过技术手段提升生产力是根本。同时，工业部门作为中国能耗和碳排放大户，如何通过技术革新实现"2060年实现碳中和"的目标，也是"工业元宇宙"发展过程中需要思考的问题。

工业元宇宙将企业在现实中的生产环节搬运到虚拟环境的映射中，通过数据同步实现生产要素的可视、可分析、可验证、可管理，减少实际运用中的生产成本，提高生产效率，从而进一步减少碳排放，实现绿色低碳的可持续发展。

工业元宇宙还将创造一个全新的产业链结构，是中国产业结构变革的机会。工业元宇宙拥有较长的产业链条，包括从基础层的芯片、算法、传感器到应用层面的智能硬件等。中国（深圳）综合开发研究院—新经济研究所执行所长曹钟雄曾表示，"从国际竞争上讲，元宇宙或将开启数字经济新一轮产业布局和科技博弈，要关注底层技术、基础硬件，重新布局来避免或减少如手机一样二次受制于人的发展困境。"

2021年是"元宇宙"开启的元年，在这个工业新的变革时期，或许会成为中国产业结构变革实现"弯道超车"的机会。工业元宇宙将在软件开发、远程工作、工业设计、制造流程等场景中为产业链结构带来变革性的影响。

四、工业元宇宙的应用场景和机会

在工业元宇宙中,时空的限制被打破,围绕研发、制造和销售环节构建起覆盖全产业链制造和服务体系。产业链之间、企业与消费者之间的环节被全面打通,实现信息互通与行动协同。

在研发环节,工业元宇宙在工厂端产线设计、工艺端产品研发等环节,通过将现实世界的测试、分析等在虚拟世界中模拟,很大程度的减少研发过程中的能量消耗与试错成本。

在国内,洛可可创新设计集团创始人贾伟常年深耕工业设计领域,专注工业设计与产品设计,思考所设计出来的工业产品对于环境所带来的影响,产品的持续性和工业废品的再循环价值。提出"产品生命周期与产品五品"理论,即:"作品、产品、商品、用品、废品"。另外,国内家电巨头美的从几年前就开始布局数字孪生与仿真技术,逐步向"工业元宇宙"领域切入。目前,美的已经利用仿真系统和数字孪生搭建了一个将实体工厂1∶1还原的虚拟数字工厂。通过在虚拟工厂中模拟生产,大幅提升了新产品试制试产效率,缩短了产品的上市周期。

国际上,西门子通过数字孪生模拟水流,进行了大量的实验调整设备,大幅减少能源设备的维护时间,节省大量的成本;爱立信做了整个城市的数字孪生,用来模拟在哪些位置放置5G基站效果更好,成本最低;奥迪推出的名为"虚拟装配线校检"技术,依托3D投射

第六章 新赛道：元宇宙与碳中和融合

和手势操控技术，帮助流水线工人在名为"CAVE"的虚拟空间中完成对实际产品装配工作的预估和校准。

在生产制造环节，可通过工业元宇宙相关技术进行制造流程管理、设备日常运营维护，大幅提升了生产制造效率，减少了生产测试成本、运维成本。同时，可通过远程操控保障危险环节作业人员的安全。

波音、宝马等国际巨头也已实现虚拟制造。2020年GTC大会上英伟达发布了一款企业设计协作和三维平台Omniverse，集成了包括语音AI、计算机视觉、自然语言处理、模拟等方面的技术，为全球700多家客户提供专业的元宇宙底层服务架构。宝马集团就选择了英伟达发布的Omniverse平台，依靠数字孪生体进行模拟生产，目前已经将生产网络中31家工厂的工人的工单指令进行模拟，将生产计划减少了30%。

在工业元宇宙中，还可通过AR/VR等终端实现人机交互作业并获得AI的指导与决策，形成了一种"游戏式"的新的工作方式。

图片来源：BMW Group

头戴式计算机品牌瑞欧威尔推出的全新品牌 moziware 以及相关新产品，通过 AR 头戴计算机进行语音操控、AR 识别等，用来查看设备信息，测量部件尺寸，查看装配说明，实现远程协作。

例如，在汽车制造行业，可通过 AR 技术帮助技术人员远程实时求助技术专家，成功消除了因制造现场无法快速获取专业知识而导致的车辆维修困难问题，减少了车辆停机时间。同时，有效减少了专家外派异地而产生的出差费用，提高工作效率的同时，间接减少了交通出行产生的碳排放。

图片来源：瑞欧威尔官网

在物流仓储场景，将 AR 技术引入现场管理体系中，员工通过语音控制确认货物信息，减少了手动操作带来的失误，实现了分拣流程规范化。某头部快消品牌在其 28 个国家和地区的仓储物流现场使用了 AR 技术解决方案后，生产效率提升了 6%～8%。

在设备运维方面，工业元宇宙也开启了全新的设备运维工作方式。国内，宝武钢铁与 AR 企业亮风台合作，针对多岗位协同作业场景信息交换不通畅所造成的信息滞后与延时情况，打造了"AR 智能运维系统"。通过关联设备的数字信息可视化，精准远程协作、高效记录管理过程，在保障数据安全的前提下，有效提升了作业现场的信息交互能力。

在产品销售环节，元宇宙成为消费者交互参与的媒介。在产品销售的过程中增强产品展示的维度，让消费者更直观的感受产品，增加参与性，帮助企业触达用户。

大众汽车通过空气动力可视化技术，将汽车空调吹出来的空气在车内的流动情况进行可视化，客户可以清楚地看到空调的空气从车的哪个位置吹出来、气流是怎么样运作的，用户有兴趣体验的话销售就达到了目的，增加了生意谈成的概率。

算力时代下，工业元宇宙代表了第三次的生产力革命，人与人、人与机器、机器与机器的交互以及数据的大融合使机器创造出更多的生产力价值。随着对元宇宙的探索、理解与尝试，或许我们还会发现其在工业领域的新应用、新机遇。

第五节
农业元宇宙

一、农业元宇宙概念界定

当人类最古老的产业与当下最前沿的技术相遇时,它带来了全新的产业模式、服务应用与综合体验,同时唤起我们内心对未来农业无尽的想象空间,这就是农业元宇宙。

2021年10月,阿里巴巴达摩院XR实验室负责人谭平在云栖大会上介绍到,作为阿里最新设立的面向AR、VR元宇宙方向的实验室,XR实验室制定了农业采摘机器人案例——通过对果园、果树三维建模,构建出整个果园的高精度三维模型,然后在虚拟世界中设定好采摘机器人的运动规划方案,再映射到现实中的机器人大脑中,完成机器人的自动采摘工作,降低果园管理成本。

达摩院这一技术落地,无疑给以实际生产为导向的农业带来了转型的新动力。在此基础上,我们对农业元宇宙相关概念进行界定:农业元宇宙是指对于种植业、畜牧业、渔业等,所涉及的各类农作物、牲畜、农业设备、天气情况、灌溉记录、微生物情况和其他种植/养殖环境中的涉农数据变量,进行时间与空间的打破,消除产、学、研之间的信息孤岛,推动农业精准、智能、绿色发展,以实现农业精准预测及环境资源最优配置为最终目标。

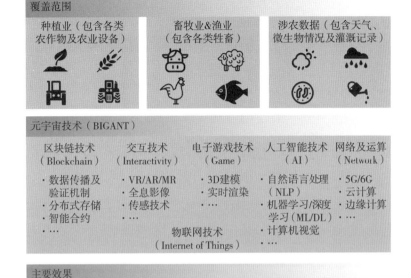

图 6.1　农业元宇宙示意图

二、农业元宇宙与碳中和：兰考农村能源革命试点

本书前章详细阐述了元宇宙与碳中和的内在逻辑与密切关联，农业元宇宙更与碳中和有着千丝万缕的关系。

元宇宙是最大的碳中和，碳中和是最实的元宇宙，农业是中国实践元宇宙碳中和的最佳土壤。

从烧柴火、煤球，到使用罐装液化气和天然气；从点煤油灯到用上电灯；从赶牛车、马车到骑上摩托车，再到开上新能源汽车……中国农村的能源结构发生了数次改革。如今，风能、太阳能、地热能等新能源走进农村，绘就了一幅生态宜居、和谐富庶的美丽乡村图。

河南是农业大省,兰考县是传统农区,该县下辖13个乡镇、3个街道,454个行政村(社区),总人口87万,总面积1 116平方公里[①],农村能源资源较为丰富。同时,兰考县也是习近平总书记第二批党的群众路线教育实践活动联系点,是焦裕禄精神发源地,还是国家新型城镇化综合试点、首个全国普惠金融改革试验区、全国省直管县体制改革试点县、全国商品粮生产基地县、全国绿化模范县。

2017年7月,国家能源局印发《关于可再生能源发展"十三五"规划实施的指导意见》(国能发新能〔2017〕31号),同意兰考开展农村能源革命试点建设。2018年7月,国家能源局复函兰考县农村能源革命试点建设总体方案,进一步明确了试点建设的总体思路、基本原则、主要目标和重点任务。

2018年8月,由国网河南电力牵头、国网河南经研院具体承建,兰考全县各类能源生产企业、传输企业、用户积极参与的能源互联网平台启动建设。2020年12月23日,兰考县风电、光伏装机容量达到74.26万千瓦,加上全县投运的地热站、生活垃圾热电联产工程、秸秆电厂的全额消纳,2020年兰考可再生能源发电12亿千瓦时,占县域全社会用电量的71%。随着东坝头风电场成功投运并网,当年兰考能源互联网综合示范项目风电工程圆满收官。2021年3月,兰考县清洁能源发电最大出力51.52万千瓦,全县最大用电负荷26.23万千瓦,首次实现全天24小时清洁能源供电。兰考县农村能源革命示范初见成效。这样的能源互联网平台恰恰也正是元宇宙的最初形态。

近年来,兰考奋力推进农村能源革命试点建设,带动能源产业蓬

---

① 数据来源为兰考县人民政府网站。

勃发展，脱贫攻坚成果持续巩固，乡村振兴步伐蹄疾步稳，全县经济社会发展跃上新的大台阶。

一是助力农民增收效果明显。充分利用闲置土地大力发展风电和光伏发电，就地利用农村生活垃圾、农作物秸秆、畜禽养殖粪污等农村固废建设垃圾发电、生物质发电和生物质天然气项目，累计完成能源项目投资142.5亿元，其中，建设光伏扶贫装机容量35.6兆瓦，已累计发电1.27亿度，收益9 198.35万元，受益农户6 044户。以垃圾发电厂为终端环节，建立较为完善的农村生活垃圾"收、储、运、用"体系，直接解决农村人口就业2 795人。

二是助力农村人居环境持续改善。按照"政府主导、财政支持、农民参与、市场运作"的模式，以秸秆、畜禽粪污和生活垃圾能源化利用为抓手，构建以秸秆发电、垃圾发电、生物天然气为主要利用方式的农村废弃物能源化利用体系，依托市场合作方式建立了覆盖全部乡镇的废弃物收集网络，建成投运一批水平压缩式垃圾中转站、标准化水冲式二类公厕、标准化废品收购站，全县垃圾日处理能力达到600吨，大中型养殖场粪污得到有效处理和转化。

三是助力乡村低碳发展成效明显。通过就地开发、就近利用农村清洁能源，加快推动农村产业结构、供能模式、生活方式优化升级，全面推进民用清洁能源供应和燃煤设施清洁改造，持续扩大电力、天然气、地热等清洁能源消费规模，基本形成以清洁能源为主的能源供应消费体系，累计减少煤炭消费27万吨，二氧化碳53.1万吨，二氧化硫、氮氧化物、烟粉尘等主要大气污染物排放量272万吨。全县非化石能源消费占比已达85%，清洁取暖普及率已达99%，公共绿色出行率达到90%以上，全县实现煤炭消费清零，助力建设生态宜居美丽乡村，为如期实现碳达峰、碳中和目标做出重要贡献。

四是助力县域经济社会发展成效显著。积极发展风能、太阳能、生物质能、地热能等农村可再生能源产业，推动县域从"能源消费前端"变为"能源生产前端"，实现能源从"远方来"到"身边取"的历史性转变，能源产业已成为兰考县的重要基础产业，能源产业振兴已成为乡村振兴的重要支撑。

2021年8月，全国首个县域"碳达峰、碳中和"监控分析系统在兰考县成功上线，为全国首个农村能源革命试点县提供了能源决策依据。

兰考县"碳达峰、碳中和"监控分析系统归集了兰考县域的电、气、油、地热等重要能源数据，搭建了能源、工业、交通、公共建筑、居民生活、农业生产6大领域碳排放计算模型，创建低碳家底、能源消费、碳排分析、达峰目标、清洁减排、兰考碳汇等6大功能模块，实现了以日为最小维度，细化到全县13个乡镇和县城，覆盖兰考现有能源消费、工业体系、生态碳汇全口径的"双碳"进程监测及分析评价功能。这体现了农业元宇宙雏形与碳达峰碳中和的有机结合和想象空间。

如何解决电力电量消纳方案？如何引入信息化技术手段优化建设运营流程？这两个"拦路虎"是兰考县项目商业和技术创新的重点突破任务。

国家电投中国电能成套设备集团积极推进兰考光伏产业、新能源项目落地。目前已规划在兰考建设一个占地2 700亩的园区，引入光伏、风电等相关新能源制造业项目，未来三年引入10家以上企业，投资额超过50亿元。

建设兰考能源革命离不开信息技术方面的创新。中国电能兰考项目部从项目启动伊始，就定下从建设到运营运维全流程数字化、数据化、智能化的指导思想。在建设整县户用光伏的过程中，中国电能就升级了企业商城2.0，拓展了光伏组件、逆变器等品类，引入主流品牌，优化下单发货的流程，打通了"信息流、物流、资金流"之间的信息壁垒，助力提升县域光伏建设的效率。

随着兰考新型能源的发展，以风、光等可再生能源为主的分布式电源和储能设备大规模接入配电网，传统"无源"的配电网将逐步转变为"有源"配电网。相比于传统"无源"配电网，"有源"配电网的潮流特征和故障电流特征均发生了显著改变。

兰考作为新能源试点县，增量配电区是改革试点的先锋，接纳分布式电源并网，推进电力电子技术应用，合理配置储能设施，协调优化"源网荷储"发展是配电企业面临的重大技术问题。随着能源互联网的进一步发展，协调发展包含光电、风能等多种能源的"源"、包含电网、供热网的"网"、包含电力负荷和多种能源需求的"荷"，以及包含多种仓储设施及储备方法的"储"，将成为增量配网最终的运营架构。

兰考县还将实施"一村一杆"工程，使200个行政村"村村有风电"，用能源保障集体经济，促进共同富裕。启动"农机电气化"、"公交电气化"和"直发直用"工程，用新能源和数字化彻底改变农村面貌。

三、农业元宇宙的实施路径

农业元宇宙将彻底摆脱空间、时间两个维度约束，也是人类农业发展的终极阶段，它可以成为完全独立的部门作业过程与人没有任何关系，我们只需享用已经收获好的农产品即可或者在里面体验农事游戏。

具体路径为：

无人大田。是最早的无人农场类型。目前中国农机自动导航驾驶系统已经可以实现大田里规模化推广应用，随着应用技术的成熟，伴随着"十四五"阶段数字化深入，中国大田种植在装备质量、机具种类、数字化水平上发展升级趋势将会加快，也将值得我们去进一步关注。

无人果园。通过引进并创新了网室保护性栽培、脱毒苗木、矮砧宽行密植栽培等技术，同时运用全程机械化管理、农业物联网等，实现果园标准化生产技术的集成应用与示范推广。未来无人果园进一步技术集成与创新，研发地面传感器、高分辨率航天、航空影像多维度感知，采集数据的实时回传，达到及时、全面了解果园生产状况，实现果业产业全链条数字化呈现。

无人温室。是集数字化、智能化于一体的无人温室大棚种植。目前中国以无土栽培、立体种植、自动化管理为特征的植物工厂研发和产品水平较为先进，已具备自主知识产权的成套技术设备，但中国设施农业机械化率仅 30% 左右。

无人牧场。是指畜禽育种、繁育、饲养和疾病防疫等环节以及产后运输、处理等全过程的无人化精细养殖模式。牧场无人化精细养殖，降低了畜禽死亡率，提升了畜、禽质量，实现了畜、禽养殖场的机器代人目的。

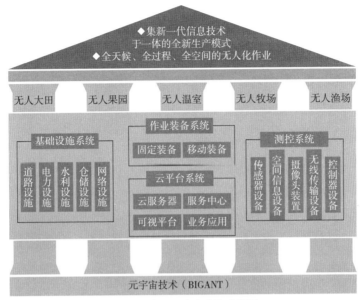

图 6.2　农业元宇宙实施路径图

无人渔场。是运用现代信息技术,深入开发和利用渔业信息资源,全面提高渔业综合生产力和经营管理效率的过程,是推进渔业供给侧结构性改革,加速渔业转型升级的重要手段和有效途径。

四、农业元宇宙的应用场景和机会

(一)农业电商助力食品溯源

VR和农业电商的联结是基于食品安全和食品溯源等痛点,即消费者、渠道经销商和生产者之间缺乏有效的沟通。VR引入传统电商可以改变这种情况,消费者和渠道经销商可以更好地了解农产品源头的整体情况,对于生产原料、生产工具、过程记录、加工、物流、分销等环节进行有效溯源,大大降低了消费者和渠道商对农产品质量信息的获取成本，提升消费者的体验感。当下，消费者越来越注重参与和体验，VR 技术引入到农产品生产地源头，可以说是一个必然的过程。

虚拟主播+直播带货可以带来业务营收、客户体验的双重提升；

虚拟身份+客户服务可以提供 7*24 小时不打烊客服；

数字货币+订单支付可以解决不同币种的便捷交换问题；

场地拟真+质量溯源可以让消费者直观获取数据信息、解决信任危机；

沉浸式体验+高品质 AR 菜单可以让消费者看到食物成分、配料、大小等。

（二）VR/AR 激发消费者热情

农业正在改变过去"面朝黄土背朝天"的传统形象，也吸引了越来越多的消费者愿意参与到农业生产中。利用元宇宙的虚拟世界，结合现在流行的农业游戏等项目，可以让消费者体验到虚拟农场、虚拟种植基地中的沉浸式乐趣。例如，消费者认养一棵果树，此后可以通过 VR 视频实时观看果树的种植情况，实现远程浇水、施肥等沉浸式体验；将 VR 结合到农旅休闲项目中，消费者可以通过立体化、可视化的虚拟世界体验亲自耕种、喂养等田园乐趣；元宇宙可以构建虚拟环境，加强社交属性，让消费者提前沉浸式体验民宿、餐饮服务。在 2021 年中国绿博会上，观众已经可以体验 VR 种玉米的过程，从开垦到播种再到收获，在虚拟农场中体验种地的乐趣。

2016 年，英国麦当劳曾发起了一项以"食物与农业"为主题的虚拟现实内容创作活动，名为 Follow our Foodsteps，并邀请农场工人参与活动。该活动的目的在于告诉消费者他们每天菜单上的食物是如何种植、制作以及准备的。通过沉浸式 VR 视频体验，麦当劳让消费者"全程参与"了食物的种植生产过程。

（三）打破时间/空间束缚，创造新农业艺术

VR 技术出现之前，任何农业上的创新和进步都需要耗费大量的人力物力。农业是土地和时间的艺术，农业领域的任何创新都需要一年以上的周期去验证和调整。VR 技术的出现，可以帮助我们缩短周期和成本。因为超高的耗费，目前只有大型公司或科研机构有实力去从事农业技术研究，而即使是大型公司机构做出的科研成果，也面临着一个二次适应的问题——即当科研成果运用到有着各种各样天气气候、土壤条件的耕地时，在原始成果的参数基础上，需要进行一些微调。而最关心实际应用的农民，却无力去进行这种微调。VR 技术的出现，将会对以上所有问题作出解答。

（1）虚拟植物：VR 可以在虚拟环境中体现植物整个生长过程，也可以在短短的几十分钟内收集到大量的植物生长数据，一改传统农业难以量化的特点，为智能化和精细化农业提供帮助。

（2）模拟害虫：VR 还可以模拟害虫的活动，确定最佳的喷药方式和时间，农户不需要高深的实验技能，只需要借助设备仔细观察，就能得到第一手数据资料。

（3）农场养殖：即通过以前的真实信息在一个模拟环境中，实现对动物从器官、组织、系统到整体的精确模拟，通过操作者调控"虚拟动物"将能模仿真实动物做出各种反应，这对模拟动物生存环境、动物营养需要、遗传资源固化和品种选育等具有重大意义。

（4）食品加工：在虚拟环境中设定好加工机器人运动规划方案，模拟现实世界进行食品加工，再将虚拟数据信息映射到现实中的机器人中，完成自动化的食品加工生产，将大大降低食品加工厂的生产成本，并让食品口味、品质实现标准化成为可能，完成大规模量产。

俄罗斯莫斯科当地的一些农场主正在进行一项实验，以验证给奶牛戴上 VR 头戴设备是否可以减轻焦虑并增加牛奶产量。为此，有关部门聘请了许多 IT 技术领域的专家，包括 VR 设计师，专门给奶牛设计创建了夏季田野的 VR 场景，并针对牛头和牛的视觉进行了特别设计，尽量为奶牛营造更加舒适的"佩戴体验"。

据了解，首次测试显示，观看"夏季田野"风光的奶牛焦虑减轻，整体情绪升高，相关部门表示后续还将进行更细致地研究。此前，瓦赫宁根大学（Wageningen University）曾有一项对奶牛的研究显示，奶牛的情绪状态与奶的质量和产量都存在关联，这也是 VR 应用于奶牛饲养的初衷。

（四）属于农业元宇宙的"本地"作物

在国家倡导数字技术赋能新农业的大前提下，农业的新发展也牵动着我们的视线。但由于现实因素的限制，众多涉农变量无法在试验田中进行模拟和培育，也就是说如果可以打破现实空间、时间的束缚，极有可能出现新兴的、更加优质的农作物。

未来农业元宇宙或许可以提供这样的功能：众多农业科学家利用已有知识建立起某一新农作物的模拟涉农变量，或许需要极高的温度、湿度以及长跨度、高变化的温差环境。这样的环境无法在现实进行模拟与追踪，但是将其投影到农业元宇宙环境里，一切都会发生变化。大量新兴农作物、牲畜将会以数字的形式出现在农业元宇宙中，通过不断模拟其背后的涉农数据，或许可以找出在现实生活里培育的可能性。

甚至不妨大胆猜测，在未来的某一天，农业科学家们将不再仅限于将一系列涉农数据放入元宇宙进行模拟与试验，同样也可以将元宇宙的相关产品——即"本地"作物投射在现实里，真正实现"从想法到模拟到实现"的全流程闭环。

第六节
健康元宇宙

一、健康元宇宙概念界定

健康是什么？在1948年成立之初，世界卫生组织（WHO）就指出"健康不仅为疾病或羸弱之清除，而系体格、精神与社会之完全健康状态"。此后，1990年，WHO对健康的阐述是，在躯体健康、心理健康、社会适应良好和道德健康四个方面皆健全。道德健康的内容是指不能通过损坏他人的利益来满足自己的需要，能按照社会认可的行为道德来约束自己及支配自己的思维和行动，具有辨别真伪、善恶、荣辱的是非观念和能力。

由此可见，在全球范围内对于健康的定义也有时代进步，从身体本身健康状态到精神、心理、社会等大健康状态的转变。

中华民族在长期繁衍生息的历史进程中，形成了完整的健康理念和医疗体系，特别是"上医治未病"的思想影响深远，当然，这在古代只能是极少数神医的愿望，曲高和寡。只有在元宇宙时代这个梦想才会变成现实。

随着时代和科技进步，未来大健康的概念将会继续延伸到元宇宙中，即在元宇宙中形成一套完整的大健康产业集群。

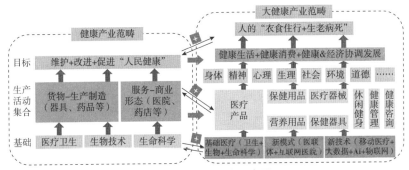

图 6.3 健康元宇宙示意图

医疗是一个传统、严谨和相对保守的领域,随着技术迅速发展,已有发展的高科技将会慢慢进入医疗领域,尽管新技术与医疗行业融合相对缓慢,但是医疗行业也在进行技术、产品和服务的更新迭代。在全球范围内,医疗行业面临着重重困境,如何提高疗效和降低治疗费用是各个国家亟待解决的问题。那么,在元宇宙中,我们或许可以通过新技术手段,解决医疗行业现实中无法解决的问题。在元宇宙中重建医生与患者、医疗与社会的关系,重建围绕患者产生的大数据,建立现实与虚拟世界之间的连接,最终实现健康元宇宙,由此产生巨大的价值。

元宇宙的发展给我们的启迪是在元宇宙中重新构建医生与患者的关系。目前来看,患者的主要数据分散在各个级别的医院中,且医院之间尚未达到互联互通,更别说医院更是无法全面的获取一个健康人群的所有生命体征数据。而在未来元宇宙的世界中,不仅仅是患者疾病诊断治疗数据将无缝衔接,健康人群的生命体征数据也将在元宇宙中集合,通过健康大数据的收集与计算,在元宇宙的世界中构建新的连接,为患者及健康人群提供更高效的治疗方案和手段,解决现实世界中医疗资源不平衡、不可及的困境。

从医学和生理学角度来看，人类的各种生命体征，最终是通过生物电信号和化学成分的传导和刺激实现的，最终体现在数据上则是电生理指标和信号。因此，要实现虚拟世界和真实世界的交互映射，需要医学、生理学、生物学、药理学、工程学等综合专业的科技人员参与。

届时，患者去医院看病将呈现出不同的样子：患者虚拟的影像及相关健康数据出现在元宇宙医院门诊，并且每一位患者都将及时分配到相应的虚拟医生，并得到及时治疗。在健康元宇宙中，因为大数据的充分利用，可以把优质医疗资源汇聚并复制，让所有人都有机会获得更好的治疗方案。也就是说，健康元宇宙可以缓解在现实世界中，医疗资源紧张、分布不均等以及患者等候时间过长的问题。

当遇到需要解决疑难杂症时，我们可以汇聚各个领域的专家学者进行会诊，在现实医疗场景中，请到各个领域专家会诊本身就有一定的难度，更不用说如果患者的情况非常紧急，会诊的难度是非常大的。在这种情况下，在健康元宇宙中，可以请专家的虚拟分身到当地医院，免去路途奔波与耽误诊疗时间的情况，这样一来，专家可以在办公室即完成元宇宙中的查看、问诊与体检患者，通过高级生物传感器/衣，患者的症状、体征以及某些特殊气味都能被专家看到、检查到和闻到，这样专家可以指导当地医师调整治疗方案，加速患者健康恢复。遇到急救时，也可以请专科医师的分身随急救医护出诊，现场共同参与救治。

当然，想要达到以上情形，我们需要做很多实际工作，同时解决各个环节中的困境，包括但不限于算力能力的不足、社会伦理的质疑、政策的限制，以及社会支付等系列问题。

未来健康元宇宙将围绕患者及患者数据进行展开，在现实与虚拟中，发展属于健康行业特色的元宇宙世界。

二、健康元宇宙的内涵特征

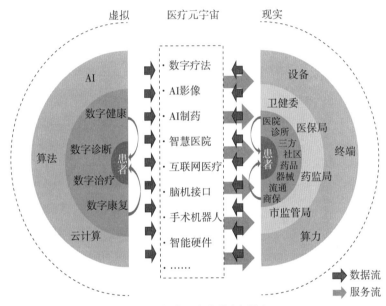

图6.4 健康元宇宙的内涵特征

目前来看，在这个新的数字化、虚拟化和超链接的健康元宇宙中，我们已经实现的功能有数字疗法、AI影像、AI制药、智慧医院、互联网医疗、脑机接口、手术机器人、智能硬件等等系列软硬件产品或虚拟平台，它是现有技术和新技术的混合、虚拟现实、增强现实和混合现实将与物联网、DLT、6G甚至10G网络、机器人技术、带计算机接口、人工智能、云计算、边缘计算和计算相结合，并深深嵌入医疗保健防御、诊断和治疗。与此同时，医疗支付、医疗保险、医疗数据治理、医疗隐私和安全的改革也必将提上日程，以适应元宇宙社会的需求。未来学家预测，新的个性化医疗保健数字身份、数字化身和数字智能城市将成为健康元宇宙的标志。

以VR/AR为例，早在2016年VR/AR已经站上市场的风口上，从硬件到内容到场景，开发者、资本、传统行业纷纷参与其中，并且随着科技的进步，VR/AR在医疗领域的临床应用、医学教育以及疾病治疗方面都在不断深入和壮大。

在基础技术来看，5G的广泛应用为远程医疗创造了条件，AR远程会诊系统、AR医生查房、VR监控远程观察和指导系统、AR车辆管控系统等应用，在新冠疫情常态化防控期间发挥了巨大的作用，降低了交叉感染的风险。在教学方面，VR医技训练、VR临床协同训练、MR临床系统平台化等进一步完善了专科医学教学。在疾病治疗方面，VR更多的应用体现在康复医学、视力障碍、心理治疗等领域，其中数字疗法成为这个领域的新星。

此外，还有VR/AI企业将技术应用于新药研发，例如帮助科学家在分子水平的微小世界中观察化合物的互动方式，模拟和修改化合物的作用过程，大规模测算并寻找有竞争力的先导化合物，大大节省制药企业药品研发时间，改变科学家在寻找先导化合物初期只能通过实验发现路径。无论是VR+AI，还是VR和AI技术单独应用，均在药物研发、医学影像等领域为医疗行业发展带来了明显的效率提升，同时也能帮助医疗行业收集和分析大量医学数据，推动医学的发展。

在健康元宇宙的状态下，现实与虚拟、线上与线下都将会实现无缝连接和融合，患者与医生，人类与机器以及社会与社会都将发生重构，彻底解决当下医疗领域的发展困境。当下，虽然远程医疗、护理和监控等都已经开始逐步落地，但是距离健康元宇宙发展的终极目标仍有很大差距。在未来，虚拟医疗、数据驱动医疗、虚拟货币和保险、虚拟医患关系等领域都将会出现颠覆性的产品与应用。

当下，元宇宙处于一个"看起来像是一个泡沫"的发展阶段，但是，健康元宇宙的前期导入阶段已经正在落地并发展。只有跳出历史的局限，我们才能理解当下的元宇宙对于未来将是怎样的积淀。在健康元宇宙中，我们需要的不仅仅是时间，还有更多可落地的解决方案与技术更好的融合。

三、健康元宇宙应用场景和机会

健康元宇宙的发展，构建于信息化、互联网、移动智能终端的基础上。与以往信息化的封闭性不同，数字化呈现开放、流通、兼容等特性。数字化的核心主体也将发生变化。原有核心是医生和机构，基于诊疗行为发生在医疗机构内，医生对诊疗流程把控也有绝对权。在数字化影响下，核心将转化为居民和患者。患者民众的健康和诊疗信息将由医生，扩展到更多的诊断治疗形式（多种监测/检测数据、数字疗法等），由院内就诊行为扩展到院外健康监测等。

健康元宇宙的提升，包含多个层面，首先是产业链中细分角色的兴起，即补足数字化的缺失。该类角色多处于采集层与数据汇集分析层。

采集层，指为机构/企业层面提供数据收集、信息化建设服务的企业，相对成熟的如医院信息系统（HIS）/影像归档和通信系统（PACS）/药企营销系统，相对不成熟的如数字健康层面的智能硬件、院外机构 SaaS 等。

数据汇集及分析层。大数据中心：以国家作为主导，对数据进行留存、汇集、脱敏；构建数据安全条例、数据使用、交易模式。

大样本的数据脱敏、分析、处理等；从解决问题出发，进行数据结构化。

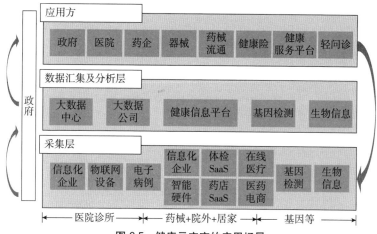

图 6.5　健康元宇宙的应用场景

应用端，是该链条中的核心角色，同时是数据生产者、数字化应用者，以及数字化付费方。院内数据采集：诊断、检测、电子病例、药品、设备、耗材等使用数据，通过信息系统、物联网等形式进行数据采集。院外数据采集：健康档案、健康体征监测、院外问诊、购药、运动健康行为以及真实世界中民众的用药及反馈情况。基因相关：基因信息技术，测序技术。该类角色对数字化的理解、认可、与投入决定了医疗健康产业数字化的发展速度。

我国健康产业特性决定了健康元宇宙走向是个缓慢的过程。其缓慢并不是来自技术的不成熟,而是技术与医疗健康应用场景的磨合,包括临床与健康的价值验证、安全性验证以及低成本的建设等。未来1～3年内市场应用期望度较高的技术有 AI、物联网、5G、互联网技术、云计算几大类。也就是说,经过了过去多年的探索,相关从业者对该类技术的融合普遍认可,且医院诊所、药械企业形成了一定规模的付费方。此外,像是大数据、多媒体、移动终端等技术受疫情影响,在医生、护士及医疗机构层面的付费意愿增加;因此智慧医院、药械营销、健康信息等领域得到了快速普及。

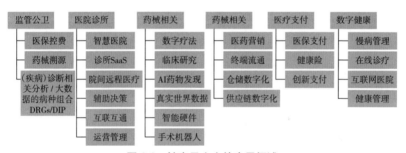

图 6.6 健康元宇宙的应用领域

数字化的渗透链条较长,我们认为将会是一个从院内到院外、从治疗到预防、从顶端到基层,数字流动打通的过程。此外,数据维度的互通也标志着行业成熟的发展,从挂号用药、轻问诊、体征监测、再到真实世界数据的流动,也预示着数字化渗透逐渐成熟。健康元宇宙有两个关键节点,其一是数字共享、流通、交易机制的建立。该机制可降低企业运营风险,探索规模化发展。其二是基于数字决策的单病种全病程的管理干预。该节点预示着数字模式的打通,也为探索更多可复制、规模化的商业模式提供参考建议。

元宇宙与碳中和

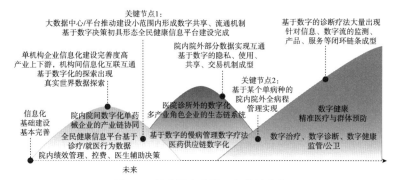

图 6.7　健康元宇宙的两个关键节点

数字疗法联盟（DTA）对数字疗法（DTx）作了明确定义：数字疗法是处于诊断、治疗、康复流程中，可在居家/机构场景下，实现患者疾病检测/监测，并给予基于算法的反馈干预的一种动态干预，以提升原有药品治疗效果，或通过认知行为干预改善患者健康状况。目前来看，当前数字疗法的本质还是治疗，是针对某类疾病的适应症，基于院内诊所有效性验证后的软件产品，该软件可单独使用，也可和药品、器械加成使用。

现阶段，软件交互、大数据、算法等技术的发展，提升了数字疗法产品的耐受性、便易性，方便患者、医生使用操作，提高患者黏性。同时，在大数据和 AI 算法的加持下，可以提高反馈机制的准确性和有效性；通过光、声等信号模拟或增强，检测身体机能的反馈程度；通过 VR、游戏等方式，将真实治疗场景向虚拟迁移，最终提高治疗有效性。即数字疗法是医疗领域通向元宇宙的最直接方式之一，通过虚拟结合，让患者在虚拟镜像中完成治疗过程，最终使得真实世界的患者得到受益。

想要实现以上设想，需要众多软硬件支撑。例如即时检验（POCT）、家用医疗器械,这些器械可以提高家用场景下,监测/检测设备的医疗参考等级标准,实现居家场景的靶点监测。另一方面,数据传输及有效性也是非常重要的,云计算、物联网、边缘计算、传感器等方面的应用,可以提高终端动态反馈能力,提升软硬件监测结合能力。

	传统疗法	数字疗法	健康管理APP	分类	代表产品
载体	药品、器械	软件、软件+药品/器械	软件/APP	单独使用	如,Pear的reSET、reSETO、Somryst,治疗药物滥用,同时也是应急管理的辅助手段。
使用	医生开处方	医生开处方	线上平台		
针对人群	患者	患者	健康人群	软件+药物/器械两者联用	如,武田制药myPKFiT,基于药代动力学模型,个性化指导用药;软件+Freesia基于生物反馈技术,通过智能设备监测和展示cO2量和呼吸频率,指导患者正确呼吸来缓解PTSD恐慌症状。
验证方式	动物实验、临床四期、上市监测	循证,具体方式未定	无明确验证		
原理	已被验证的药理	基于大数据、AI算法及人工干预	大数据、AI算法		
疾病/适应症	—	传统疗法受限的领域为主,量表类CBT,以精神、慢病、康复类为主	无	软件+药物+器械三者联用	如,Propeller Health;DIx软件+带传感器的吸入器+药物,传感器连接到患者已有的吸入器,传感器自动跟踪患者使用药物的地点、时间和频率,并将该信息发送到患者手机上的应用程序,提供用药记录、病情发展预测等功能,以提高患者依从性,实现更好的药物治疗效果。
靶点	有	有	无		
场景	院内、院外	居家为主	院外		
风险性	高,副作用、毒性反应…	低,不良操作导致병情恶化	非常低		

图 6.8 健康元宇宙的疗法

目前来看,全球部分先进国家已针对数字疗法产品进行了多方面探索,其中德国和美国各获批了约 25 个数字疗法产品。德国医疗器械审批目录中专门为数字疗法开设了数字健康应用(DiGA)目录,软件应用需要证明 DiGA 具有至少一个医疗有益的证据。这些改进主要包含下列部分:疾病诊断、监测、治疗或减轻的一部分,物理及心理伤害或生理缺陷的诊断、治疗、减轻或补偿;用于支持患者形成健康生活习惯,或整合医疗机构和患者的医疗流程;以及包含治疗流程协调、用于保证治疗效果的具体实施指导和标准;降低访问相关医疗服务的难度;降低患者因疾病导致日常生活的不便或减轻患者及家属治疗疾病的工作量。

数字疗法相比其他医疗细分领域,从 2017 年的概念提出,到 2021 年全球兴起,到进入商业化验证,经历了仅不到 5 年的时间,远快于医疗其他细分领域。2020 是中国数字疗法元年，基于人口、互联网优势，中国数字疗法将可能与欧美国家同时进入成熟期。

数字疗法是基于多学科综合实践的产品，主要参与企业类型也较多，包括药企、器械硬件、随诊随访、数字健康、大数据类，同时还有游戏、VR 类科技企业。其中，首先是药企、器械硬件多基于原有管线、产品，拓展与软件合作的可能性。其次是慢病管理、随诊随访类，多基于在院内的软件系统基础，探索单病种管理的数字疗法。互联网医疗、数字健康、大数据类泛医疗健康企业，多以大数据、AI 等技术切入细分领域，探索范围较广。再次是游戏、VR 类多凭借现实中无法实现的声、光、音乐、影像等信号或玩法与患者实现积极互动，探索特定疾病下的疗法。

上医治未病是千年之梦，在过去的时代只是极少数医者的想法和实践，对多数人而言是极难实现的。这是因为每一个人由于基因、遗传、环境、生存阶段、个体状态的差异，健康状态是千差万别的。

同时，在现代医学和现代医药业发展过程中，为了能够证实它的有效性，保证医生的信任、安全，他一般都是当病情确定无疑，才认定为是一个病。但是一个病的形成过程，一开始的时候只有微小的一种病变，也就是 10%、20% 的变化时候是体现不出来的，因此没法确诊。

现代医学一般要到 2/3 病程，各种指标都明确了才能确诊，这也是现代医学保护自身的原则。今天元宇宙数字化的发展，使得每一个人每人每天都可以有一个健康的 100 分的标杆，每人都是自己的医生，当自己的状态与标杆发生偏差，比如 10% 的偏差时，他就能够采取积极的措施，使自己的身体保持在最佳的状态。

《"健康中国2030"规划纲要》明确提出了国民健康信息服务建立的重要性。通过建立健康元宇宙，可以从整体、动态和个性化的角度，全面掌握人体生命活动规律，充分反映机体信息的整体性、客观性和时序性特点。若要建立健康元宇宙，对生命体征和健康状态的连续、动态、高精度的生理健康状态监测检测是前提。健康元宇宙的发展对深入理解生命规律、催生新技术和新产品有重要意义，并可充分发挥移动互联网和可穿戴技术的优势，为健康新服务提供更严格和全过程的科学证据。

通过以上的梳理，我们可以发现在元宇宙中可解决当前医疗资源极度紧张和优质医疗资源区域不平衡的问题。在实际生活中，患者就医过程需要社会各方基础设施的完善方能完成，例如基础交通、楼宇建设、用电保障等等，而这部分资源作为社会运转的关键环节，也会有碳排放的需求。随着中国老龄化进程快速加剧，医疗产业将消耗更多的相关资源以及产生更大的碳排放需求。我国作为全球最大的发展中国家之一，力争到2030年达到碳达峰。两者之间的矛盾看似不可调和，实际可以利用元宇宙的虚实结合，满足更多患者在更优质医疗资源方面的获取。

在未来，健康元宇宙的终极目标是打造成熟的"全息数字人"模式。"全息数字人"旨在通过感知和智能技术推进健康科技发展，力求将高水平健康服务架构在信息网络之上，实现高水平的医疗资源和医学智慧在线共享，提供全天候在线模式的新型健康服务，引领万亿规模的健康新产业的发展。

当前，中国特色社会主义进入新时代，人民群众对卫生健康事业有了新的要求，不但要求看得上病、看得好病，更希望不得病，少得病。发展以"全息数字人"为引领的健康科技可以更好地从根源上消除影响健康的各种隐患,更好地提供多方位、覆盖整个生命周期的健康服务,实现从治已病向治未病的转变,构建群众认可的、真正受益健康保健体系。对于现代人的健康管理,其内容涵盖需求层次多、范围广,具体包括了躯体健康、心理健康、心灵健康、社会健康等。越来越多的共识认为,仅仅通过传统的救治手段,健康危机只能越演越烈,唯一的解决办法就是突破现有医学理论框架以及传统手段。以"全息数字人"为愿景,推进医疗事业与健康产业的完美融合和全方位发展,面向新的健康战略以及健康需求,打造跨界融合的新局面,力争在尽早达成"健康产出"的具体目标。

所有的技术手段都由人类主控,在为人类工作。在创新技术不断发展的大背景下,人工智能与大数据等技术不断涌现,颠覆了传统医疗并为医疗领域创新提供了机遇。但机遇与挑战并存,只有全心地投入迎接并以积极的姿态面对这股势不可挡的浪潮,通过产学研用多方联动,把科技发展新成果转化为应对"健康长寿并存"挑战的工具和手段,才能使科技更好地造福于人类、服务于人类。

第七节
文旅元宇宙

一、文旅元宇宙概念界定

文旅元宇宙是元宇宙发展趋势下对文旅产业的重塑，是借元宇宙技术实现虚拟与物理现实融合场景的全新文化旅游产业。文旅元宇宙是在当前智慧文旅的基础上集成元宇宙技术，搭建全新文旅产业技术路径，形成沉浸式内容与传统文化内涵在线上线下两方面的虚实交汇融合，助力文旅全产业链的转型与升级，系统性的打造元宇宙级文旅新时代。

传统文旅产业通常以文旅目的地文化内涵的差异性为核心，以民族文化、民族艺术、自然资源等地域特征为内容。传统文旅就是对目的地内容的释放与互动，是对文旅目的地所承载文化内涵的特殊传承和推广。同时，对于旅游者来说不同的文化内涵所自带的爱国主义情怀、视觉冲击感受、教育启示功能、民族文化风情、宗教情感寄托等文化属性又将与人生过往经历相互融合，实现知识、视野、格局的全面提升。

元宇宙级的文旅能够放大传统文旅产业的文化内涵，借助 XR、数字孪生、全息影像、区块链等技术对文化内涵的表现形式重新构建。以元宇宙级沉浸式文旅场景为底座，元宇宙级文化内涵文旅内容为核心，元宇宙级文旅交互硬件为工具，元宇宙级文旅体验为结果，以人文内涵素养的提升、文旅目的地文化传播为目的，实现文旅元宇宙的系统性产业重塑。其关键是借助元宇宙实现低碳乃至零碳经济下的文化、旅游两大产业融合发展，推动全产业融合与国民经济结构化转型。

二、文旅元宇宙分类和特征

在元宇宙与文旅产业现状下，我们试图构建传统文旅产业与元宇宙的交集，而在这过程中，我们发现元宇宙将对传统文旅产业带来巨大的冲击，哪怕是非常初阶的元宇宙形态，也能够打破时空的壁垒。文旅元宇宙可以把不同维度世界的人、物、环境，实时地、有真实体验地与我们产生交互，形成虚拟的孪生世界，而这个孪生世界并不独立于现实世界之外，恰恰相反的是，这一所谓"虚拟世界"是与我们所立身的真实物理世界紧密结合并逐步融合的。举例来说，在文旅元宇宙中，同样的滕王阁、岳阳楼、巴山楚水凄凉地，与你共游之人可以是现实世界的家人、虚拟世界的朋友、甚至可以是穿越时空的古人、在滕王阁享王勃作序、在岳阳楼观范仲淹写记，南宋鲍照可一展旅客贫辛，波澜壮阔。

元宇宙和文旅之间有某种天然的联系，元宇宙是现实世界的映射和交互，会带来时空整合、目的地扩展以及内容创作等方式衍生的社交集合等很多有趣的可能。随着技术手段的成熟，文旅产业最终的竞争还是会回归到内容竞争。不管是现实世界也好，还是元宇宙的虚拟世界也好，文旅产业能不能做好，最后还是取决于内容的文化与艺术性够不够好。

当然在当前全球新冠肺炎疫情大背景下，不可避免的一定会产生纯线上、纯虚拟文旅的需求和对应的产品供应，为不便出行的人们提供足不出户的居家旅行体验，可以更好地服务不便长途旅行的老年人、残疾人等群体。长远来看，文旅元宇宙将长期存在，随着交互体验的升级，多模态的交互体验将赋予"居家旅客"以全身心的良好文旅体验，多模态交互让我们在文旅元宇宙中，可以真正"看得见、听得见、摸得着、闻得到"。

事实上，文旅元宇宙将重塑我们当前的文旅产业。对于文旅产业而言，其丰富的自然生态资源、历史人文资源、文化娱乐资源、交通住宿资源等等在过去的产业发展中都相对独立。这一独立性造成了文旅内容平台、文旅交通、文旅目的地、文旅文化内涵、文旅综合服务的发展参差不齐。具备优质技术资源的组织可借助自身与生态的力量大力发展，在文化宣传、产品营销、出行服务、餐饮住宿等等全场景实现价值。相对的，不具备技术资源的组织，在景区的开发、运营，文化内容的打造和传播，文旅活动的举办和宣传等环节均受到相应制约。文旅元宇宙将系统性的解决这一问题，集成文化内容创作工具、AI辅助技术、XR、全息影像、区块链等技术，针对文旅产业的特定场景，提供有针对性的解决方案，借助统一的元宇宙架构体系，打通文旅产业的各个环节，真正实现在技术上的全面赋能与支持。

（一）文旅元宇宙的分类

文旅元宇宙与当前文旅产业类似，我们大体可以将文旅元宇宙分为八大类，即元宇宙文旅交通、元宇宙文旅餐饮、元宇宙文旅住宿、元宇宙文旅购物、元宇宙文旅娱乐、元宇宙文旅综合服务、元宇宙文旅相关领域、元宇宙内容创作生产。

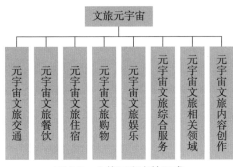

图 6.9 文旅元宇宙的组成

（二）文旅元宇宙的特征

文旅元宇宙的关键特征包括文旅产业元宇宙孪生、元宇宙加持文旅体验、文旅全链数据融合及数据安全、文旅全链的监管进阶。

文旅产业元宇宙孪生，即交通、餐饮、住宿、购物、娱乐、综合服务、相关领域、内容创作的全面元宇宙孪生，将现实世界中文旅产业所经历的一切，在元宇宙中再现并实时同步。这个过程中涉及大量的场景建模、数据采集和数据处理、隐私计算等工作，在保障终端用户隐私安全、经营性组织的数据安全的前提下，在保持良好的文旅体验下，实现现实世界文旅的映射，形成虚拟孪生的文旅产业全景。

元宇宙加持文旅体验，即借助元宇宙沉浸式内容与多模态交互技术，服务终端文旅体验，出于文物保护、场景安全性、客流的局限性、气候等等因素影响，文旅体验或多或少会受到影响。文旅元宇宙可以利用沉浸式内容及多模态交互技术实现对物理出游的加持，我们可以在任何一个场景下去参观故宫博物院，可以随心所欲的触摸感受历史遗迹而不用担心会破坏文物古迹。

文旅全链数据融合及数据安全,即借助元宇宙技术的兼容性将交通、餐饮、住宿、购物、娱乐、综合服务、相关领域、内容创作等各环节的组织、企业、个人数据在保障各方数据安全的前提下做融合,打通产业链各环节。借助区块链、隐私计算等技术实现数据的加密和保护,分离数据的管理权和使用权,实现数据的安全保障,并对结果数据做输出,实现数据加密,同时保证了所需过程数据的开放性。

文旅全链的监管进阶,即借助元宇宙对数据的集中化管理,实现监管部门对关键数据做结构化、结果导向的管控和关键结果目标监管,最终实现全方位的监管进阶。

文旅元宇宙四大融合特征是传统和现代的融合、文化与科技的融合、景点和生态的融合、文旅与经济的融合。

(三)文旅元宇宙形成新业态

1.元宇宙线上文博:线上博物馆、美术馆、艺术馆、文化展览等,可以借助 XR、AI 技术、全息影像等技术,实现文物、艺术品信息的快捷获取,文物、艺术品的放大观看、触摸、嗅觉等交互,线上自主游览,360度全场景体验等,提高游客的观看体验。

2.元宇宙旅游产品和服务:以高度智能化为特征的相关旅游产品和服务,包括智慧酒店、智能客房、景区无人商店、无人售卖车等,以无接触服务为特征,也包括酒店的入住自助办理、景区的扫码入园等智能服务。

3.元宇宙沉浸式场景:利用数字技术、XR、AI 等科技形成的沉浸式场景,如沉浸式展览、沉浸式游乐场、XR 主题乐园、全息主题餐厅等。

4.元宇宙文旅智能制造：物联网、互联网、人工智能、大数据、云计算等与旅游装备制造业融合而生的旅游智能装备制造，如融合应用 AI、AR/VR 等新技术，生产智能滑雪板、智能头盔、智能服装等旅游智能装备和用品；游乐设施和旅游观光车的智能制造，如沉浸式过山车、无人驾驶游览车、AI 观光车等智能设施设备。另外，还有邮轮游艇、房车、索道缆车等旅游装备制造企业的智能化升级，以及旅游装备制造企业的数字化生产，将生产过程、销售过程、售后过程等进行全程数字化等。利用大数据、互联网等技术形成的目的地和旅游企业线上资产，围绕旅游线上资产的相关产品和服务开发等，有望形成新的业态。[①]

当然，元宇宙重塑文旅产业是对不同时空新场景、新体验、新技术资源供给模型以及数字业态模式的系统性整合，势必会伴随着全新的规则、全新的机制，包括政治、经济、安全、自然保护等因素，而这些将是研究和促进文旅元宇宙发展的前置问题，伴随着文旅元宇宙的发展、成型需要同步解决。

三、文旅元宇宙应用场景和机会

低碳发展是文旅产业长期的目标，文旅产业的低碳化发展面临转变文化和旅游消费习惯、减少长途旅游温室气体排放、平衡旅游发展与旅游社区等相关问题。文旅元宇宙的发展是对低碳发展有显著帮

---

① 环球网.数字文旅火了，"数字"如何为文旅赋能？.（2020-08-28）.https://www.sohu.com/a/415309119_162522.

助的,无论是文旅产业元宇宙孪生、元宇宙加持文旅体验、文旅全链数据融合及数据安全、文旅全链的监管进阶,其在生产效率、管理效率、服务效率的提升都意味着背后对应碳排放的减少。

(一)文旅元宇宙应用场景

目前文旅元宇宙发展最快的就是将文旅目的地与元宇宙融合,用元宇宙丰富的技术手段对目的地进行全方位的升级,当然目前的文旅元宇宙正处在技术孵化孕育时期,暂时不具备大范围成熟应用的能力,各类技术应用将呈现点状分布,多点开花式的发展。

案例一:北京环球影城度假区

北京环球影城于2021年9月20日正式开园,是世界第五个、中国第一个环球影城。北京环球影城共有七大主题板块,包括37个骑乘类娱乐设施与地标,24个娱乐演出项目,80个餐饮门店与30个零售门店。而不同于传统乐园的,环球影城充斥着沉浸感,给人身临其境的感觉,获得绝佳的游玩体验。

与物理世界体验对应的,北京环球影城还有元宇宙版,北京环球影城与核心技术公司合作构建了1∶1还原的虚拟世界,在元宇宙版的环球影城中,我们可以体验与物理世界一样的视觉效果,甚至在一些建筑之上,元宇宙版的环球影城更是为冰冷的建筑赋予了生命,各种特效与建筑的叠加高度还原影视场景使得北京环球影城度假区的沉浸感又提升了一个台阶。

案例二:周庄

古镇周庄被誉为"中国第一水乡",在这里,陈逸飞画下了他的名作《故乡的回忆》,吴冠中的《周庄》展现了大美的中国水乡。周庄还是作家三毛魂牵梦萦的地方，更是联合国教科文组织收录进世界非物质文化遗产名录的 5A 级景区，总建筑面积 10400 平方米，年人流量 600 万。

周庄与 818XR 联合打造了"夜周庄"元宇宙项目，旨在打造古镇数字化夜经济。充满历史文化气息的古镇水乡碰上了未来黑科技元宇宙，周庄的湖湾、水巷、小桥、老街、古宅、名刹都以一种全新的形态被保留下来，元宇宙技术更是打破了时空的界限，让每个人都可以足不出户享受周庄美景，感受静谧的水乡之夜。

2021 年，纯数字"夜周庄"元宇宙上线，基于周庄镇政府大力发展的夜间旅游，百分百还原夜游周庄的实地体验。作为通往"夜周庄"的数字桥梁，无论何时，身在何处，都可以随时夜游周庄。"夜周庄"元宇宙，是对周庄旅游体验的一次全新演绎，为周庄文旅产业的数字化、线上化实现了良好的传播，也为广阔的文旅元宇宙发展提供了典型案例和最佳实践。

案例三：苏州工业园区阳澄湖半岛

阳澄湖半岛旅游度假区，为首批国家级旅游度假区，位于苏州工业园区北部、阳澄湖南岸，区域总面积 24.39 平方公里，含内湖水域面积 9 平方公里。

阳澄湖半岛景区在数字化建设的基础上，精准布局元宇宙。阳澄湖半岛旅游发展有限公司基于莲池湖 AI 公园的一期落地，开始了半岛元宇宙项目的推进建设。将"惠游园区"平台打造成统一入口，链接游客与阳澄湖半岛元宇宙。将公园及配套游乐设施数字孪生到虚拟系统中去，基于 AI 穿戴设备突破距离限制，实现远程与现场的互动交互，将游园的复游率大大提高，并实现虚拟与现实的完美结合，将每次的游览游玩内容数据同步到个人数据，使得元宇宙中人物的故事发展及物品收集变成常态游艺，增加了线上对线下的补充收入并突破物理游园限制，实现游客、收益的几何增长。并打造"阳小花澄小草"数字 IP 形象，进行数字衍生产品的开发，结合阳澄湖半岛剧本游增强用户的沉浸体验，初步打造阳澄湖半岛文旅元宇宙的世界观，更好的降低用户的教育成本，融入元宇宙级的虚拟与现实交互，享受全方位全身心的交互体验。

（二）文旅元宇宙机会

我们可以看到，文旅产业已经向着元宇宙迈出了坚定不移的第一步，头部文旅组织、企业将争相入局元宇宙。他们发挥各自优势，以自身目的地自然景观、文化内涵、热门 IP、主题活动、民族民俗等内容作为关键资源，在元宇宙技术企业的支持下搭建或合作内容平台，将传统以线下或线上 2D 影像为主的内容承载形态，转变为元宇宙中更具沉浸感、能够多模态实时交互的全新内容形态。

在未来，文旅元宇宙真正成熟的那一天，文旅与我们日常生活的距离将更近一步。如今的我们，通过手机 App 看出行攻略、挑选旅行目的地、预订机票、酒店住宿、餐饮，面临"跟团不自由，自己定又全是坑"的问题。在文旅元宇宙中，我们可以借助数字孪生技术，实时感受旅行目的地的风景，避免舟车劳顿即可享受美好的景色，借助多模态交互智能设备感受真实出游体验。另一方面，沉浸式的体验也可以更好地帮助我们"避坑"，借助智能化 AI 在出行前做好"最适配方案"选择，在出游中利用 XR 技术辅助，对旅行目的地导航，途经景点讲解，数字人交流，增加文旅体验。

在未来，我们进入文旅元宇宙的入口与场景是随时随地的，元宇宙技术的成熟将拉近产业间的距离，场景的边界也将愈发模糊。文旅元宇宙将脱离特定的 App，作为休闲娱乐必备的核心场景链接在各个元宇宙的场景中，我们可以从办公场景瞬间切换至文旅场景，经过辛苦的工作后，在自己喜欢的环境中获得释放。甚至我们可以在观看影视作品时，借助 AI 助手、平台构建的触点瞬间进入文旅目的地场景，获得时空穿越般的超级体验。

第八节

出行元宇宙

一、出行元宇宙概念界定

所谓"衣食住行",是亘古不变的人类四大基本生活需求。尽管"行"被放在了最后一位,但从古至今,人类在出行方式的创新与提升上的追求从未停止。

在传奇志怪小说中常出现的可"日行千里,夜行八百",具备飞毛腿技能的江湖异士的设定,或是孙悟空最远可达十万八千里的筋斗云中,我们均可看出古人对于出行效率提升的期待与向往。

人类最原始的出行方式是靠双脚丈量土地。此后,人类社会经历了两次出行革命。第一次出行革命是驯化马匹,用畜牧力来帮助人类出行;第二次出行革命是物理发展,在工业革命下,人类发明了蒸汽机,开始用汽车、轮船和飞机出行。

纵观人类社会的发展史,出行革命推动着人类文明进程的发展。反之,人类对出行方式的效率与舒适度等需求的升级,以及科技推动下的社会生产力提升,同样促进着出行方式的变革与发展。

在公共出行领域,地铁、公交、火车、高铁、轮船与飞机等出行工具的逐步发展与完善,构成了海陆空立体出行网络;在私人出行领域,私家车也得到了极大的普及,成为私人出行领域最为重要的出行工具。

从个人生活上看，多元的出行工具与完善的出行网络满足日常生活、工作、娱乐等场景的出行需求；从国家经济上看，出行工具与出行网络构成的交通基础设施与通达能力，是保障与推动经济发展的基础设施与能力。

一方面，经济的持续发展将带动全社会的出行需求进一步扩大。相关数据显示，以载客里程和预计汽车保有量计算，到2030年，全球出行需求将增长70%。出行规模的扩大，特别是汽车出行规模的扩大，将使城市交通变得更加拥堵，降低出行效率，此外海量出行也将给环境治理带来更加严峻的挑战。另一方面，随着生活质量的提升，民众对安全、便捷、高效、绿色、经济的出行需求也将日益强烈。

面对日益增长的出行规模与质量需求，以及随之而来的严峻挑战，出行产业亟须一场技术创新、产品创新、模式创新的颠覆式革命，以实现出行效率、质量、体验等多方面的跃迁升级，创造更大的价值。

在以云计算、大数据、人工智能、区块链为代表的新一代数字化技术蓬勃发展的背景下，出行产业也将迎来新一轮革命。在碳中和与元宇宙相互融合的大趋势之下，出行元宇宙将成为人类社会出行方式的第三次革命。

我们将出行元宇宙定义为：以多元出行工具为载体的智慧基础设施生态，是集能源网络、计算网络、感知网络、通信网络、交通网络、服务网络于一体的融合生态。

从广义的出行方式类型上看，出行元宇宙可分为汽车出行元宇宙、轨道出行元宇宙、航运出行元宇宙、航空出行元宇宙、立体出行元宇宙等，上述各类出行方式元宇宙在协同融合之中构成了广义的出行元宇宙。

在广义的出行元宇宙中，综合考虑各类出行方式的重要性、广泛性及其对整体碳中和与元宇宙实现的价值等多重因素，我们认为，以智能电动汽车为载体的智能电动汽车出行元宇宙是实现广义的出行元宇宙的重中之重，也是实现广义出行元宇宙的首要着力点。

因此，我们将智能电动汽车出行元宇宙定义为狭义的出行元宇宙，其具体定义是：以智能电动汽车为载体的城市级分布式智慧基础设施生态，是集能源网络、计算网络、感知网络、通信网络、交通网络、服务网络于一体的融合生态；具备能源低碳化、计算高能化、感知融合化、通信无缝化、运力智能化、服务即时化的特征。

作为狭义的出行元宇宙的载体，智能电动汽车是城市一级基础设施中能源、计算、感知、通信网络中的移动调节单元，也是城市交通网络中的智能运力单元，并依托智能电动汽车的多元化空间属性，构成城市服务网络的智能服务单元。

狭义的出行元宇宙是实现广义的出行元宇宙的第一步，随着空间的横纵向深化拓展，以及出行工具类型的逐步渗透，狭义出行元宇宙最终将成为一体化的、虚实共生的、立体的出行元宇宙，实现出行产业的能源流、信息流、价值流的融合统一。

二、出行元宇宙的内涵特征

（一）出行元宇宙与碳中和的关系

智能电动汽车是出行元宇宙的首要着力点，是实现碳中和的根本途径是能源结构从化石能源走向以光能、风能等新能源为代表的循环能源，从根本上解决人类社会可持续发展的能源供给问题。

作为人类生活的必要活动，出行导致的碳排放量不容忽视。以中国为例，2020年，中国交通运输行业碳排放量占全国碳排放量的比例为16%。当前，中国人均汽车保有量远低于欧美发达国家，在可预见的未来，持续增长的汽车保有量将带动交通运输行业的碳排放量持续增长。在此背景之下，出行产业能否率先实现碳中和显得至关重要。

智能电动汽车，正是实现出行产业碳中和的必然选择。一方面，汽车作为出行产业的主要能耗终端，其电动化转型将减少化石能源的一次使用，而采用以光能、风能为主的"绿电"将有效减少出行产业的碳排放量。另一方面，智能电动汽车将作为移动能源调节单元，能够对以"绿电"为主的新型能源网络起到至关重要的"削峰填谷"的调节作用，有效提高"绿电"的利用效率，并保障新型能源网络的稳定性、可靠性与安全性。

智能电动汽车，正是新型能源网络的最佳移动能源调节单元。智能电动汽车市场规模的扩张，使得动力电池产业迎来规模效应，动力成本得以降低，同时为大规模电池储能带来更多的可能性与机会。依托车上搭载的动力电池，在有效的能源管理调度之下，智能电动汽车可被视为虚拟电厂（Virtual Power Plant，VPP），作为一个特殊电厂参与电力市场交易和电网运行，对外既可以作为"正电厂"向系统供电，也可以作为"负电厂"消纳系统的电力，从而起到灵活的削峰填谷的作用。

可以说，智能电动汽车既是出行产业碳中和的必然选择，也是实现碳中和目标的必要基础。

（二）出行元宇宙是元宇宙的新基建

信息的感知将走向大规模的高性能、高容量的传感器集群，感知数据将发生大规模融合；信息的交互将从移动互联网时代以图形界面为主的交互走向线上线下一体化、虚实融合的"全真互联网"；信息的处理将从移动计算走向高性能计算，算力需求呈指数级增长；信息的传输将从4G通信网络走向5G甚至6G的低时延、高稳定的通信网络。

信息感知、交互、处理、传输全流程的基础是持续稳定的电力供给，低碳能源是元宇宙的底层基础设施。

总体而言，元宇宙的持续发展需要一个具备低碳能源、高能算力、融合感知、无缝通信能力的底层基础设施。以智能电动汽车为载体的出行元宇宙，正是满足上述能力要求的最佳选择。

首先，从能源角度考虑，如前文所言，智能电动汽车作为移动能源调节单元，可对新型能源网络起到至关重要的"削峰填谷"调节作用，提高"绿电"的利用效率，支撑元宇宙对于持续稳定的高电力供给需求。

其次，从计算角度考虑，随着智能电动汽车的智能化水平逐步升级，单车算力水平亦水涨船高，车载中央计算平台成为潜在的高性能处理器资源。未来，随着边缘计算、5G+V2X（车与外界一切交互）等技术的进一步发展，智能电动汽车将有机会成为移动计算调节单元，作为城市的边缘计算节点，在计算需求高峰时段补充计算资源，满足元宇宙的高能算力需求。

最后，从感知与通信角度考虑，元宇宙是现实世界与虚拟世界之间高度融合共生的形态，虚拟世界的构建需要现实世界端大规模的传感器布置，形成丰富且密集的感知触点；而现实世界与虚拟世界之间的动态联系需要强大的通信能力以实现信息的无缝流转。智能电动汽车为自动驾驶、智能座舱等功能上搭载的丰富传感器与交互设备，以及完备的通信设备搭载，使得智能电动汽车成为元宇宙的移动感知单元与移动通信单元，满足元宇宙的大规模融合感知需求与无缝通信需求。

综上所述，我们认为，智能电动汽车是元宇宙的最佳接入设备之一，以智能电动汽车为载体的出行元宇宙是元宇宙的新基建工程。

（三）出行元宇宙是智慧城市终局形态的关键构成

在出行元宇宙中，智能电动汽车早已脱离汽车本身单一的出行工具属性，如前文所言，智能电动汽车是出行元宇宙的能源单元、计算单元、感知单元和通信单元。

在出行元宇宙的交通网络中，智能电动汽车将成为智能运力单元。依托智能电动汽车形成的能源网络、计算网络、感知网络、通信网络，智能电动汽车将具备完全的自动驾驶能力与多端互联能力，通过虚拟世界中的智慧交通系统，实现对真实世界的交通网络参与主体的统一调度与协同。智能电动汽车作为交通网络的智能运力单元，将有效缓解城市交通拥堵问题，提高道路资源与运力设备利用率，提高交通运营效率。

区别于其他元宇宙接入设备，智能电动汽车最大的差异点在于其特有的空间属性。随着整车智能化的发展，自动驾驶系统将人类从驾驶劳动中解放出来，感知与交互设备的极大丰富使得车内空间有了更多的可能性，智能电动汽车正逐步演进为智能移动空间。

在出行元宇宙的服务网络中，智能电动汽车将成为智能服务单元。智能电动汽车将凭借其自主移动性以及空间属性，以移动智能服务空间单元的形式，接入城市服务网络。智能电动汽车将在很大程度上对住宅、写字楼、商业地产、娱乐场所等职能进行替代，成为移动休息空间、移动办公空间、移动零售空间、移动娱乐空间等等，承载多元化的城市生活服务需求，实现城市服务的即时化，助力智慧城市美好生活。

可以说，以智能电动汽车为载体的出行元宇宙是智慧城市终局形态的关键构成。

三、出行元宇宙应用场景和机会

随着汽车的电动化与智能化变革的不断深化，出行元宇宙将率先在城市场景中初现雏形。

未来，在单车智能与车路协同的共同发展与作用下，智能电动汽车将在大部分城市道路场景中具备完全自动驾驶能力，将人类从驾驶劳动中解放出来，座舱智能化将得到极大的发展并创造更大价值，智能电动汽车将真正成为移动智能空间。

想象一下，未来的你，出行将乘坐具备完全自动驾驶能力的智能电动汽车，无须投入过多精力关注复杂的交通状况，而是可以放心地将一切驾驶任务交给汽车的自动驾驶系统，出行不再是繁重的驾驶任务，而是从 A 到 B 的空间智慧移动体验。

当你进入智能电动汽车中，车内的 AI 助理将第一时间感知你的到来，根据你的日程安排和喜好，自动为你规划最佳路线并将车内的温度、灯光、座椅等等调节至最适合你的选择。依托车内丰富的感知与交互设备，以及 AR/VR 等技术的应用，可实现丰富的车内空间塑造，满足你在车内的休息、娱乐、办公等多元化需求。

未来，在城市场景之外，出行元宇宙将持续延伸拓展。智能电动卡车将是出行元宇宙在连接山河湖海的高速干线场景中的另一载体。与城市中的智能电动汽车相同，智能电动卡车将同样具备完全自动驾驶能力，并可通过智能电动卡车专用道的开辟，实现"自动驾驶＋编队行驶"的结合应用，将有效提升高速干线物流运输的安全性、经济性与道路使用效率，促进便捷顺畅、经济高效、绿色集约、智能先进、安全可靠的高速干线网络的构建。

（一）出行元宇宙的产业实践

出行元宇宙的发展将带动一批新的平台型企业发展，平台型企业的演进伴随着价值的消逝、转移与新生。因此，智能电动汽车相关的领先主机厂、关键软硬件产品或服务供应商将有机会成为出行元宇宙的高价值平台型企业。

我们按照企业类型、角色及产业影响力，对出行元宇宙的主要玩家进行了划分，分别是以主机厂为主的出行元宇宙主导力量，以互联网科技企业和运营商企业为主的跨界力量，以及以地方政府为主的出行元宇宙助推力量。在此基础上，我们选取了上述三类玩家中代表企业的出行元宇宙实践案例，加以梳理后，在下文呈现。

（二）出行元宇宙的主导力量：主机厂在出行元宇宙的产业实践

作为智能电动汽车的整体设计、开发与生产制造的集大成者，主机厂是出行元宇宙的主导力量。

随着电动化革命的深入发展，越来越多的主机厂将低碳能源作为重要的战略模块。一方面，主机厂们在新能源汽车的产量与交付量上不断攀高峰，大有为未来的全社会电动化出行作铺垫的势头；另一方面，为支持新能源汽车的广泛普及，便捷的汽车充电桩如雨后春笋般不断涌现。而在这一过程中，不断进步的科学技术与越来越庞大的电动汽车规模使得双向充放电技术的落地成为可能。

车辆到电网（V2G）模式的诞生使得智能电动汽车正从单一的绿电承载者与消耗者向城市能源网络的分布式调节单元转型，其中小鹏、蔚来、理想、特斯拉等新兴造车势力成为这一发展趋势的坚定拥护者与先行者。

以新兴造车势力小鹏为例，2021年电动汽车制造商小鹏以98 155辆的新能源汽车交付量稳居"蔚小理"三巨头势力的榜首，从其成长性看，2021年交付量是2020年的3.6倍，同比增长263%，意味着"电动汽车"的未来市场潜力正在被不断挖掘。为应对如此迅疾的"电动化"趋势，小鹏在基建方面稳扎稳打，截至2021年11月底，已累计布局品牌超充站661座，覆盖228座城市。未来小鹏将以覆盖全国333个地级行政区划单位与4个直辖市为发展目标，积极实践低碳绿色出行。

以蔚来为例，其在V2G技术上主打"换电"模式，在高峰时期可以将满电电池换为亏电电池，为配电网提供剩余能源；在能源网络布局上其与国网电动合作，利用国网电动及其自有的京津冀地区的充电桩设施推广电动汽车，普及 V2G 模式，同时通过一系列电价补贴引导用户参与绿电交易；在鼓励政策上其以奖励积分为刺激手段，鼓励智能电动汽车车主错峰充电、高峰放电，消耗夜间风电，减少配电网扩容需求。蔚来 V2G 布局将在减少碳排放量的同时熨平城市用电峰值，使得充电高峰时段后移，从而帮助调控电网负荷，达到削峰填谷的作用。

随着特斯拉汽车的年度销售数量突破一百万辆，其越来越大的车辆基数为 V2G 提供了可观的规模效应；而"百万英里"电池的诞生使得双向充放电对电芯寿命的衰减影响大大降低；此外特斯拉已布局支持线上能源货币交易的平台 Autobidder，进一步完善了绿电交易生态体系。

（三）出行元宇宙的跨界力量：互联网科技企业与通信运营商在出行元宇宙的产业实践

移动互联网时代诞生了一系列以互联网企业以及通信运营商为代表的巨头，它们积累了深厚的新一代数字技术优势与场景资源。

面对出行元宇宙的巨大价值，以百度、阿里巴巴、腾讯、中国移动、中国电信、中国联通为代表的巨头企业正加速进军智能电动汽车产业，成为跨界融合的重要力量，他们希望依托自身在移动互联网时代构建的软件应用生态以及云计算服务生态优势，逐步将生态延伸至汽车产业端，赋能汽车产业智能化转型。

当前，以中国联通为代表的互联网科技企业，在探寻移动互联网企业向出行元宇宙的过程中，已初步形成云边端的全栈布局。

具体而言，在云端，BAT 依托大数据与人工智能技术优势，打造自动驾驶云服务；依托软件应用生态资源优势，通过应用生态上车带动车联网云服务业务增长。

百度利用 AI 与大数据技术，提供智能车云服务；基于智能驾驶经验，提供智能驾驶数据一体化解决方案；而在云端 AI 芯片方面，其成立的独立昆仑芯片科技公司，已发布并量产昆仑 1.0、2.0 芯片。阿里巴巴依托阿里云平台，为汽车产业客户提供集"采、传、存、算"一体化的自动驾驶数据存储解决方案；在云端 AI 芯片方面，成立阿里平头哥半导体有限公司，先后发布多款 AI 芯片与 SoC 网络安全管理平台。腾讯依托腾讯云优势和汽车行业业务特性，提供车联网云、自动驾驶云、汽车行业数据中台、出行 PaaS 等多种场景的汽车云服务方案；在自动驾驶云服务上构建自动驾驶服务平台，其中包含 HD Map 高精地图服务平台、数据服务平台、仿真模拟平台与服务对接平台。

对于边端，BAT 聚焦智慧交通，以项目总包角色，联合产业合作伙伴提供整体解决方案。

以百度的智能边缘方案为例，其将云计算能力拓展至用户现场，提供临时离线、低延时的计算服务；将智能边缘与百度智能云配合，形成"云管理，端计算"的端云一体解决方案。阿里巴巴提供的物联网边缘计算解决方案具备云边协同、近场计算软硬一体的特点；而在 2021 年 4 月其推出云边一体小站，其中包括 Neuro 边缘计算终端等智能高速软硬一体产品。腾讯基于 TMEC 着力打造车路协同实践，其中包括边缘计算 TMEC 平台、车联网 V2X 平台与车路协同开放平台。对于车联网 V2X 平台，其底层是路侧基础设施，平台层提供多种 V2X 应用服务能力并进而为上层的应用开发和运行提供支撑；对于协同开放平台，主要在于引入运营商、主机厂、车载终端等生态伙伴，以共建智慧出行生态模式。

在车端，BAT 发力智能驾驶与智能座舱，为主机厂提供智能汽车软件服务解决方案。

百度在 Robotaxi 领域发布了萝卜快跑自动驾驶出行服务平台；推出阿波罗（Apollo）智能汽车解决方案，依托其在智能驾驶、智能车联等领域的积累，为主机厂提供网络分析法（ANP）、自主泊车技术（AVP）等自动驾驶解决方案与小度车载 OS 车联网解决方案等。阿里巴巴联合上汽集团成立斑马智行，依托阿里巴巴在语音、视觉、芯片、IoT、云计算、地图、支付、电商等领域的技术与生态优势，提供智能汽车操作系统、智能汽车与数字交通解决方案。基于腾讯云计算、AI、大数据与庞大的应用生态能力，腾讯打造了腾讯车联 TAI 以提供智能座舱语音助手、智能座舱应用生态服务，如腾讯随行、爱趣听等。

当前，以中国移动、中国联通、中国电信为代表的通信运营商在布局出行元宇宙时，则选择以车联网为切入点，致力于转型车联网运营服务商，基于 5G + MEC，发挥其云网一体、云边一体竞争优势，构建人、车、路协同式智能交通生态。云网一体、云边协同成为 5G 时代运营商转型车联网布局的制高点。

在车联网布局现状上，以中国移动为例，其依托中移物联网 5G-V2X 核心设备与解决方案能力，推进智慧城市、智慧交通方案落地实践。如：2017～2021 年在无锡完成全球首个城市开放道路车路协同项目部署工作；2019 年在上海市东海大桥部署路侧单元 V2X 设备，助力上汽集团 5G + L4 智能驾驶重卡落地。

中国电信将部署在靠近用户的 MEC 能力组合打包为车联网解决方案，提供低时延高宽带服务。例如，2020 年 6 月，在雄安新区携手中兴通讯成功打造的中国首个城市级应用边缘计算节点，即绿色智能交通先行示范区车路协同，成为云网融合在车联网场景的首次成功实践。

中国联通主要是基于 MEC 边缘云构建人、车、路协同式智能交通生态系统。例如：2018 年 10 月宣布在 MEC 平台技术、MEC 典型应用场景验证等方面与百度开展合作，打造兼容电信 MEC 功能和互联网边缘计算应用需求的开放平台；2019 年联合吉利汽车研究院、华为共同打造基于 5G + MEC 边缘云的 V2X 智能驾驶应用；2019 年与宝马中国合作开展基于 5G 移动通信网络的自动驾驶验证项目，包括实验用 5G 网络环境的搭建，以探索不同场景下自动驾驶应用。

（四）出行元宇宙的助推力量：地方政府在出行元宇宙的产业实践

出行元宇宙是智慧城市终局形态的关键构成。因此，地方政府作为城市的首要管理者，相继以政策扶持、招商引资、建立示范区等方式，积极推动自动驾驶、车路协同、智慧交通等出行元宇宙相关的关键技术在当地的落地应用。

地方政府逐步成为出行元宇宙发展的重要助推力量。

例如，2020 年苏州市政府率先与中国移动合作开展苏州 5G 车联网城市级验证与应用项目，这也是中国首批 5G 新基建车路协同项目，因而受到广泛关注。在上述项目发布的 5G 自动驾驶五大应用场景中，"智慧公交"项目引入无人驾驶通用方案公司——轻舟智航，推出全国首个公开道路 5G 自动驾驶网约巴士，并宣布将在核心 CBD 区域启动3条微循环公交线路常态化运营,为市民日常通勤提供安全、便捷的接驳服务。

广州市作为2021年全国新基建标杆城市,则聚焦于Robobus,在黄埔区率先引入百度Apollo发布的新一代无人小巴阿波龙Ⅱ。作为智能公共交通汽车,阿波龙Ⅱ将作为重要运力与传统运力进行衔接,帮助解决城市出行"最后一公里"不通畅的问题。此外,阿波龙Ⅱ还将根据黄埔区具体交通需求提供定制化的移动出行场景服务,在释放运力的同时叠加诸如景区路线游览、约车模式等多种丰富的出行体验。

作为中国科技创新中心,北京在推动自动驾驶技术发展与探索产业落地路径上,再一次发挥了其领先与示范作用,2021年4月,北京率先成立中国首个智能网联汽车政策先行区,物理范围以亦庄新城225平方公里为主。自成立以来,先行区相继完成了自动驾驶高速测试场景开放以及中国首个自动驾驶出行服务商业化试点开放。

除了Robotaxi与Robobus,在整体交通布局上,V2X也正在见证着城市智慧交通系统的进化。2021年底江苏无锡与华为在车联网方面达成战略合作,利用华为的C-V2X车联网城市商用部署可以将信号灯、交通状态等广播资讯传递到汽车上,从而实现车与车、车与人、车与路、车与网之间的低时延高可靠感知资讯交换,给辅助驾驶、城市交通管理、道路安全和出行效率方面带来显著的提升。

第九节
消费元宇宙

一、消费元宇宙概念界定

消费元宇宙是围绕虚拟三维环境而进行一系列获取及使用相关产品及服务的交易虚拟世界。

二、消费元宇宙内涵特征

消费性：即在消费元宇宙中，有一套类似与现实世界完整运行的经济与消费系统，消费行为可以产生。

沉浸性：化身和商品必须能够在任何访问的元节中创建和使用。

交易性：确保物品及服务的可交易性。

实时性与永续性：始终在线的实时世界，无限量的人数与突破时间和空间界限的消费行为。

其中最重要的当属消费性，我们认为元宇宙是接近真实的沉浸世界，构建对应的经济系统至关重要，区块链技术的出现能够解决这一重要问题。区块链技术可以在元宇宙中创造一个完整运转且链接现实世界的经济系统，玩家的资产可以顺利和现实打通。

时间快速推进至现在，今天的各行各业，都在发生一些有趣的变化，在现实宇宙中，消费所涉及的"衣食住行"几乎可以完全复刻至元宇宙中。

在过去一年里，我们已经看到新冠肺炎疫情大流行已显著改变了全球局势。比如购物中心暂时关闭，组织采用远程工作模式，人们将自己与大型聚会、聚会和其他活动隔离开来。

在隔离期间，那些面对面的互动、独特的办公环境和聚会突然变得十分令人怀念。想象与一个朋友会面，约他见面，几分钟后他就到了；想象和你的朋友一起喝咖啡，你们一起唱歌，或者大家在一起打篮球或者进行其他需要大型场地的游戏，这可能吗？通过元宇宙，我们也许可以实现这一点。

当下，我们已经站在了虚拟与现实之间的交叉路口，被誉为"下一代互联网"的元宇宙将给人们的生活带来哪些改变。

于消费来说，元宇宙将打开一个巨大的市场空间。

元宇宙在不同产业领域当中，发展速度是不一样的，需要结合元宇宙的三个属性来看待，一是时间和空间的时空性；二是包括虚拟人、自然人、机器人的人机性；三是基于区块链所产生的经济增值性；产业领域和元宇宙的三个属性结合得越密切，能够发展得更快。

三、消费场景因元宇宙而变，元宇宙赋能消费碳中和转型

（一）元宇宙下游戏虚实共生，终端革新促进碳中和

游戏产业里，元宇宙概念的发展进度较为更快一些，与元宇宙相关概念的公司股价更是一路上涨，在目前的所有应用中进行对比，游

戏被业界普遍认为是最有可能实现元宇宙的领域，因为游戏天然就具备了元宇宙的虚拟场域性以及可实现的虚拟化身。

在游戏元宇宙中，硬件方面包括 VR 眼镜、头显设备等，软件方面包括互联网技术、虚拟现实、全息 3D 投影正在被广泛使用以及被进一步探索。

游戏公司推出了诸多与元宇宙概念相关的虚拟实境游戏，让消费者在虚拟世界里进行如在现实生活中相同的社交、互动、演唱会、品牌活动以及其他活动，但是在元宇宙中的游戏，也许能令你感受更多。

疫情期间，加州大学伯克利分校为了不让学生因为疫情错过毕业典礼，在沙盘游戏《我的世界》里重建了校园，学生以虚拟化身齐聚一堂完成仪式。全球顶级 AI 学术会议之一的 ACAI，把相关研讨会放在了任天堂的《动物森友会》上举行，打破了学术和游戏的边界。

在游戏领域，目前最接近元宇宙生态的是美国的 Roblox，用户可以从平台上的一个游戏跳到另一个游戏中，同时用户所拥有以及可赚取的虚拟货币 Robux，也可以在现实生活中兑换成真钱（此项已具备消费元宇宙的消费性特征）。

在传统游戏领域中，碳排放主要来自硬件、实体游戏介质制造、旧游戏介质造成的丢弃污染。

随着微软 Project xCloud 以及其他云游戏服务的推出，用户可以不需要购买任何高端处理器和显卡，随时随地通过互联网访问各个终端，实现一台普通设备畅玩所有游戏内容，无须进行频繁的硬件更新换代或同时拥有主机、掌机、PC 在内的多种终端，也无须购买光盘、下载和更新游戏内容，节省网络带宽。游戏研发商一次开发即可使内容在多平台运行，免去烦琐的移植适配。边缘计算和音视频压缩传输技术的发展将进一步降低云游戏的流媒体消耗。

这也意味着玩家可以减少购买多种硬件设备造成的资源浪费和能源消耗。

（二）沉浸的健身方式，提高空间的使用效率

想象进入元宇宙后，只是用头戴式 VR 就可以消耗相同的卡路里，从拳击到击剑甚至是跳舞，或者同对面的 AI 人工智能进行对打，也可以喊上三两好友，一起打篮球，一流的健身环境，也许比线下健身房花费更少。

在碳中和领域，居家健身的一大好处是减少了额外空间的使用以及搭乘交通工具所带来的污染。

（三）解决远程工作挑战

元宇宙有可能解决远程工作的所有现有挑战，摆脱住处以及通勤时间的限制。使管理者能够有效地与员工沟通，即使在虚拟的元宇宙里，也能阅读他们的肢体语言，进行面对面的互动。此外，雇主可以通过他们独特的头像跟踪团队生产力，从而解决不在一起工作的生产力时间问题。

相信使用空间的减少、交通工具搭乘减少能在能源消耗方面助力碳中和的目标实现。

此前 Meta 与微软达成合作，在虚拟办公场景中展开了一系列动作。Meta 推出的全新免费应用 Horizon Workrooms，将"远程办公"

进一步具象化。用户通过 Zoom 拨入，戴上耳机就能以数字卡通形象参加虚拟现实会议，这开启了 Meta VR 应用的新篇章，也是 Meta 迈向元宇宙的一小步。

Upbit 运营商 Dunamu 旗下元宇宙视频聊天平台 "2ndblock" 测试版也即将发布。韩国大多数元宇宙平台都没有提供视频聊天服务，相比之下，2ndblock 推出了 20 个 VR 化身以供用户选择，并开设了办公室、聚会室、礼堂等五个社交区域，用户可以在四个公共区域玩游戏或视频聊天，提供了面对面的沟通途径。

（四）时尚圈进军元宇宙，虚拟时装正在减少能耗污染

随着元宇宙在科技圈的流行，时尚圈也正式开始向元宇宙看齐，不少品牌纷纷表示出对涉足元宇宙领域的兴趣。通过虚拟产品，奢侈品品牌想让更多消费者成为自己的客户。

一方面，品牌正与社交和虚拟形象平台合作，包括 Zepeto，Vyou，Pixsoul 等，例如耐克和拉夫劳伦等品牌都曾在 Zepeto 上面推出过虚拟时装系列，令用户有机会使用他们的独家产品或皮肤来装饰自己的虚拟形象；另一方面，某些奢侈品品牌将产品通过 NFT 发行，购买数字香水，购买数字香水的消费者可以兑换到实体香水，进一步捕捉用户心智以及加强零售端体验。

虚拟时装的发行能有效帮助时尚品牌推进可持续计划的施行。虚拟零售商的污染来源主要是纺织布料的原料使用、制造以及供应链的运输。联合国数据显示，服装行业的总碳排放量超过了所有国际航班和海运的排放量总和，占据全球碳排放量的 10%，是仅次于石油产业的第二大污染产业。

因此，纺织服装产业要想实现碳中和，需要从产业链入手。首先，从上游农业入手，比如种植有机棉，不使用化肥等。其次，在设计环节，设计师要考虑产品使用周期、面料选择以及后续回收。再次，在接下来的纺纱制造过程中，要注意低能耗，使用太阳能灯清洁能源，少用煤炭。然后，在印染过程中，要减少水污染。最后，在运输环节中，要注意运输中的碳排放。

（五）虚拟购物让消费者更有沉浸感

在持续的 3D 虚拟现实中，"数字"购物体验将与实体店购物体验融合。当然，过去十多年来，网上商店一直在朝着这个方向发展，但是如果在线购物者走进具有相同体验的实体店体验等价物怎么办？这是否意味着实体购物的终结或者新现实的复兴？

随着感官体验的兴起，AR/VR 技术的进一步发展将在多大程度上改变购物者与在线商品的互动形式以及互动感觉。

例如在虚拟环境中试驾一辆新车或者在一家家居店中尝试想了很久的新床垫。虚拟现实也许在带来更新的购物互动体验。

（六）突破时间与空间限制的永续性实时性社交

未来人类的社交应用将从 2D 版本传递图文视频的信息社交，跨越为场景社交。虚拟社交将成为构建场景社交的重要补充。

元宇宙使得全球的用户可以共享时空、打破时间和空间的限制，达成随时随地即时社交。陌生人通过同样的场景相遇、相识。并且此后在虚拟世界中可以继续维持社交关系，虚拟世界中的社交关系或与现实世界等同。

同时，在元宇宙中，社交将变得更多元和更场景化，用户自由选择在酒吧、聊天室、演唱会、比赛、派对以及旅游景点中进行社交。

其中如 Roblox 提供 UGC 形式的 3D 虚拟世界互动及虚拟场景社交，让用户可以在虚拟空间里一起开派对、"过家家"的虚拟社交形式吸引了用户，受到了 Z 世代极大的欢迎。

（七）虚拟人塑造新一代偶像

在影视方面，影视内容题材方面，元宇宙的虚拟世界观早已契合观众的探索性心理，《头号玩家》《失控玩家》此类影视题材，实现了票房和口碑的双丰收。

除此之外，泛娱乐偶像方面也迎来了虚拟人市场的迅速发展。

虚拟人是指通过图形渲染、动作捕捉、深度学习等工具在计算机上构建一个与真人相似的虚拟形象，他们有着与人类相似的表现、运动和行为，在外形上更加的逼真，也可以进行交互。

2021 年 4 月全球知名音乐人 Travis Scott 携手 Epic Games，在其旗下的知名游戏《堡垒之夜》中举办了一场盛大的虚拟演唱会，同时让 2 770 万人参与到这场活动中，不仅体验新奇，让观众近距离参与互动，在传播效果上比线下演唱会提高了上百倍。

同时，应该注意到的是，进行虚拟线上演唱会，可以有效减少线下空间物料、能源灯光等一切装备的损耗。

在内容与平台端，中国中央电视台基于此推出了 AI 手语虚拟主播，将于冬奥会正式开启全年无休工作。

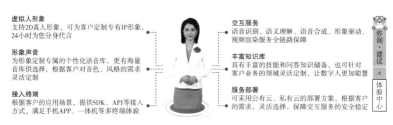

图 6.10　科大讯飞的 AI 虚拟人多模态交互服务解决方案

（八）在家环游世界，甚至是外太空

旅行是冒险的，即使在现实生活中，也因为时间、金钱、精力等问题，不是每个人都能去环游世界的。这就是元宇宙派上用场的地方。它使人们可以虚拟地访问他们无法亲自到达的地方。通过利用元界、AR/VR 技术的综合力量，正在开发一个先进的虚拟世界，为用户提供第一人称体验。

旅行当中，汽车、火车、飞机、邮轮等交通工具带来的能耗污染是最值得诟病的，元宇宙旅游可以有效显著减少这个问题。

（九）远距离参观房屋

也许 3D 的技术并不新鲜，但是随着时间的推移，它将通过多次迭代变得更强大。3D 重建正在影响诸多行业，尤其在房地产中，比重正有所增加。

受新冠肺炎疫情影响，长期停工和保持社交距离的做法，使人们错过了亲自参观他们愿意购买的房产的机会。作为一种解决方案，房地产机构采用 3D 重建技术来带潜在买家参观房产，而不会迫使他们离开。3D 重建有助于创建一个自然环境，用户可以在其中导航使用他们的化身来检查物理建筑物和物体的复制品。为了进一步强化他们的体验,开发人员还将 3D 与 4K 高清技术相结合。

之前天猫上线了 3D 版天猫家装城,为消费者提供 360 度沉浸式"云逛街"体验。商家可在其中设计、搭建样板间,呈现家居装修效果,保证"所见即所得",消费者可以通过浏览家具的实物效果,浏览不同风格装修设计,帮助决策。所见即所得的一大好处就是可以即时调整装修风格,可以有效避免线下装修的额外损耗,减少装修物料、水泥等高能耗污染的问题。

(十)元宇宙构筑全新的教育模式

学习将以一种全新的方式呈现,教育资源的线上化可以让所有学生最大化的享受到最优质的教育资源,虚拟世界中呈现方式的多样化也丰富了教学内容。例如"实景"观测化学反应,学习潜水艇等一切在现实生活中需要高门槛的课程,彻底将教育变为一个有趣、高效、互动、个性化的行为。

(十一)消费元宇宙带来的创作者经济

此外,特别值得一提的莫过于元宇宙概念发展带来的创作者经济。元宇宙独特的开发属性可赋予每一位用户创作的可能性,区块链下的唯一性保护版权,使得每一个进入元宇宙中的用户既是开发者又是使用者。

消费元宇宙目前更多的展望在于 To C 端的娱乐化以及休闲化,从产业巨头的相关布局动作来看,大部分着力于发展硬件入口、底层架构、人工智能以及内容与场景,以完善目前元宇宙入口的软硬件缺失部分,为进一步的虚拟体验以及交互形式做准备。

总的来说,元宇宙于消费的意义在扩大现实生活中能够感受到更多以及更丰富的服务体验,补充现在线下与线上社交存在的缝隙,增强人与人之间的连接与互动性。

四、消费元宇宙在不同地区的发展情况

从地域发展来看,在中国,腾讯目前看起来有着最完善的元宇宙布局,通过一系列商业操作,腾讯的元宇宙地图上已经有了 AR 开发平台、类似《模拟人生》的 3D 虚拟世界游戏,音频流媒体平台、虚拟演出服务商、网络通话软件及平台商、社交元宇宙平台等等。

字节跳动也在元宇宙方面布局甚广,投资的代码乾坤公司发行了《重启世界》,其概念与 Roblox 概念相似,2021 年 8 月还收购了 CR 设备公司 Pico、"Pixsoul"对标"Soul"打造元宇宙社交平台,投资视觉计算及计算平台提供商摩尔线程。

图 6.11　腾讯公司在元宇宙相关领域的布局

包括网易、莉莉丝、米哈游也相关动作不断，游戏开发不断，虚拟形象解决方案也一直在进行中。

以上是目前元宇宙发展的一些现状统计，但是对于进一步的消费体验性来说，这一代消费元宇宙的出现也只是起点，远远未及终点。之前 Meta 的宣传片中就出现下一代元宇宙的理念，在该宣传片中，有十大技术突破将是下一代元宇宙发展的关键，包括不同层面的展示、音频、输入、触觉、手部轨迹、眼部轨迹、混合实境、感应器、图表、电脑视觉、虚拟替身、感知科学、人工智慧等等。

五、消费元宇宙与碳中和之间的联系与发展

总的来说，在环境保护方面，元宇宙的兴起会加速碳减排进程，在消费元宇宙中，碳减排机会体现在消费制造端的各个环节。

原材料中包括森林砍伐、木材使用、耕地变化、水泥污染，到运输环节的空运、陆运、水运三者所涉及的交通工具所带来的污染排放

物，抑或纺织服装业的实体制造带来的废水以及化学污染，还有到末端消费者环节的包装，涉及食物包装、衣服包装、现制餐品制造所用的塑料等。

以上所讲的一切污染物都是存在的，且给目前的生态环境带来了严重且不可逆的污染，假设我们在元宇宙中实现这一切的制造以及呈现，也就是所谓的数字化升级。衣服不用通过制造也能出现在你的身上，并且还可以经由自己设计快速呈现；食物并不用经过进一步加工，就可以热气腾腾地放至你的眼前，你甚至闻到了食物的香气；远程工作减少了人们乘坐交通工具的频率和所带来的交通污染排放，从商业的角度来说，这样的元宇宙为通信以及数字房地产开辟了新的价值创造机会；还有线上旅游、游戏等，人们的出行变得并不是必须。

元宇宙代表公司 Meta 做出承诺到 2030 年在其运营和价值链中实现净零排放；微软承诺到 2025 年将其 Azure 云平台完全转向可再生能源。

这些承诺也有利于影响其他企业一同推进碳中和实施。

未来还会有更多的研究以及技术出现，人类前进的步伐从来就不会停止。

第十节

公益元宇宙

一、公益元宇宙概念界定

公益元宇宙是对传统公益事业的整体性重塑，在保证公益本质的关键前提下，借助元宇宙全新的内容体验、多模态的交互方式、全方位的技术支持，在信息传播、资金溯源、公益渠道、交互等多维度赋能公益事业。

传统的公益事业是个人或团队组织自愿通过做好事、行善举而提供给社会公众的公共产品。在这里，做好事、行善举是对个人或组织行为的价值判断；行动的结果是向非特定的社会成员提供公益产品。公益活动是现代社会条件下的产物，是公民参与精神的表征。公益活动要生产出有利于保障社会公共安全、有利于增加社会福利的公共产品。在组织公益活动时，要遵循公德、符合公意，努力形成参与者多赢共益的良好氛围。因而，公益活动至少应包含公民、公共、公德、公意和共益等五个要素。[1]

公益元宇宙是在传统公益事业的基础上做的系统性升级，借助元宇宙集成性技术，对公益传播渠道进行扩展，对公益内容进行重塑，

---

[1] 爱心公益.公益是一门实践的学问，只有懂了你的价值就对了[Z/OL].（2020-07-08）.https://www.sohu.com/a/406395918_100170596.

对公益活动影响进行放大，对公益活动进行支持，对公益人进行数字还原，对公益数据进行安全保护，对公益资金进行合法溯源。

公益元宇宙与碳中和的关系，这一逻辑很好理解，一方面，公益元宇宙释放了过去公益人区域性的限制，在一定程度上其公益范围无限扩大了，渠道所及，每一个公益受众都可以得到帮助，这在一定程度上可以降低大范围出行造成的高碳排放。另一方面，在传统的公益活动中，对于场地、舞台等设备设施的搭建使用等环节均会产生大量的碳排放，借助公益元宇宙可以将部分非必要线下举办的公益活动放到元宇宙中，在实现更大范围公益基础上大大降低线下活动相关的碳排放。

二、公益元宇宙内涵特征

公益元宇宙本质还是公益，元宇宙是公益内容、公益渠道、公益活动等动作的事实场景和技术支持，它会帮助公益事业突破当前公益事业的边界，这也是公益元宇宙最大的特征。

在元宇宙中，公益事业在很多维度都得到了放大。事实上，长期以来，公益事业推广的一大难题是作为公益事业的关键角色，公益人受到公益善举的区域限制，即作为公益人无法同时在 A 地区与 B 地区做公益，互联网时代无法完成。其核心是互联网可以复制相同的画面，但却无法形成个性化的交互，而随着元宇宙数字人、多模态交互、全息影像等众多技术的发展，未来公益人可以借助公益元宇宙向各地区，全年不间断的做公益，可以实现更好的帮助公益人完成公益事业，更加高效地与贫困地区的孩子互动，更便捷地探望孤寡老人。

另一方面，公益元宇宙可以帮助公益人在物理世界更好地做公益渠道宣传，并通过元宇宙来做公益，多触点多渠道的元宇宙给这一切都创造了全新的视角。由于元宇宙超强的生态融合能力，公益渠道的推广速度将远远超过互联网时代，多并发、全渠道将成为可能。

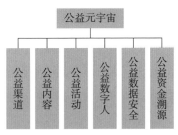

图 6.13 公益元宇宙的组成

1. 公益数字人 / 虚拟偶像

公益元宇宙很关键的一个角色就是公益数字人，其核心是将物理世界的偶像、明星、名人等做元宇宙数字人还原，在性格、语音、神态、身材、人生经历等方面做全方位还原。我们这里所讨论的公益数字人是以公益事业为目的的数字人，是传统公益人的数字化身，利用物理世界的影响力和人生经历在元宇宙世界完成公益事业。

2. 公益渠道

元宇宙的生态能力将释放公益渠道触点，每一个交互触点都可以成为公益渠道的入口，这是公益元宇宙天然具备的优势，公益渠道的铺设赋能公益推广及活动开展，借助公益渠道，公益人与公益受众可以直接交互。

3. 公益活动

元宇宙公益活动是利用元宇宙技术对传统公益活动（包括线上、线下）进行还原，利用元宇宙公益渠道链接公益受众和公益人，集成公益内容，进行元宇宙虚拟公益活动的开展，而针对物理世界的公益活动，公益元宇宙可以在沉浸式内容、交互技术等方面赋能。

三、公益元宇宙应用场景和机会

公益元宇宙的发展相对其他产业来看并不算慢，无论是借助元宇宙技术构建公益渠道，还是打造沉浸式公益内容、公益活动，抑或是利用区块链技术实现公益慈善资金溯源、公益慈善活动藏品等等。

1. 公益慈善展会

2021年11月23～25日，第九届中国慈展会盛大开幕，吸引了全国916家机构参与。本届慈展会以"汇聚慈善力量，助力乡村振兴"为主题，并创新采取了"线上云展"形式，通过3D线上互动形式，将自身公益理念及乡村助老、助学等公益领域的故事，向公众展示和传播。线上公益展为公益元宇宙提供了一种独特的视角，借助数字卵生、XR交互等技术，打破公众对传统公益的刻板印象，公益元宇宙在为公众提供更好的观展体验，更是为公益事业的发展搭建全新发展框架。

2. 公益藏品

北京星能公益基金会以数字公益藏品勋章和公益活动串联公益元

宇宙。通过科技赋能，共同见证公益力量，号召更多公益先锋投身公益事业。

北京星能公益基金会借助区块链技术，打造数字公益藏品勋章，以公益藏品勋章作为公益事件的记录，同时也是对区块链技术的逐步应用。

北京星能基金会自2018年成立至今做了很多慈善活动。包括针对家庭低收入学生群体的奥运冠军助学公益项目、针对企业、校园的奥运冠军环保公益项目、针对重伤重病运动员、教练员的奥运冠军关爱等等。

星能公益基金会还曾用太空与地球合影的方式记录公益，意在倡导科技向善。这些公益活动在星能公益基金会的推动下已逐步实现上链记录，通过数字藏品形式保存公益活动全过程。利用元宇宙关键的XR、区块链等技术，高度还原公益活动全过程，打造公益活动沉浸式交互体验，让更多的人参与公益事业、感受公益事业的魅力，让更多需要帮助的人通过全新的技术手段与公益人链接，实现技术对公益发展的。

除了利用公益藏品形式对公益活动做记录，星能公益基金会更是着力打造公益数字人，以奥运冠军、典型公益人物打造公益数字人，借助虚拟人格、语音交互等技术，构建元宇宙中虚拟形象、人格，用公益数字人传达奥林匹克拼搏精神，传递知识的力量，更是可以突破空间限制，实现"一对多"的公益项目推广与传播。公益元宇宙技术、内容的大融合也会打通公益活动记录展示、公益数字人交互体验、公益活动传播触点等，让每一位元宇宙人了解公益、学习公益、感受公益、传播公益。

目前，星能基金会在区块链为底座的公益藏品元宇宙展览、公益数字人、公益活动打造等方面，围绕低碳环保企业、助学环保教育、社区环保等活动，在公益视角下多维度多场景推动公益元宇宙建设，让公益事业的发展搭载上元宇宙技术新引擎。

3. 公益元宇宙未来机会

公益元宇宙目前还处于起步阶段，公益事业中有很多场景具备元宇宙落地的潜在条件，所缺的更多是相对成熟的技术环境，并且借助关键性的建模、数据结构化等技术，实现对公益事业的支持与赋能。

可以预见，公益元宇宙将会利用元宇宙数字人技术来承载重要的精神、文明，利用数字人随时性、随地性、可成长、个性化交互的特性，充分发扬公益事业，传达英雄人物成长史、弘扬民族奋斗精神。或许在应用初期，元宇宙技术硬件难以快速扩展至公益事业的受众，这些需要帮助的孩子、老人等社会弱势群体可能会由于硬件交互性、功能性、价格问题在公益元宇宙发展初期难以真正实现点对点的触达。但是，随着技术不断地发展、成熟，借助元宇宙技术触达人群，点对面，实现对群体的链接是可以较容易做到的，最终走向点对点，公益元宇宙连接社会上每一个需要帮助的人。

当实现了最关键的连接性后,公益元宇宙将进入快速的发展阶段,每一个公益组织可以很轻松地借助公益元宇宙连接公益者与公益受众,甚至每一个想要投身公益事业的人都可以迅速找到发挥自身特点的场景。借助元宇宙级 AI 技术,想要成为科学家的山区留守儿童可以获得来自真正科学家的帮助,想成为体育运动员却身有残疾的少年可以获得残奥冠军的支持,用自身的经历为背景,用充满智慧的语言来激励,用能力所及的财力来支持,用专业的学术知识来引导。与此同时,重要的精神与故事会被元宇宙所铭记,善款的来龙去脉向社会各界透明。公益元宇宙时代,公益事业将趋向本质,回归公益向善,造福社会。

第七章

更好发展：元宇宙与碳中和的高阶平衡

宇宙中最不缺的就是能量,我们缺的只是如何使用低碳新能源的方法。用更强算力和更强 AI 去帮助人类更快找到这些方法,是实现碳中和战略的光明之路。

作为新一轮科技革命和数字经济的集大成者,元宇宙与事关人类命运共同体的碳中和大战略相遇和融合,是一种历史的必然。

当前正是人类从后工业文明跨入数字文明的转折加速期,若干重大领域都已经或即将陆续跨入高速发展的拐点:算力、人工智能、Web 3.0、新材料、生命科学、量子计算、新能源等。特别是算力和 AI 的指数级大发展,有力推动了人类各大科技领域进入高速发展期,人类已真正迎来科技大爆炸的时代。

这种特殊的历史阶段下,该如何平衡科技大发展的大机遇和中国双碳目标的大挑战?

有一种观点认为,要控制和压缩数据中心和算力中心的建设,因为其耗电量巨大!如果推行这样的策略,那相当于战争期间资金不够时,先砍掉战斗机和导弹的预算;编制不够时,先砍掉飞行员和发射员的编制;粮食不够时先减掉前线部队的配额等。

在刚刚开启的数字文明元宇宙时代,绝大部分技术、产品、设备的研制,将加速转移到以算力为支撑的虚拟数字空间来完成。原来工业时代和后工业时代通过大量物理、化学、实物实验和试制才能完成的研发工作,今后都将转移到元宇宙的数字空间。用强大算力和 AI 以端边云一体化协同方式支撑的各种设计与仿真软件,将大幅提升各行各业的研发效能和研发质量,这将是人类研发效能的大飞跃。不仅于此,元宇宙第二个数字孪生的极速版真实世界、第三个虚实融合的现实世界虽然都将消耗庞大的算力,但与它们创造的社会整体效率的跃升和科技全面发展的巨大价值相比,远远超过所消耗的电力成本和碳代价,甚至可以忽略不计。

2018 年移动互联网技术使全球温室气体排放量减少了约 21.35 亿吨,几乎 10 倍于移动互联网行业自身的碳足迹[①],而这些赋能减排主要通过智慧建筑、智慧能源、智慧生活方式与健康、智能交通与智慧城市、智慧农业、智慧制造等领域的应用而实现。

还有一种观点认为,在数字经济时代,数据会成为新时代的电力。其实不然!这是在数据及有用数据稀缺时代产生的阶段性判断,当全社会数字化程度越来越高时、基于区块链和隐私计算的新一代 Web 3.0 互联网普及时,数据资源和数据的交换将不再是一个主要问题和瓶颈。但算力就不一样了,人类数字文明时代,数据将呈现指数级增长的态势,用 AI 实时处理这些海量数据的算力将成为一种几乎永远稀缺的资源。甚至某种程度上来讲,在数据和算法差别不大的情况下,算力才是决定一切主体智慧程度和生产力的决定性因素。

根据国际人工智能领域最负盛名的非营利组织 Open AI 预测,全

---

① 《全球通信技术赋能减排报告》(The Enablement Effect,全球移动通信系统协会(GSMA)与碳信托(Carbon Trust)合作撰写)。

第七章　更好发展：元宇宙与碳中和的高阶平衡

世界 AI 模型的运算量未来五年内将成长 30 万倍。所以，人类数字文明时代，算力就是电力，是决定性要素资源。说句不是玩笑的玩笑，再难不能难算力、再穷不能穷算力。算力就是可持续发展的战斗力。

近期，全国一体化大数据中心体系完成总体布局设计，"东数西算"工程正式全面启动。京津冀、长三角、粤港澳大湾区、成渝、内蒙古、贵州、甘肃、宁夏等 8 地启动建设国家算力枢纽节点，并规划了 10 个国家数据中心集群。这充分体现了国家对于算力战略价值的洞察。东数西算，对于那些时延不敏感的需求响应还是不错的。不过，对于元宇宙当中很多低时延甚至极低时延要求的应用来讲，就得算算端边云的综合账了。

根据本书前面的章节我们已经知道，在能量、数据、排放的三维坐标系上，按绿色能源的占比，元宇宙可以分为三个发展阶段：低绿色能源元宇宙阶段、中绿色能源元宇宙阶段、高绿色能源元宇宙阶段。

在低绿色能源元宇宙阶段的当下，需要优化能源消费端不同领域的配额结构，不仅要保障数据中心和算力中心的供给，尤其是工业元宇宙和产业元宇宙的算力供给，甚至还应该加大算力资源的投入和冗余配置，这是在科技大爆炸时代的当下，确保中国碳中和产业链科技竞争力和国家竞争力的关键性战略措施。

低绿色能源的元宇宙发展阶段，在有限的算力中心建设指标配额下，可以优先发展通用型 AI 算力中心和超级计算中心，传统数据中心的优先级可以酌情降低。在可能的情况下，也应尽力保障消费元宇宙的算力供给，因为消费元宇宙的高速发展，会通过资本的杠杆效应高效拉动工业元宇宙和产业元宇宙的资源配置和发展速度。

现代产业体系的 to B 和 to C 是一个有机的整体，相互关联。扼制了消费端的算力发展，其实也会让工业端和产业端的发展动力和资源受到很大的衰减。正如我们全社会一致叫好的大力限制游戏产业的同时，慢慢发现，我们进入数字社会数字文明最重要的 3D 图形图像引擎产业和能力也被一并大力限制掉了。因为 3D 图形图像游戏引擎如今在世界上早已被引入各行各业，成为工业数字孪生、建设数字世界、创建虚实融合世界不可或缺的关键基础设施。现在我们不得不高度依赖国外 Unreal 和 Unity 这两大游戏引擎，也面临随时被卡脖子的问题。

当发展到中绿色能源元宇宙阶段，叠加上量子计算的发展成果，就可以大力超前配置各种算力供给了，包括通用 AI 算力中心、超算中心、专用 AI 算力中心、分布式算力网等。同样的碳排放指标，如果给了 AI 算力中心，不仅当期所创造的 GDP 价值会大幅超过传统产业，其对各领域科技创新所创造的远期价值更是难以估量。

到了高绿色能源元宇宙阶段，碳中和将成为元宇宙加速发展的最坚实支撑，元宇宙将迎来分布式算力大爆发时代，人类将真正进入元宇宙数字文明的新纪元。

最艰难的是当下低绿色能源元宇宙阶段，如何平衡近期的碳排放指标压力与高碳能源背景下大幅增长的算力需求？如何做正确的抉择？只有靠绿色能源革命，才能解决元宇宙的能源需求与落后的能源供给的矛盾。中国产业发展促进会为此开展了一些相关课题的深入研究。

碳中和的初心和目的绝不是让人类更慢的发展甚至不发展，元宇宙的初心和目的也绝不是让人类只活在梦境里远离物理世界。碳中和，是为了可持续地优质高效发展！一定要元宇宙，是为了让现实世界更优质高效地接近梦想中的世界！不论是碳中和还是元宇宙，一切都是为了更好的发展！用可持续的眼光、用发展的眼光看待元宇宙与碳中和的高阶平衡。

关于算力瓶颈和能耗的一个好消息是，量子计算机的发展速度可能会大大超过新能源的发展速度。谷歌预计到2030年左右，其量子计算机将实现规模化商用。霍尼韦尔提出了新的摩尔定律承诺：5年内每年将其量子计算机商业产品的量子量提高一个数量级！即5年10万倍算力的超指数级提升！当然量子算力并不能完全取代传统经典算力。

不远的未来人类将迎来核聚变的低碳无限能源时代。中科院原副院长张杰表示，磁约束聚变和激光聚变研究都已经走到了"门槛儿"，即核聚变输出能量已经接近于输入能量。未来的共同目标是要达到聚变输出能量是输入能量的10倍、100倍，当输出能量是输入能量百倍时，就离建立核聚变电站很近了，这个时间估计差不多需要10~20年。

在低能量低数据的农业经济时代，当时的主流社会无法想象未来工业经济时代瓦特所能创造的庞大经济规模；在高能量低数据的工业经济时代，同样主流社会也不能想象未来比特在后工业时代所能创造的经济奇迹；如今后工业时代末期的主流社会，也很难想象将来高能量高数据的元宇宙数字世界的经济规模将远超物理世界。

科技是生产力变革的关键驱动力，也是生产关系变革的关键驱动力，还是社会与时代变革的关键驱动力，更是文明迭代与跃迁的关键驱动力元宇宙是人类命运共同体的未来，碳中和是人类命运共同体的保障。

  Web3.0 是下一代互联网、数字经济是下一代新经济、元宇宙是下一代人类社会和文明。高度数字化智能化的科技大势，浩浩荡荡，即将席卷国内外经济、产业、社会等各个层面各个维度，这是一场人类史诗级的数字化"大迁徙"，很多习以为常的基本规律都将被重构，其变革力度之大、范围之广、影响之深远，远超人类历史所有过往！

  我们，正站在这个大势的潮头！

  我们每个人，将怎样参与、影响、推动这个大势？

  将如何助力元宇宙全面赋能碳中和、如何助力碳中和关键性支撑元宇宙？

后　记

我在 2021 年五、六月就知道赵国栋、易欢欢、徐远重和邢杰在写《元宇宙》系列图书。开始感觉这不过就是网络游戏的升级，我本人到现在为止还不会玩网络游戏，而我夫人对网络游戏更是深恶痛绝，认为会坑害下一代。

《元宇宙》新书出版之后我浏览了一遍，觉得还真挺有价值，就请徐远重去国富资本开了一次内部讨论会，这激起了我对元宇宙的兴趣。我 8 月参加了一次盘古智库关于元宇宙的研讨会，邢杰的一句"元宇宙是最大的碳中和工程"，引起了我的共鸣，他没深入说，但这句话在我脑海中留下了非常深刻的印象。

2021 年 9 月我应邀在欧文沙龙讲《碳中和时代的投资逻辑》，易欢欢作为点评嘉宾向我赠书《元宇宙》。跟他聊天时，我脑海中突然出现了很有画面感的一个情景：元宇宙现在很热，但是虚无缥缈，就像天上的一朵云。而碳中和是国策，各级政府和企业都有很大的压力，实实在在就像一座山。如果能把这朵云和这座山发生联系，云显然更接了地气，增加了厚重感，而山也显示了高度，增加了想象空间。

形成了这个想法之后，12 月徐远重、徐远龙二人要做系列元宇宙讲座，邀请我作为"元宇宙与碳中和"一节的主讲嘉宾。我把元宇宙与碳中和的关联进行了一些思考：元宇宙与碳中和之间最大的连接是电，元宇宙是最大的碳中和工程及工具，碳中和是元宇宙最大的制约和机会。在这个思考过程中，我与邢杰有过几次讨论，世纪互联的陈升董事长也给了很多启发。我构思了一个能量、数据与排放的坐标系，形成了基本逻辑框架。

2021年12月22日的"元宇宙与碳中和"讲座效果出奇的好，当时在新浪财经的直播间实时在线人数达到了1.4万人，显然挺受欢迎的。于是，徐远重、徐远龙建议我牵头写一本元宇宙与碳中和的图书。

国富资本在2021年年初的时候内部就定了写一本碳中和的书，我取书名叫"从100到0"，讲中国碳中和的决心与行动，总体框架基本上是我十年前所写的《低碳之路》和2021年的多次演讲提纲，前半部分已经写了十多万字，由陈志坚博士执笔。但是这本书的后半部分，也就是分不同技术描述进入了攻坚阶段，光伏、风电、储能、氢能、负碳等领域的技术分析、技术判断段时间内是写不出来的。这本书本来是作为国富资本投研报告的通俗版写的，因此也就不作为急切的工作了。按徐远龙的出版时间要求，显然我们自己很快写出来元宇宙部分是有困难的。

徐远龙说请王彬（12月22日视频讲座嘉宾、亿欧联合创始人）来一起参与，因为他们对数字化比较了解，又都是年轻人，曾计划写一本元宇宙产业白皮书。我年前最后一天去了一趟亿欧智库，在中电发展大厦，二三百"90后""00后"的年轻人朝气蓬勃。王彬是1984年出生的，北理工的博士后，专业实干，思维活跃，我们一拍即合，决定一起合作来写这本书。

后 记

我第二天拟好了提纲，新年开工第一天，写作团队开会，按章分工。国富团队侧重碳中和，亿欧团队侧重元宇宙，确定任务、分工协作、限时完成。

我又做了一个重要决定，邀请邢杰加盟，这对保证本书质量起到了决定性作用。

此外，我把写书的进展汇报给了中国产业发展促进会副会长李小军，他非常支持。促进会正考虑这方面的机构设立和课题研究，他建议我们组建课题组，并把此书作为课题的基础内容。1月19日，相关专家在促进会召开了课题论证会，为本书出谋划策，并希望课题能够成为相关部门的决策参考。

这本书的出版首先要感谢元宇宙30人论坛核心成员赵国栋、易欢欢、徐远重、邢杰和徐远龙，他们多次与我们进行思维碰撞、相互激励，正是他们的激情和远见，使得我们对于元宇宙产起了兴趣，聚焦了能量。

感谢中译出版社。2021年8月乔卫兵社长就建议我出版一本与碳中和相关的书籍。乔社长为本书的出版起了很大作用。同时，感谢中译出版社于宇、李梦琳、刘香玲、张旭、吴一凡、方荟文、薛宇、杨菲，感谢聚贤阁排版团队石淑贤、李光，仙境设计团队，感谢他们为本书的出版付出了大量而艰辛的工作，他们工作认真负责、一丝不苟、拼搏而又乐观的敬业态度让人敬佩。

我还要感谢国富资本团队的陈志坚（第二章编写，全书整理）、樊东平（第三章编写）、王健、傅紫婷，他们对这本书付出了巨大的心血与努力。

感谢亿欧团队的王彬、王辉、焦天一、程苑芬、车佳伟、王思晗、陈佳娜、刘媛、夏修齐、陶艳梅、黄传星、李济，他们为本书第一章、第四章、第五章、第六章的编写和支持提供了极大的帮助，没有他们，也就没有这么快时间完成此书。这使我更加感受到，年轻就是力量，年轻就该拼搏今朝，勇往向前的信念，谢谢他们。

  我还要感谢我的家人，如果没有夫人和女儿的大力支持，我也不会集中精力在这么短时间内完成此书。

《元宇宙与碳中和》推荐词
（按姓氏笔画排序）

本书从一个全新的角度思考了元宇宙与碳中和二者给人类社会在物质层面和精神层面带来的机遇和挑战。在这本书里，作者在对这一势不可挡的历史进程进行技术解剖的同时，也对底层逻辑进行了细致的论证。本书对元宇宙与碳中和融合赛道的思考充满了启发性。

——于洋 中国对外翻译有限公司总经理、中译语通科技股份有限公司副董事长

在当下元宇宙时代即将开启的时刻，让我们回想过去20年互联网技术的发展以及相应对社会发展、经济和产业进步、人类生活方式改变。这些伟大时刻都历历在目，更重要的是我们对即将到来的元宇宙时代充满期待！在工业4.0、智能制造2025、"双碳"目标下，元宇宙作为多维度技术的融合和支撑，跨越时间和空间，赋予了人们无尽的想象空间。

本书详尽地介绍了元宇宙和作为重要支撑技术的数字孪生技术对于碳中和的结合点和应用场景。对于产业绿色数字化转型，以及中国

实现"双碳"目标的宏伟计划,提供了非常有益的探讨和指引。

——马俊杰 上海孪数科技有限公司创始人、CEO,
上海青年企业家协会监事,清华青年企业家协会会员

无论你是断然拒绝还是欣然接受,未来已来,元宇宙与碳中和已经开始成为影响我们每一个人生活、工作的重要因素。

对于元宇宙与碳中和,我们很容易犯这样的错:高估它们接下来五年内的影响,但又低估它们长期的影响。

对于这样影响整个全球亿万人的超级浪潮,我们唯有尽快地学习它、参与它、实践它、应用它、发展它,才不至于被时代浪潮抛弃。

这本《元宇宙与碳中和》,就是系统学习手册,可以让我们概览这两大技术浪潮的基本情况,把握趋势和方向,找到我们自己的破局点。

——马海华 薄荷健康董事长

熊焰先生是中国碳金融的开拓者,也是资本交易市场资深元老。以元宇宙场景讨论并设计碳中和战略与交易机制,别开生面,耳目一新。

——王巍 全联并购公会创始会长、金融博物馆理事长

元宇宙和数字浪潮的兴起,为全球碳减排提供了巨大潜力。零碳金融也是元宇宙不可或缺的基础设施,带动更多创新型零碳技术的发展,促成绿色溢价交易。现实中,数字产业本身的减碳效应、数字化转型推动其它产业的碳减排间接效应都日益突出。整个社会的可追溯减排,只有依靠人工智能、大数据和全面提升综合能源管理的效能才能实现。如果通过数字化与金融技术的结合,未来打通各个国家碳交

易产品,在全球范围形成一个自由交易的碳金融市场,将是数字化减碳的巨大福利。这些问题在元宇宙的发展中同样值得研究,我向朋友们郑重推荐此书。

——王广宇 华夏新供给经济学研究院理事长、
华软资本管理集团董事长

我们到底如何理解数字经济是继农业经济、工业经济之后的又一个经济形态,《元宇宙与碳中和》无疑是这个话题的重要探索。

数字经济将超越传统时间、空间和生命定义,去解决人类未来的可持续发展并创造新的文明。希望本书带给我们丰富的思考。

——王世渝 著名投资银行家

元宇宙与碳中和是以实现双碳目标为前提,利用最先进的信息技术,整合各行各业的优质资源,为行业开创更加多元化的发展空间,实现绿色经济的可持续发展。让我们拭目以待下一场技术革命的到来!

——王伟涛 有得卖董事长

当下最火爆的两个时髦概念——元宇宙、碳中和被冠以书名。我原以为元宇宙在游戏世界最为恰适,因本书提醒,元宇宙与碳中和在一起却十分恰当。

元宇宙在游戏里是可虚实相济、最优架构、最佳算法,不受现实任何约束和羁绊的。然而,碳中和正是把我们现实地球上高碳排放到空中乃至外太空的污染内部化到人类行为经济交易中去,而且有了真实价值的追逐和应用。正是因为如此,方能在这个绿色元宇宙中产生

最好的数字绿色资产、碳中和积分和交易市场，寻觅到最好的虚实拓展和应用，最优的价值生成和市场配置。

基于此理，这本书可读、可品、可赏！

——王忠民　全国社会保障基金理事会原副理事长

元宇宙将重塑人类认识世界、改造世界的能力，将对社会的生产及分配方式带来颠覆式影响。未来的生产将由"设计定义制造"，转变为"需求定义制造"，最终演化为"计算能力自主创造"；未来劳动分配的效率和公平性将由所有权驱动转变为使用权、数据驱动。《元宇宙与碳中和》对此进行了全景解读，特别值得用心阅读。

——王悦名　京东科技解决方案专家

国家所倡导的数字经济及"双碳"战略是一个社会经济观念的两个侧面，即虚拟数字产品的产出，极大地替代了有形的物质生产。这其中的核心是：人类社会生存与发展的消费与生产到了以观念改变经济构成的阶段了，也是当今世界乃至人类社会万年发展从未有过的大变局。由以实物产品制造与消耗为主导的实体经济时代，转变为以数字产品生产与消费为主要增量的虚拟经济时代。

读懂大势，顺势而为，借势而起。无论个人还是企业乃至政府，这三点观念认知以及行动取向，都是免遭时代淘汰的道术。

《元宇宙与碳中和》为我们展示了数字经济+双碳战略的自闭环、可持续双螺旋上升的场景，是对元宇宙+"双碳"战略大势的诠释与解读。

——韦在胜　中兴新通讯董事长

元宇宙是人类社会的数字化样范，其发展会经历点状、链状、生态三种状态。从现在到本世纪中叶，所有企业共通的战略大事只有两个：数字经济和"双碳"目标，而把这二者有机结合起来的，正是元宇宙。元宇宙将虚拟世界与现实世界融汇贯通，既催生数字经济迅速发展，又促进"双碳"目标更好实现。

熊焰先生的新著告诉我们，以算力为主要生产力的新时代已然到来，一场能源革命必然相伴发生！只有解决好相对先进数字经济与相对落后能源生产之间的矛盾，才能推动全社会高质量创新发展。

——邓志雄　国资委规划局原局长、产权局原局长

作为未来影响人类经济社会发展的两个重大主题，关于碳中和的理解目前看来分歧不大，对于元宇宙则依然见仁见智。元宇宙作为下一代互联网，努力的方向是人类物理生存与数字生产的实时互动和融合的生存状态，这种生存状态有助于支持信息和价值的自由流动，并在更大范围的人群中建立低成本的实时互联合作关系。元宇宙这样宏大的远景要成为现实，需要根据现有约束条件，从现实经济运行中找到有说服力的生态应用。可以说，碳中和既是未来必然面对的约束条件，也是具有广阔前景的生态应用领域。《元宇宙与碳中和》一书将两个影响深远的主题创新性地结合在一起进行深入探讨，非常具有引领价值。

——巴曙松　北京大学汇丰金融研究院执行院长、
中国银行业协会首席经济学家

元宇宙与碳中和，一虚一实，对人类社会有深远的冲击。目前元宇宙用的技术如VR、AI等都有大量能耗，元宇宙与碳中和两者在环

境上有共同话题。这本书即是非常实用的工具书,又是启发思考的书。可以帮助读者系统性了解元宇宙的本质和知识框架。同时又启发读者,将两者一起融汇思考,深度认识,和提前设计。

——田波 云快充 CEO

人类正在进入第四次工业革命的进程中。新一轮工业革命必将重组全球要素资源和经济结构,改变全球竞争格局。由于我们仍身在其中,这一轮产业革命的代表性技术尚需更多时间才会逐渐清晰。在眺望未来之际,我们可以看到,以碳中和为代表的可持续发展技术和以元宇宙为代表的新兴数字技术正在进入人们的视野。碳中和、元宇宙必将交汇于高质量发展,并对人类社会的未来产生巨大的变革性影响。熊焰老师牵头撰写的《元宇宙与碳中和》一书完成了一个突破,从专业的视角阐释了元宇宙与碳中之间的深层逻辑,帮助读者在独立思考未来发展方向时增加了新的维度。

——叶强 哈尔滨工业大学管理学院院长、教授

实现"3060"目标,需要人类能源结构大规模转型,毫不夸张地说是一次"能源革命"。太阳能、风能、生物质再生能源,甚至氢能的安全稳定利用需要技术和政策重大突破和创新。国能中电正在以越来越受瞩目的"液态阳光"为创新突破,不断探索碳中和"绿色阳光"解决方案,纵观人类发展历程,这很可能催生新一轮的"产业革命"。而伴随着能源革命的同时,一定是信息产业和交通产业的革命。目前信息数字领域的元宇宙让人兴奋,成为"数字阳光",这将极大释放人类的创造力和想象力。"绿色阳光"将强力支撑"数字阳光"

所需的无限算力,"数字阳光"也将助力"绿色阳光"不断取得更大的技术突破。《元宇宙与碳中和》为大家阐明了两者的携手发展之道,值得研究。

——白云峰 国能中电董事长、中国青年企业家协会副会长

每一次技术革命带来的不仅是生活方式的变化,更是产业升级的大机遇。元宇宙带来的数字信息技术革命有望实现数字经济与实体经济的深度融合,让各行各业都能找到"第二曲线"新发展空间。以农业为例,"元宇宙""双碳"目标长周期背景下,农业需要筑构农业绿色数字新基建,基于数字孪生、人工智能、区块链、云计算等新型信息技术的融合应用,助力农业绿色化、集约化发展,建立数字化的农业碳排放管理体系,助力农业碳排放数字化管理与应用,促成相关主体经济效益和环境效益的双赢。长期来说,元宇宙+碳中和必能激荡出前所未有的产业变迁。

——卢柏强 光筑农业集团

未来5~10年,如果选两个最大的投资主题,大概率非元宇宙与碳中和莫属。投资就是投未来。碳中和是最确定的未来,而元宇宙是最有想象空间的未来。我很钦佩熊焰能够把这两大主题如此巧妙的结合到一起。这本书大概会成为投资圈的"爆款"。

——冯鹤年 民生证券党委书记、董事长

元宇宙、碳中和、ESG是数字经济新时代下的热词和新兴事物,这些同时体现了国家、社会、人民对于虚实融合、节能环保以及美好

生活的向往。理解并应用好这些技术、理念和趋势，是我们科技工作者秉承"科技向善"初心，不断守正出新，使用科技生产力推动社会进步、造福人民的历史责任。本书聚焦元宇宙与碳中和的方方面面，既有理论，也有丰富实例讲解，希望读者们能够从本书中收获良多！

——李洋　广东省 CIO 联盟会长、雪松控股集团 CIO&CDO

"3060"目标是中国在世界面前的庄严承诺，是对经济发展的更高要求，也是全人类对世界的美好追求与愿景。低碳之路并不是实现"3060"目标的里程碑，而是一条漫漫长路。这场能源革命将会带来前所未有的产业变革，数字化可以帮助碳中和来解决面临的重大挑战，而碳中和又给数字化提供了非常广阔的应用场景。碳中和与元宇宙是能源革命与信息革命的一体两面，元宇宙让碳中和走向"智慧+"，全面赋能产业变革。本书充分展现了元宇宙思维和碳中和逻辑，从广度和深度上帮助读者清晰地了解新时代背景下物联网、大数据、边缘计算等信息技术如何与产业融合并实现多场景规模化落地。二者的融合必将会产生重要影响，不仅会影响到科学的发展，甚至会影响到人类文明的进程。

——李寅　全国人大代表、哈尔滨九洲电器股份有限公司董事长

凡事，预则立。身处百年未有之大变局，人类已经朝着虚实共生的低碳时代逐步迈进。当元宇宙、碳中和等概念深刻影响着每个行业时，较为传统的医学领域，亦正在汲汲探索这个全新的世界。我们欣喜地看到，AI + 医疗、XR + 医疗、物联网 + 医疗等业态，将成为医疗元宇宙应用最多的场景。通过本书，我们也将一窥各项新技术在各

个产业中的应用和未来,畅想一个全新的医疗元宇宙时代。

——李耀 中国非处方药物协会市场营销专委会主任

元宇宙实现产业化已经进入倒计时。元宇宙对于各个产业的赋能具有很大的想象空间,元宇宙与工业、农业、健康、文旅、出行、消费、公益等产业融合后,将引发社会财富的创造模式和人们生活方式的一系列重大变革。元宇宙算力无穷,对电力的需求是巨大的,未来算力最终会成为现实世界和元宇宙共同的基础能量,支撑"高能世界"的算力必然是低碳算力。元宇宙是最大的"碳中和"工程。本书在同类图书中具有更高的理论性,更扎实的产业发展前瞻分析。

本书的研究成果将在未来的社会发展中接受检验。

——李小军 中国产业发展促进会副会长

当前,社会各界对元宇宙存在不同的理解与认知,对相关新概念、新技术之间的异同存在疑惑,特别是新模式、新业态带来的决策困惑。让我感到振奋的是,在面对数字化转型、发展低碳经济的诸多问题上,这本书都有很好的探讨,为我们这样一家以创意设计、绿色生态与低碳空间营造为主营业务的创意设计企业,践行"建设更美好人居环境"的企业使命提供了新思考路径。

——李方悦 奥雅设计联合创始人、董事、总裁、
首席创新官,奥雅生态文旅研究院院长

万物互联时代的到来是人类文明进步必然结果。碳中和的意义在于推动能源的清洁化、低碳化和智能化,元宇宙的意义在于实现经济

和社会系统的数字化，亦或智能化。《元宇宙与碳中和》一书介绍了两者相互关系，能量和信息的奥妙，值得一读。

——李俊峰　国家应对气候变化战略研究和国际合作中心首任主任

元宇宙、碳中和，一个天上，一个地下。我真佩服熊焰这种大家，能把二者联系起来，解释清楚，并给各行各业以启示。作为传统产业，我们医药产业也将在元宇宙与碳中和的结合中得到时代的启示，捕捉到变革创新的机会。

——李振国　全国人大代表、九芝堂股份公司董事长

熊焰老师是我的学长，更是我的导师，在开拓视野方面让我获益匪浅。对于不久前流行的元宇宙，开始觉得很遥远，读了几期熊老师文章，我意识到元宇宙离我们很近，尤其和我现在从事的分布式发电、智能微电网及综合储能十分相关。我这才理解，碳中和与元宇宙是紧密联系的，非碳能源是基础，元宇宙是飞跃。此书值得能源人士读一读。

——李海鹰　辉煌科技股份公司董事长

元宇宙代表了人类社会的未来，碳中和看似当前社会的能源约束，两个热点概念都牵涉庞大复杂的内涵和外延。《元宇宙与碳中和》以超强的逻辑性将众多新概念在数据和能量两个维度联系起来，以脑洞大开又不失严谨的方式，帮助读者拓宽在元宇宙与碳中和理念、层次、影响及两者共生关系理解的同时，引发对于奇点临近后未来世界发展的思考与期待。

——孙婧　上海美控智慧建筑有限公司总经理

《元宇宙与碳中和》推荐词

　　碳中和与元宇宙，一个是关系人类长远的生存问题，一个是关系人类科技发展的问题，这两者粗看是非常宏观且两个不相关的概念，但细看却都是和人类命运息息相关。如果我们的今天只是不停地重复昨天，那么人类文明将会裹足不前，把重复机械的事情交给机器和人工智能，对于未来的思考和创造，才能体现人类的价值，我们是在智能也在向这个方向努力，碳中和与元宇宙的框架下我们能够创造什么？非常值得期待。

——孙林君　实在智能CEO董事长

　　面对元宇宙与碳中和这两大涌动的热潮，本书从元宇宙出发，以碳中和为着眼点，以能源为纵轴，以数据为横轴，探讨了这两大主题之间的关系，在帮助读者提升基本认知的同时，还描绘了元宇宙与碳中和相融合的美好愿景。这本书对于探索元宇宙未来发展方向和加快实现碳中和这一国家战略目标，具有重要意义。相信这将是一本所有关心元宇宙与碳中和的朋友们都值得一读的好书。

——孙晓霞　中国国债协会会长、财政部金融司原司长

　　我们已经进入数字经济的时代，作为人类文明进阶因子的能量与数据发挥着越来越重要的作用，元宇宙的最高境界是虚实高度结合，无缝衔接和转换，高效健康地服务人类生活，助力实现人类美好愿景。基于此，我非常期待能够看到元宇宙与碳中和赋能到越来越多的产业端，真正助力产业升级和发展。

——朱宏　明智医疗创始人

碳中和与元宇宙分别是人类在物质层面和精神层面发展过程中面临的挑战与机遇。碳中和前景可期，元宇宙的开发也正当其时，本书把两者深度结合在一起，内含能够不断引发我们思考二者交叉形成的各种有趣的话题。比如，碳资产除了货币化之外，是否还可以数字化、虚拟化？碳交易的平台上能不能有区块链的应用场景？本书生而逢时，是一部值得细读的佳作。

——朱辰昊　再惠联合创始人

"双碳"目标的实现，对人类拥有绿色、环保、低碳的生活方式具有深远意义。

碳中和目标引领经济发展模式与能源结构的巨大变革，打造新发展范式和优化资源配置成为社会各界的急迫任务。另一方面，元宇宙为人类提供与现实世界平行的虚拟世界，元宇宙成为连接一切、打通虚实、使人类迈向数字化时代的载体。《元宇宙与碳中和》一书创造性地将碳中和与元宇宙结合来谈，探索两者的双向赋能，政策与实践意义突出，相信会给读者带来深刻而愉悦的开卷体验。

——朱烨东　北京区块链技术应用协会会长、
北京中科金财科技股份有限公司董事长

宇宙自始，是道生一、一生二、二生三、三生万物，从有序到无序的不断"熵增"过程；人类自始，不自量力而勉力为之，文明从混沌到清晰，知识从无序到有序，是努力智化的过程。时至今日，是信息化后产生数据要素的时代，元宇宙的出现极有可能打破宇宙"熵增"和人类"熵减"的一对一博弈格局，将人类一分为二为精神和肉体（俱舍），从此人类将在精神和肉体两个维度挑战宇宙熵增规律，不断挑战现实世界多个产业的熵减与碳中和。本书从多个方面剖析了元宇宙与碳中和，比如书中提到的元宇宙与碳中和的融合新赛道——健康元宇宙，在虚拟世界中的实时创新与高效迭代，将大大加速推动新技术在现实中的落地与应用，让虚与实无缝链接，推动人类文明达到从未想象过的新边界！

——汤子欧 好人生集团首席科学家

元宇宙与碳中和之间是相互耦合、螺旋互促的关系。元宇宙即将成为产业数字化的第一推动力，会涵盖各个行业高耗能的场景以及加速低碳技术迭代，并带动降碳纵深目标和路径的系统性规划浪潮，也是社会大系统可持续化发展的基石。

——刘心广 博士、埃森哲工业 AI 应用智能负责人

元宇宙作为 XR 互联网 + Web3.0 结合的全新数字经济，是引领未来绿色 GDP 的重要关键因素，且元宇宙的区块链生态机制，能够有效赋能全球各国及企业高效协作、高效节能、高效减排，共同为全球碳中和作出重要贡献。

——刘东奇 虚拟现实 CEO

当今时代消费主义盛行已给全球自然生态资源带来沉重负担，宝贵的资源正在被巨量冗余消费迅速消耗，尽快实现全球七十多亿人口在低物质消耗下的高品质生活是科技发展的必然趋势。这既关乎消费，也关系着生产要素大框架的重新排列组合。本书对元宇宙与碳中

和的融合进行了深入系统研究,为构建虚实融合、低碳发展的新型社会带来了极有价值的启发,是一本值得认真阅读并能引发严肃思考与激烈争论的好书。

熊焰老师与我亦师、亦友、亦同道。他对科技创新和产业变革的深刻洞见、几十年如一日持续愿意为美好愿景付诸努力、提供支持的率真品格、江湖行动能力、大框架高位思考方式都曾给予我直接帮助与思考引领。希望熊焰老师作为低碳与元宇宙相关技术践行者的前沿观察,能够为更多创造美好愿景而努力的人们提供帮助。

——刘志硕 中关村并购母基金创始合伙人

在国家大力发展新一代信息技术和争取在2060年实现碳中和目标的大背景下,"元宇宙"与"碳中和"看似互不相干的两个概念也正走向互融互通,不管是重新构建一个虚拟世界还是在现实世界中减少能源排放,都是全世界人民在物理和精神层面对美好生活的向往。

"两条赛道、一个目标",本书先是分别从两个产业维度阐述了各自的发展路径;"融合发展、虚实共生",作者又从两个产业相互支撑、双向赋能的角度描绘了一幅未来美好生活愿景的崭新画卷。

——刘诗雅 上海市虚拟现实产业协会会长、工信部信息通信经济专家委员会委员、中国通信学会网络空间安全战略与法律委员会委员

碳中和是人类命运向前迈进的时代命题,对全球都有着重要意义。《元宇宙与碳中和》一书创新性地将碳中和与元宇宙这一宏大概念结合,从虚实到共生,充分展现数字经济时代下的元宇宙+碳中和双螺旋互促发展的思维。书中构建了一个体现元宇宙在碳中和约束下

状态与规律的坐标系，揭示两者共生关系，观点与逻辑既深刻又创意十足。关于元宇宙与碳中和融合也为新消费赛道带来新灵感。

——Venny 刘竟俊 BISSELL 必胜亚洲区董事总经理

技术之所以能改变世界，其本质是促进成本降低和生产力、效率以及用户体验的提升，互联网伴随带宽、基础设施、算力和智能科技的发展进入新时代，元宇宙应运而生。未来的互联网将还原人类在现实世界中的四维时空体验，实现时间、空间、效率和成本等多维度的改善和升级，进入真正的数智时代。当人类在物理空间中的活动越来越多迁移至数字空间时，必然会促进碳中和目标的达成，进而保护我们赖以生存的地球。本书各维度的解析非常值得深入阅读和思考，高度数字化、智能化的元宇宙时代与每个人、每家企业和行业的未来都息息相关。像众多科幻电影中描绘的一样，人类终将拥有物理和数字的多重平行宇宙，实现超越时空的终极梦想，实现数字化的永生，而现在站在新时代的起点上"共同创造"是多么令人兴奋的事情！

——伏英娜 迈吉客科技创始人兼董事长

未来几十年最清晰的两大文明发展趋势：一个是以碳中和为核心的环境文明，另一个是以元宇宙为代表的信息文明，两大文明的发展将重塑我们的社会。祝贺哈工大校友熊焰，把两个看似不相关的大事连在了一起，视角独特、条理清晰，给人以非常深切的启示。

——任南琪 中国工程院院士、哈尔滨工业大学原副校长

2021年作为元宇宙元年,大家最关心两个问题:资本热度在哪,行业发展趋势是什么。虚实相生,一面行业数字化转型的产业孪生,一面数字原生。从技术底层、治理规则、数字资产、平台生态、工具连接都有巨大机会。

——杨灿 零幺宇宙联合创始人

元宇宙是碳中和必经之路。

众所周知,"元宇宙"这一概念早在1992年的科幻小说《雪崩》中就被提出,而在2021年,当"元宇宙"可以把众多的产业串联在一起时,它终于爆发了。科技巨头与资本跑步入场,在我国于世界面前立下"碳中和、碳达峰"的庄严承诺,向"3060"目标迈进的背景之下,这恰逢其时。为什么这么说?因为元宇宙本质上是基于聚合科技的可持续生态体系,而碳中和则在当前大家对于元宇宙的内涵理解更偏向于游戏、社交层面之时,给予了各位从业者一个可以大力开展虚实融合的重要场景。想探究这两者之间的更深层次逻辑,我推荐各位阅读《元宇宙与碳中和》这本书,该书框架清晰,内容扎实且创新,贴近实际且深入浅出,非常适合想对这两大主题进行深入了解的读者。

——杨跃承 盛景网联高级合伙人、科技部火炬中心原副主任

虚与实,精神与物质,理念与世界,永远是科学探索和哲学探讨的焦点。当笛卡尔说"我思故我在"时,直指我们生存的世界就是一个"元宇宙"。当爱因斯坦写出 $E = mc^2$,宇宙所有物质世界的底层原来都是"能量"的幻化。人类社会的蓬勃永远系于能源革命与信息革

命的双浪潮里,而碳中和与元宇宙正是这两大浪潮在当下世界的集中体现,相互支撑,相互赋能,必将发生超出想象的化学反应。

——苏昕 易能时代董事长

碳中和是大自然给人类文明得以延续提出的要求,元宇宙则通过统领数字技术发展给碳中和提供了基础和路径。一个确定性(原有"碳基文明"的失败),一个不确定性(逐步发展的"硅基文明"给予的希望),如何把元宇宙的发展朝着碳中和的目标相向而行,应对新冠肺炎疫情带来的全球经济放缓,实现能源革命与数字革命的深度融合,是百年未有之大变局带给我们的机遇和挑战。《元宇宙与碳中和》深入阐述了当前两大热门话题的缘起和深层内在联系,给想探求元宇宙、碳中和新机遇和新赛道的读者提供了捷径!

——孟毅 海尔衣联网研究院院长

元宇宙与碳中和是未来十年最重要的两大宏观趋势。找到两者之间的关联性不难,但要挖掘出这种关联性下深层次的商业与技术逻辑却不易。分析元宇宙与碳中和的联动需要逆向思维,站在未来终局的视角审视当下,会发现人与机器的全新互动,或许是我们解放自己同时也解救地球的最佳方式。

——吴晨 《经济学人·商论》总编辑

风、火、水、土能量的科学开发,预测未来碳中和时代可期;人类思维智能的元宇宙 BIGANT 六大技术开发,加快碳中和时代到来。本书从多维度、多层面、跨学科、跨领域的深度探索元宇宙及其发展方向、应用场景和底层技术，有为碳中和乃至人类社会做出贡献的潜力。阅读本书，感受趣味，改变思维，与时俱进。

——吴天星 浙江大学教授、天邦食品股份有限公司联合创始人

从变革创新的角度，元宇宙生态体系能够为碳中和的精细化调控提供足够的数据和运算支撑。其独有的开放式和沉浸式平台也会极大改变人类当前的生活、工作形式，并改变企业的管理、沟通环节，如实现远程交互、线上办公、虚拟会议等，从而有效节省资源，降低消耗，实现碳减排。我们也能够看到，在元宇宙为碳中和持续赋能之际，万事大吉同样也在积极践行办公空间碳中和目标，我衷心地希望，通过我们的努力能够共同为办公领域及我们的整个社会的碳中和道路起到更进一步的推动作用。

——吴允燊 万事大吉联合创始人

熊焰是我的老同事、老朋友。我对他最佩服的一点就是学习能力和对新事物的敏感度。六年前，他送给我一本区块链的书，半年前他又送给我一本元宇宙的书。现在他的新作《元宇宙与碳中和》出版，让我由衷佩服。我相信，元宇宙是最富想象空间的未来，而碳中和是最确定的未来。

——吴汝川 北京产权交易所党委书记、董事长

元宇宙集数字技术之大成，带宽、存储、计算是元宇宙的底座。每人在元宇宙里多待一小时，耗能应该超过全球前十大钢铁厂。在能量转换续增背景下，提高绿色能源比重与降低单位能耗比例成为正

解。碳中和既是元宇宙的挑战，也是元宇宙的机会。

——肖风 万向区块链公司董事长

　　元宇宙与碳中和，是当下最热门的话题，这两者放到一起会有什么样的化学反应？我带着好奇开始阅读本书，当作者们将元宇宙作为一种工具和方法论，充分应用于碳中和目标的实现路径，同时将碳中和作为元宇宙实现的必要支撑时，我开始读出了本书的逻辑性、严肃性和趣味性，读出了元宇宙与碳中和两者在数字经济时代的相得益彰，不可分割。本书视角独特、观点新颖，无论是对理论研究还是投资决策，都会有非常好的启发，值得推荐给大家。

——陈爽 绅湾资本创始合伙人、原光大控股CEO

　　元宇宙给了我们一个全新的文明视角，重新思考在数字经济时代下，技术、能源、商业、生态链关系等全面平衡与创新发展之道。《元宇宙与碳中和》一书，阐述了从技术创新到产业赋能的一系列深度研究成果，让读者深受启发。

——陈士凯 思岚科技CEO

　　元宇宙与碳中和是目前最热门的两个历史命题，具有非常务实又兼具前瞻性的研究价值。两者的底层土壤都是数字经济，上层商业形态则将发生重大的范式转换，如智能手机将向更多智能终端转换、中心化向分布式价值体系转换等等。期待更可持续的产业变革。

——陈龙强 百信银行首席战略官

不论你从事商业应用场景，还是投资相关赛道创新，碳中和、元宇宙这样的热门概念一定需要知晓和理解，本书将结合最新商业模式及服务案例试图解读元宇宙和碳中和的关系，并在不同的视角下去展开论证，非常准确地阐述了二者的价值。

——陈晓华 中国移动通信联合会区块链专业委员会主任委员
兼首席数字经济学家

"碳中和"是一种人与自然和谐相处的生产生活方式，或者走向低欲望社会，或者借助高科技实现共融。"元宇宙"被设定为一个与"实在"世界相对而相关的"虚在"世界，可以低成本地完美实现或帮助实现人类的某些欲望。《元宇宙与碳中和》将最确定趋势的"碳中和"和最大想象空间的"元宇宙"连接起来，提出了元宇宙是最大的碳中和工程，开启了虚实融合的史诗级时代，值得期待。

——陈道富 国务院发展研究中心金融所副所长

元宇宙与碳中和一样，早就来了，但最近一两年，突然热起来，也许这说明它们度过了准备期，进入了爆发期。学者们在研究揭示它的规律，企业家们在挖掘它的商机。有人把元宇宙定义为在数字化、智能化条件下，虚拟社会和现实社会融合的新形态。公众都在问它到底是什么？如果说"数字碳中和"的着力点是解决现实社会的碳排放问题，那么"元宇宙与碳中和"和碳排放减少是什么关系？是多了还是少了？是相对减少还是绝对减少？本书作者包括中国碳市场的早期实践者和元宇宙领域的领先探索者，这本书从学术与实践的结合上回答了一些问题，比如：数字化、智能化支撑的元宇宙，它为实现碳中和的国家战略带来了什么挑战，又提供了哪些机遇？我很期待此书，让我在面对未来的时候不至于措手不及，期待它能引发有益的讨论和更多更深入的研究。

——杜少中　中华环保联合会副主席、原北京环境交易所董事长

碳中和的终极目标是减碳技术在产业应用各个阶段中设计和落地节奏的把握。实打实的技术要在具体项目中经得起全流程、全生命周期的风险回报评估，更要在实战中把科技政策和社会化资本的各自优势充分互补、各自风险公平分担。

——张军　中碳网董事长

当前最火热的碳中和碰撞到最火爆的元宇宙，你是否感觉有点思想短路，无法想象？在新概念涌现的时代，人们经常面临这样的困境。这本书并非简单粗暴的融合热点，而是通过逻辑思辨、行业洞察，把人们带入了对影响未来两个重大趋势的深入理解，同时指出了在两大趋势融合中的发展机会，值得一读。

——张玉川　欧文沙龙创始人

随着AI、VR、MR、XR、物联网、数字孪生、量子技术到5G技术的高速发展，新一轮科技的变革与蓬勃发展推动了元宇宙的爆发。世界从数即万物到万物有数，人们从物理世界"复制"一个虚拟数字分身在数字世界里不断创造新经济价值，充分展现数字经济时代下的元宇宙+碳中和双螺旋互促发展。

——张伟奇　富数科技CEO

本书以一种独特的视角——元宇宙是最大的碳中和工程，极富逻辑与创造力的为我们讲解了元宇宙将极大地提高GDP中数字经济的比重，元宇宙下的数字孪生将极大地降低要素和人员流动的能源消耗，元宇宙BIGANT六大技术支柱全面赋能碳中和。这对于助力"3060"目标的实现具有重要意义。

——张军涛 中国节能协会碳中和专业委员会常务副秘书长

2021年以来，元宇宙与碳中和话题备受各界关注。元宇宙的发展带来了科技范式的革命，将人类带入一个智慧的虚拟世界，也将把元宇宙中的知识图谱和产业大脑反哺到实体产业中，赋能实体产业的可持续发展，最终提升社会的整体GDP和产业数字化能力。碳中和是一场深刻的社会变革，更是新一轮的产业革命。未来40年，无论是中国的经济增长模式、产业结构升级、能源结构调整，还是个人的消费模式、生活方式等都将在"双碳"目标的引领下进行重塑。元宇宙与碳中和的结合将会给数字产业带来怎样的变革，《元宇宙与碳中和》值得期待！

——张国华 中国广告协会会长

元宇宙与碳中和相互联系、相互影响、相互渗透、相互支撑。说到底都是为了实现人民群众对美好生活的向往与追求，其中最重要的是对健康的追求。

——张思民 深圳海王药业有限公司董事长、
深圳市总商会会长、哈工大企业家联谊会会长碳中和是全人类共同面临的目标及挑战，数字技术在助力碳中和目标实现过程中扮演着重要角色，正成为我国实现碳达峰、碳中和的重要路径。在信息科学、量子科学、数学科学等技术的推动下，元宇宙缘起、发展，元宇宙将区块链、物联网、人工智能、虚拟现实等技术与产业、行业等领域融合，推动着数字经济产业新形态的不断涌现。新的数字产业又将反哺国家"双碳"背景下产业的绿色低碳转型，实现生产效率与碳效率的双提升。本书阐述了元宇宙与碳中和协同发展的创新思路，分析了元宇宙与碳中和碰撞下带来的新的产业与技术机遇，为未来元宇宙与碳中和的融合发展指明了方向。

——张家驰 深圳虹川科技有限公司董事长

未来低碳化发展是必然趋势，这种趋势离不开多场景里具备低碳属性的机器人。特别需要关注得是复杂场景里节约耗能的算法以及匹配多场景里高性价比的芯片，二者构成的解决方案不仅可优化各种机器人的制造成本和运作路径，也是未来低碳机器人产业批量化市场应用的关键。

——宋文华 博士、抒微智能创始人

如今，越来越多普通民众正在参与到碳中和这一宏大历史进程中。和元宇宙一样，高度数字化、互联互通、虚拟物品资产化，对于碳中和的加速实现同样至关重要。碳积分、碳账本，便是将个人在绿色低碳出行和生活各方面的减碳值，进行累积和数字化的具体手段，每个人都可以拥有碳资产。随着更多科学严谨的碳减排测算标准落地，更多企业和个人的减碳值，都有望基于统一标准进入碳市场，从而实现碳资产在一个国家甚至世界范围内的自由流动，最终实现碳中和这一全人类共同的目标。

——宋中杰 嘀嗒出行 CEO

从农业社会到工业社会，再到信息社会，时代的巨轮正在驶向生态社会的辽阔海域。关注创新、创业的朋友不能错过碳中和与元宇宙这两个未来重要的领域，前者是全球新秩序和国家重点布局的产业方向，后者是人类在更多维度探索和创造的新空间，二者在减少对能源的不可逆消耗等方面有着各种交集，通过这本书，我们能更好的了解和把握住创新方向。

——纳兰正秀 迈宝国际＆包大师创始人

生产力是衡量人类文明发展水平的标尺，而信息和能源又是生产力水平的注脚。竹简、造纸、印刷和网络，每一次信息传播媒介的变革，都意味着数据量的指数级增长。木材、煤炭、石油、电力、核能，每一次能源变革，同样会导致社会生产力的巨变。该著作以数据为经，能量为纬，揭示了元宇宙即将催生的社会形态。通过阐述元宇宙与碳中和的辩证关系，为我们理解当下所处的时代、洞察未来技术和产业发展趋势，提供了深刻思考和独到见解。

——陆荣华 蔚能 CEO

四十年来，信息技术改变了我们周遭的一切。近两年，大数据、人工智能技术进入了爆炸发展时期，信息技术的集大成者——元宇宙将更加深刻的改变我们的学习、生产和生活。碳中和事关人类共同命运,将对我们的生产生活产生极为深刻的影响。祝贺哈工大校友熊焰,把如此宏大的两个事情联系在了一起,视角独特,思考深邃,令人耳目一新。哈工大应该在元宇宙与碳中和结合方面做出自己应有的成绩。

——周玉 全国人大代表、中国工程院院士、哈尔滨工业大学原校长

快速发展的数字经济和新兴技术催生了元宇宙的应用和热议,而元宇宙相关技术如何解决当前诸多如经济、社会、环境问题是下一波次的热点话题。本书主要从技术视角出发阐释元宇宙如何服务碳中和,未来已来,需要你我共创。

——周长林 华盛绿色工业基金会、国家产能合作研究院书记

元宇宙与碳中和是近来国内的两大热点:元宇宙犹如一朵云,众说纷纭;碳中和是国家中长期战略,各级政府和企业感到压力山大。《元宇宙与碳中和》把这朵云和这座山连在一起,既通俗易懂又创意十足,增加了云的厚重感、接了地气,增加了山的高度和创新创造发展空间,值得大家一读。

让我们携手共创元宇宙与碳中和新时代!

——周宏春 国务院发展研究中心研究员

如果世界朝后退,我们要怎样往前行?知识和思想,也唯有知识和思想能够拨云见雾,指点迷津。

我们正处在一个剧烈且巨大变化的时代。百年未有之大变局下,唯一确定的就是不确定性,就像"薛定谔的猫",这个"测不准"的

世界，扑朔迷离，充满无常，这就是时代的转角。

变化不只扩大阴影面积，也同样放大向阳面。眼下新冠肺炎疫情全球蔓延，即使是这样的至暗时刻、世界放慢了脚步，但也没能熄灭满天的星光。世界虽已伤痕累累，但我们依然憧憬，依然向往，至少前面还有元宇宙与碳中和。

郑重推荐《元宇宙与碳中和》。原本以为，元宇宙与碳中和这两大时代主题是不太可能相交的两条平行线。本书从全新的视角看过来，元宇宙就像一朵云，碳中和有如一座山，云山雾罩之下显然已经打扮出未来世界的诸多美好。本书还深邃地探究到能量和数据这两大人类文明的进阶因子，揭开了元宇宙与碳中和双螺旋推进人类社会进步的未来图景。

当今时代，无限可能。要把眼光放在未来，不要眷恋那些会过时变质的东西。当然，落实到经济，落实到产业，一切创新还是应该回归商业的本质。

——周道洪 上海国盛资本管理有限公司总经理

非常有幸阅读熊焰总《元宇宙与碳中和》，熊总是多年老大哥，也是中国金融届最创新的大咖。本书言简意赅地阐述了国家战略下的元宇宙与碳中和的关系与实现路径，于我如醍醐灌顶。元宇宙作为一个永远在线的虚拟世界，对能源的需求提升是几何量级的，碳中和下的绿色电力将成为元宇宙最核心的能耗来源。同时，作为数字经济发展到极致的一种社会形态，元宇宙将重构社会生产力与生产关系，提升社会生产和生活效率，降低社会碳排放，加速低碳社会形成，两者相辅相成。本书视野独到，极具前瞻之明，为我们深入了解元宇宙与碳中和打开了一扇窗。

——易欢欢 《元宇宙》三部曲作者

熊焰等业内专家撰写的新书《元宇宙和碳中和》如及时雨,满足广大读者的迫切需要。元宇宙概念是第三代互联网,是在互联网社区形成后把人们的生存空间再扩展到关联的虚拟空间。碳中和则是在人们的共同努力下提高现存空间的容量和质量,让生活更美好。两个主题都是人们追求高质量发展的关键性问题,相信这本新书会帮助人们提高生活质量。

——金岩石 世界区块链组织首席经济学家

元宇宙与碳中和揭开了能量与数据的奥秘,数字经济时代来临,碳中和之路道阻且长,元宇宙作为最强工具助力碳中和实施,期待元宇宙能够助力大健康产业升级,为国家碳中和"2030健康中国"战略做出贡献。

——林其锋 中康体检网 CEO

元宇宙基于虚拟的空间,碳中和基于现实的场景。数字化的场景让二者的连接成为可能,本书从宏大的场景中抽丝剥茧,试图找到二者基于当下发展的脉络,作者深入浅出地对元宇宙场景、碳中和场景以及二者的连接共生进行了解读,对二者融合新赛道的可能进行了推演和展开,是一本非常具有参考意义的书籍,值得一读。

——赵龙 慧辰股份董事长

元宇宙与碳中和是目前全世界最热门的两大主题，元宇宙属于虚拟空间，碳中和属于现实空间。本书把元宇宙与碳中和高度融合在一起，说明作者构思的独特。

如果说虚拟空间是现实空间的折射，那么元宇宙也是现实宇宙的反映。今后，人们将会生存于两个空间，两个宇宙，在其间来回穿行，不断变换角色。

现实宇宙之浩渺、之无穷，是人类大脑难以企望的。元宇宙之所以称为宇宙，所能容纳的空间将会更为的广阔。因为人们常说"心有多大，舞台有多大"，现实中不存在的东西，在元宇宙中，人们完全可以根据梦想去设计构造，使幻想成真。

本书把元宇宙与碳中和两大热点主题高度结合、深入分析、立意新颖、思路开阔，是一本可读性很强的好书，希望能够使大家大开眼界。

——贺强　中央财经大学金融学院教授、博导，证券期货研究所所长

碳中和是在世界范围内应对气候变化的重要举措，而目前元宇宙的早期应用基本都是在游戏领域，两者貌似没有关联，但本质上都借助了生态概念和去中心化，元宇宙与碳中和的结合会产生什么样的化学变化？元宇宙如何赋能碳中和？我相信这将是一个虚实结合的重要场景。

——钟弢　中国物资再生协会原秘书长

人类社会或许将迎来一个新的时代，元宇宙作为现代信息技术之集大成者，将推动虚实交互的二元世界形成，通过虚实交互来推动

人、物、环境、场景、资源的全生命周期、全场景的成长和发展，使得虚拟世界与现实世界形成闭环，最终实现虚拟世界与现实世界的融合。随着人类社会行为的二元化，从生活消费到工业制造所有的能源消耗作业，都将会出现相应的分布式削减。这将极大助力实现碳中和，是元宇宙最有价值的运用之一。作为致力于新能源行业探索与发展的工作者，我们是持积极态度的，本书在此方面深入地研究与探索，具有明确的学术及社会意义。

——钟发平 全国人大代表，先进储能材料国家工程中心主任、首席科学家

未来几十年，元宇宙、碳中和确实是最大的机会与挑战。哪个企业觉悟了、看准了、行动了，就将面貌一新，否则将陷入被动。元宇宙与碳中和互相制约，同样也是机会。这本书的"寻宝图"值得认真看看。

——姚余栋 大成基金首席经济学家、中国人民银行金融研究所前所长

当今科技日异月殊，元宇宙的能量已不容忽视。该书站在科技最前端以超前的眼光敏锐捕捉到元宇宙在碳中和方向的无限发展潜能，描摹了元宇宙推进碳中和实现的丰富场景，以元宇宙赋能未来中国的绿色发展。我相信元宇宙将发出这个时代的最强音，为世界再一次带来翻天覆地的变化！

——柳志伟 清华大学五道口金融学院港澳校友会会长、华科资本董事长

2010年代的移动互联网风口之后,市场一直呼唤再来一场像模像样的风口,以振奋沉闷下行的经济。元宇宙出现后虽不时有争议之声,但的确是移动互联网以来,各种曾经风口的集大成,显露出改变互联网生态、改变生产生活方式之相。碳中和是人类为生存和发展必须"埋"的单,同样会从根本上改变生产生活方式、拉动科技进步、带来巨大的投资和市场需求。越来越多人相信,元宇宙与碳中和在未来会是"大且长"的风口,但两者将如何互相影响、发生怎样的化学反应,是我急切地想拜读这本书的原因。

——柳建尧 广东省科学院控股有限公司董事长、
中国科技出版传媒集团原董事长

元宇宙、碳中和是改变未来30年人类生产生活方式的两大主题。《元宇宙与碳中和》书把这两大主题放在一起,既带给我们哲学思辨的深度思考,也带给我们技术跨界的融合创新,更有可能带给我们对未来产业风口的想象空间。我希望每位读者都能从中有所感悟,读出新意,读出机遇。

——娄毅翔 中关村产业研究院院长

元宇宙是基于信息技术和数字技术不断创新进步并与经济社会发展深度融合后产生的新概念,可能是人类社会面临的一种新生产、生活形态。恰恰是因为数字技术在元宇宙状态中具备的基础性地位,将毫无疑问在经济社会发展方式的低碳转型中发挥极其重要的作用。我们如今能够看到并想象到的人类虚实融合生活方式、绿色低碳能源构建、基于互联网或物联网的生产制造、文化娱乐和教育等,不仅会大大提高质量和效率,还会减少碳排放而有利于碳中和,这是一个已然发生并令人充满期待的数字生态文明新时代。熊焰先生领衔所著的《元宇宙与碳中和》,描绘阐述了元宇宙如何通过数字技术的广泛渗透,推进各重要领域的数字化元宇宙实现并促进碳中和,值得感兴趣的读者阅读并延申思考。

——徐林 中美绿色基金董事长

科技进步和环境保护是文明发展的两大主题,元宇宙将把人类代入现实与虚拟交相辉映的新天地,而碳中和是保护人类生态环境的时代使命。拥抱元宇宙、拥抱碳中和就是拥抱未来。熊焰先生在本书中以其远见卓识,启示人们更好地认识世界和预见未来,更好地参与到百年未遇的大变革之中。

——徐井宏 清华大学教授、中关村龙门投资董事长

元宇宙与碳中和是未来最具创造力的科技概念双子星。罗马俱乐部1972年发布《增长的极限:关于人类困境的报告》,元宇宙三十人论坛2022年发布《元宇宙与碳中和》,两本书前后五十年相互呼应,都是对人类命运共同体的终极关怀,我们相信元宇宙和碳中和的未来是一个广阔的天地,在那里是可以大有作为的,期待更好有志青年关注、学习和实践它们!

——徐远重 元宇宙三十人论坛发起人、
畅销书《元宇宙》作者、大三生集团董事长

最近元宇宙如火如荼,国内外科技与互联网巨头纷纷布局元宇

宙，元宇宙将给人类社会带来一种全新的体验和形态。碳中和是人类共同的使命，应对气候变化，拥抱绿色未来，涉及政治、经济、环境、产业和企业发展的方方面面。碳中和必将是人类共同命运的选择，而元宇宙作为新一轮数字技术的集大成者，对实现碳中和目标影响深远。《元宇宙与碳中和》系统地介绍了两大热点主题，清晰地阐述了两者之间的关系，观点独特、思考深远。

——徐宏灿 云南南天电子信息产业股份有限公司董事长

当我们试图找寻元宇宙与碳中和的交集，会发现汽车行业是比较容易着手的。汽车产业不仅是碳中和的核心主力，在高性能芯片、传感器、三维数字孪生和增强现实等技术加持下的智能汽车，也将成为连接物理世界与数字世界的超级智能终端。在实现元宇宙与碳中和高阶平衡的发展之路上，智能汽车和出行元宇宙必将大放异彩。

——徐俊峰 未来黑科技 CEO

元宇宙破圈前，我们用虚拟现实和人工智能融合应用赋能降本增效减少碳排放。元宇宙破圈后，我们思考元宇宙对能源需求暴增及对碳排放的影响。本书高屋建瓴、深入浅出地展现了"元宇宙＋碳中和"互促发展的美好未来！

——顾伟 维势咨询创始合伙人兼首席顾问

碳中和已经开始深刻影响和重塑中国的工业体系、能源体系，这不仅是一场技术革命，也是一场帮助"中国制造"获得国际市场环保通行证的革命，是中国实现双循环发展的重要机遇。元宇宙作为新一轮科技革命和数字经济的集大成者,未来将从硬件、软件、服务、内容等方面大幅推高数字经济占GDP的比重,就像后工业时代第三产业占比不断扩大一样。元宇宙一方面会通过数字化赋能碳中和,另一方面它所需要的庞大绿色算力,也离不开碳中和的关键支撑。《元宇宙与碳中和》一书很好地解构了两者的关系,为决定未来的这两大方向提供了携手向前的指引。

——秦朔 人文财经观察家、"秦朔朋友圈"发起人

为熊焰兄《元宇宙与碳中和》大作付梓急就《七绝》:
参差碧绿望归鸿,天地云山没远空。
石碳中和元宇宙,人间三月泼春风。

——唐双宁 文化学者、画家、诗人、书法家,中央文史馆研究员

数字科技的发展,价值观念之演变和全球性疫情使人类社会进入百年未有之大变局,而碳中和与元宇宙是这局中的相互关联的两大支柱。前者自上而下,企图为人类社会建立一个可持续发展的生存环境;后者自下而上正营造一个开放自由的新经济社会系统,为人类的创造力和生存体验提供了一个物理世界无法存在的舞台,延伸着新的价值,用户在其中可以娱乐社交、创造、消费、拥有、交易虚拟产品和数字资产,让人类的生活变得更加多姿多彩!

——唐彬 易宝支付创始人&CEO

当前数字经济新技术、新产品、新业态不断涌现,正在深刻改变着我们的生产生活方式。数字经济的未来演进将会是元宇宙的绝佳机

遇，元宇宙也将助力数字与实体经济融合。元宇宙通过信息革命、互联网革命、人工智能革命等，为人类社会实现最终数字化转型提供了新的路径。同时，数字经济领域成熟的数字技术和工具，也提高了整个社会的信息化、智能化水平以及资源配置效率，不仅有利于减少碳排放，也能进一步推进碳排放标准化体系的建设，使得各产业形成碳减排度量和测算基线，进一步推进国家"3060"目标的实现。数字经济时代下，元宇宙和碳中和这两个伟大叙事的相遇又将碰撞出怎样的火花呢？这是一本值得期待的书！

——聂智 国网综合能源集团融合创新中心主任

元宇宙与碳中和确实是可以深度融合的两大体系，对人们生活质量提升和产业健康发展都有重要意义，本书阐明了元宇宙与碳中和的关系，并对两者融合后的发展情况进行了畅想。作为北京环保大使和奥运艺术家，我推荐这本书，期待能让大家有所收获。

——高敏 奥运跳水冠军 北京星能公益基金会理事长

元宇宙像一朵五彩的祥云，碳中和像一座翠绿的青山，满载着人们对未来美好生活与美好社会的憧憬和向往。这是巨大的挑战，也是极为难得的机遇。我们以满腔的热情、积极的态度、创新的工作，塑造好这朵祥云，描绘好这座青山，不但可以加速实现民族复兴，而且能够为人类的发展做出更大贡献。

——高旭东 清华大学经管学院教授

现在的世界有很多好书，《元宇宙与碳中和》是我当下最喜欢的一本。通过阅读，让我首次将近期最火爆的两大话题元宇宙与碳中和连在一起，脑洞大开。本书易读、生动、深刻又有创意、旁征博引，充分展现了元宇宙的思维与碳中和的逻辑。如果你和我一样，也想知道如何推动元宇宙与碳中和融合的话，就一同拿起这本书吧。

——高群耀 移动电影院创始合伙人、微软（中国）公司原总裁、香港中文大学管理学院兼职教授

熊焰把看似不甚相关的两个事物紧密的结合在一起，本身就是一种敏锐的洞察力及鲜活灵动的创新思维体现。元宇宙是新一百年里创新的主赛道之一，电力支撑下的元宇宙，必然面临能源供给问题，而碳中和是未来近半个世纪的国家战略。两者之间相辅相成、螺旋式递进。相信未来大量的技术创新会基于此而源源不断地产生，从而改变我们的世界。

——贾东明 中国技术创新有限公司董事长

2015年《巴黎协定》签订以来，全球承诺在21世纪中叶左右实现净零排放，越来越多的国家给自己定下了"硬指标"。我国作为碳排放大国，提出"3060"战略目标，是我国为转变经济发展方式，走低碳绿色发展道路定下的基调。但实践证明，仅通过减少化石能源使用和扩大森林覆盖面积很难实现碳中和，我们还必须鼓励科技创新。因此，我国必须转变工业发展模式，借助区块链、人工智能、大数据、5G、工业互联网等新一代技术，推动重点行业走低碳化发展道路。而本书创造性地融合了元宇宙+碳中和双主题，通过论证二者之间的双向互建关系，指出元宇宙是碳中和的最大工程和最强工具，而

碳中和是元宇宙的最大制约和最强支撑。在元宇宙＋碳中和的新赛道中，一切为了更好的发展。此书值得期待！

——钱亚旭 西南交通大学美国研究中心研究员、
广东卫视《全球零距离》评论员

纵观人类漫长的发展史，世界上许多重大事情的发生都是从创新开始，元宇宙与碳中和是认知革命和技术革命的集中缩影。元宇宙恰似一场技术革命，从技术出发走向主观体验，实现精神世界的延伸。碳中和则更像一场社会认知革命，用更高的人类文明形态追求、推动前沿技术的发展。让技术服务于人，让算力算法释放应用之美，让人文精神支撑科学主义，让人类更加理解自己创造的世界。

——姬晓晨 影谱科技 CEO

元宇宙作为互联网革命＋人工智能革命＋虚拟现实技术＋物联网技术＋区块链技术的一个全新生态，发展的核心约束在于能源。而碳中和作为 21 世纪以来影响最深远的全球性发展目标，其实现将成为元宇宙生态系统稳定性的坚实保障。元宇宙也将连接数字世界与物理世界，驱动能源流、碳流、信息流和价值流四流融合，为碳中和提供更高效的减排路径。

——黄俊 势能资本创始人

伴随着数字科技创新的浪潮，以及诸多巨头入场，无论是自创业务部还是收购，都已经完成了在元宇宙与碳中和两大赛道的布局，追赶时代潮流。《元宇宙与碳中和》一书从全局的角度切中肯綮，涵盖

了这两个赛道的可能性，是对行业理解、未来愿景的一部著作。

——黄昊文　科复时代总裁

实现"双碳"目标是一场全球范围广泛而深刻的社会变革。基于下一代互联网 Web 3.0 之上的元宇宙，伴随人工智能和数字人将全面深刻改变人类工作和生活方式。"双碳"目标和元宇宙，涉及一系列法律法规的变化与调整，包括知识产权、经济与治理、隐私与安全、家庭与社会伦理等领域。《元宇宙与碳中和》这本书为大家很好地解构了这两大变革带来的全新挑战和机遇。

——梅向荣　盈科律师事务所全球董事会主任

在虚实结合的信息构建层次中，这本书充分诠释了以碳中和为目标的能源革命和以元宇宙为终极形态的社会革命之间的交融与创新，将会对关乎人类文明世界中所存在的生产和消费方式产生巨大影响。如何将碳资产货币化，甚至数字化、虚拟化、资产化发挥其交易属性，同时又在虚拟的交易空间中，实现碳排放与能源管理双驱动等等，都是一个值得深刻思考的问题，这也是新时代数字经济与绿色经济在发展过程中所正在面临的重大挑战与机遇。

——游延筠　深圳绿米联创科技有限公司 CEO

元宇宙与碳中和是人类在物质层面和精神层面发展过程中面临的挑战与机遇。元宇宙是人类对自己想象力、意识呈现的反映，其最高境界是虚实高度结合，无缝衔接和转换，高效健康地服务人类生活，助力实现人类美好愿景。碳中和着眼于气候变化，过度的碳排放是全人类共同面临的生存危机,全世界必须改变资源消耗型的生产与生活方式。《元宇宙与碳中和》从全局的角度切入这两个赛道,是很好的系统学习手册,可以让我们概览这两大技术浪潮的基本情况,把握趋势和方向,找到我们自己的破局点。

——梁崇智 华快光子董事长

元宇宙、碳中和是未来几十年最大的发展机会和科研方向。我们哈工大的科研力量要向这两个方向聚集。元宇宙不仅是人类向内探索精神世界的宏大舞台,更是帮助人类向外太空探索星辰大海的强大基地。碳中和事关中华民族长期生存发展,是构建人类命运共同体应有之义。感谢熊焰校友给我们启示。

——曹喜滨 中国工程院院士 哈尔滨工业大学副校长 教授

元宇宙如何赋能产业?碳中和的战略目标如何实现?《元宇宙与碳中和》一书创意十足。联合作者之一的亿欧智库王彬总是我多年好友,他对前沿领域保持着敏锐洞察,他将自己独创的方法论在这本著作中无私地与读者分享。拥有元宇宙与碳中和技术,同时也就率先拥有了通往未来的护照!

——谢意 路凯智行 CEO

在我看来,元宇宙远不是单纯的虚拟现实世界,而是充满了新机遇的沃土、具有无限可能性的"新大陆",是浩瀚磅礴的人类思维与前沿科技的结晶。在元宇宙中,我们在现实世界的所见所得将全方位的迁移,人类将建立物理与数字的全新链接,展开全新生活。而碳中和是另外一项将对社会方方面面都会产生深远影响的系统性工程，它关系到人类共同命运、代际利益平衡、国民经济发展和个人观念优化。在阅读由熊焰、王彬、邢杰共同编写的《元宇宙与碳中和》之前，我本认为这两大时代主题将各自平行发展，而本书别出心裁，构建以能量为经，数据为纬的坐标系，简明扼要地诠释了未来元宇宙将是在碳中和约束下的"高能、高数据"世界，视野之新颖令人叹为观止。

"君子之为学，以明道也，以救世也"。本书作为一部"明道"之作，我在此郑重向大家推荐。

——彭志强 盛景网联董事长

元宇宙是以数字身份参与的三维数字社会，它是我们下一代数字体验的容器。它不仅推动了数字经济向前发展，也大大地优化了经济效率，是我们在实现碳中和路上的关键一步。

——彭俊熙 位形空间创始人

王阳明说"有心俱是实，无心俱是幻；无心俱是实，有心俱是幻"，正是元宇宙的写照。碳中和则是中国作为负责任大国的庄严承诺。书乃医愚之良药，相信这本佳作，能帮助我们了解：抓住碳中和这个"心"，则无论是"实"还是"幻"，都是绿色元宇宙、低碳元宇宙。

——彭爱华 微软最有价值专家、阿里云最有价值专家、
腾讯云最具价值专家

元宇宙是想要构建一个虚拟而又真实的人类社会，碳中和是要构

建一个可持续发展的现实人类社会,这二者都是对人类社会发展的期许。元宇宙是人类精神家园建设的创想,碳中和是人类现世界建设的行动目标。本书向我们预示了当这两个目标相结合时对我们生活可能的影响,从一个全新的视角阐述可能的新机遇,可以让我们脑洞大开,受益匪浅。

——景晓军 任子行网络技术股份公司董事长

碳中和是现实世界的关键目标,元宇宙是虚拟世界的未来形态,那么现实世界的目标如何通过虚拟世界来实现?虚拟世界的发展又如何依托现实世界来支撑?《元宇宙与碳中和》一书重新定义了元宇宙的认知框架,解构了碳中和的发展过程,本书采用严谨的逻辑闭环和简洁生动的语言刻画了元宇宙与碳中和互相制约、互相融合的"双螺旋"状态,在读者脑海中直观的呈现出新的社会形态,启发人们对未来新技术、新机遇的探索与思考。

——路明 蓝茵建筑数据科技(上海)有限公司总经理

未来的热门趋势正是能将元宇宙的实现融合碳中和,本书不仅研究融合元宇宙与碳中和两大热门趋势,还很有创见地探索了两者协同赋能的前景。作者观点独特,内容扎实,对相关技术进行了细致解读,再结合专家访谈和学术论文,提供了丰富的思维养分,激发了我们对未来场景与应用的思考及想象。

——简仁贤 竹间智能 CEO

元宇宙、碳中和无疑是当下最火的两个话题,一个需要天马行空，发挥想象力；一个需要脚踏实地，稳步扎实。两者表面上属于不同的领域，却又能体现出虚实结合的更高层次，两者到底通过什么样的方式深度结合，本书将为你揭晓答案。

——赖能和 教授级高级工程师、中石油集团东方地球物理数据中心原总工程师

碳中和涉及一系列能源结构调整、技术进步、发展方式转变，是系统性革命。元宇宙既是新一轮科技革命的集大成者，又是承载人类虚实融合工作和生活方式的全新社会形态。这两股历史性变革力量的汇聚，将重塑国内外经济、技术与产业格局，孕育出前所未有的宏大机遇。

——管清友 如是金融研究院院长

有限游戏在于赢得胜利，无限游戏则以游戏永远进行为目的。无论是碳中和还是元宇宙，其本质都是为了让人类社会永续发展。而这背后，推动力一定是科技。利用元宇宙强大的仿真优化、AI能力，把数字世界爆发的生产力输出到现实世界，解决产业中的实际问题，提升社会总体生产力和运行效率，进而助推经济的绿色转型。这也是我们作为家居工业软件服务商努力的方向。

——蔡志森 三维家CEO

元宇宙与碳中和是新时代的两大支柱。

目前大家对元宇宙的认识还是普遍停留在概念的层面。虽然如此，现实需求的推动，特别是新冠肺炎疫情让很多发布会、演唱会、毕业典礼、告别仪式等需要人们聚集的场合都进入了虚拟世界中，远

程医疗和手术也已经变为现实。从技术层面来看，云计算技术、高速通信技术包括 5G 和 6G 这样的低延时技术以及 AI 技术的发展、AR 和 VR 技术的普及、脑机接口等人机交互技术的发展，均为元宇宙的实现奠定了技术基础。

碳中和则是为了改善人类的生存环境、减少温室效应、改善气候环境、保证可持续发展的重要办法。为减少二氧化碳排放，各种技术也在新时代应运而生。这是很现实的问题，与元宇宙的飘渺成为鲜明的对比。

此书把元宇宙与碳中和这两个具有鲜明对比性的问题共同讨论，对帮助人们深刻地理解这两个时代性的问题有着重要的意义。

——蔡国雄　国家电网中国电力科学研究院副总工程师、
全国政协委员、原北京政协副主席

元宇宙、碳中和离我们的生活越来越近了。碳中和是全人类当前面临的最大挑战之一，但与所有挑战一样，对很多企业来讲同样也蕴含着巨大机遇；而元宇宙更是一个令现实世界无限期待的新空间、大未来。元宇宙与碳中和吸引了太多创业者的目光，两大领域间的融合以及与各行各业的融合，又会带来什么新赛道机会？相信你也会像我一样，迫不及待想要阅读本书。

——熊国平　优剪创始人

元宇宙与碳中和共同代表了人类对未来世界的美好畅想，牵引着社会、经济、生态、科技的多层次变革。作为零碳循环产业实践者，我们非常乐见作者将元宇宙与"双碳"的融合发展趋势进行了生动而深刻的分析。奇思妙想正变成现实，对于有意拥抱新时代的读者来说，本书值得一读。

——廖清新　箱箱共用创始人兼 CEO

数字经济和碳减排都是人类社会发展的重要方向。元宇宙将打开一个数字平行世界，改变人们的生活方式，进而改变人们的生产方式和社会分工。碳中和目标的实现，也将逐步改变物质世界的生产方式，提高人们的生活质量。熊焰先生能够将这两个前沿话题放在一起讨论，不但是一件很富有创意、很有趣的事，而且一定能够对我们更好地思考人类未来带来很多启发。

——滕泰　万博兄资产管理公司董事长　万博新经济研究院院长

碳中和是人类可持续发展的大战略，对中国产业的转型和升级是挑战，更是机遇。元宇宙时代需要巨大的算力资源，其背后对绿色能源的巨大需求，离不开碳中和的关键性支撑。同时高度数字化和智能化的元宇宙，又能对碳中和全产业链全面赋能，加速碳中和高效、高质地实现。《元宇宙与碳中和》这本书为大家很好地诠释了这两大战略机遇及其相互关系，为官产学研各界提供了清晰的指引。

——滕斌圣　长江商学院副院长战略学教授

从历史角度和国际化视野看待元宇宙及碳中和这两大历史性机遇和挑战，会让我们更好的把握全局、把握未来。碳中和是人类迈向数字文明的一把绿色钥匙，元宇宙是数字化、智能化的新阶段，是人类虚实融合的新时代。在技术迭代如此迅猛的今天，人类发展正处于史诗级新文明演化的质变期。《元宇宙与碳中和》这本书堪称"及时雨"，滋润着人们探索前进方向的思路。

——潘庆中 清华大学苏世民书院常务副院长教授

元宇宙与碳中和是正在给当今世界经济和社会生活方方面面带来全域覆盖和创造性变革的两大主题，是国内和海外股票市场最为关注的热点话题。正如DNA双螺旋结构揭示生命密码一样，《元宇宙与碳中和》一书善用双螺旋结构，发现了打开未来财富大门的密码，能助读者开卷有益。

——霍达 招商证券股份有限公司党委书记、董事长

此书用科学语言对元宇宙与碳中和准确解释，并对在"双碳"目标下如何融入元宇宙给予了前瞻性指导与启发，对促进经济高质量发展很有指导意义。本书具有非常好的科普和实用指导价值！

——薛道荣 北京道荣合利科技集团董事长

认知，尤其对新事物的认知，是决定人生的关键因素之一。本书将帮我们建立关于碳中和、元宇宙两大新事物的认知架构。作为能源数字化领域的实践者，我认为两者都是人类追求美好生活的选择，都将带领我们走进一个新纪元，期待两者发生奇妙的化学反应。

——戴震 能链创始人、CEO

碳中和目标宏伟，任务艰巨，上下都要做好长期持续艰苦的工作准备。实现碳中和目标要靠各级政府的决心，更要靠市场机制和技术

进步，作为最新信息技术集大成的元宇宙，对实现碳中和目标有着极为重要的作用。感谢作者把元宇宙与碳中和两大概念结合在一起，给我们以生动深刻的启示。十二年前熊焰以一本专著《低碳之路》点燃了低碳发展的星星之火，相信这本书将再次点燃碳中和与前沿科技发展的熊熊火焰！

——戴彦德 国家发改委能源所原所长

元宇宙与碳中和研究院简介

元宇宙与碳中和研究院(以下简称"研究院")是在中国产业发展促进会指导下,由元宇宙三十人论坛、碳中和国际研究院(苏州)、哈尔滨工业大学数字经济研究中心发起设立的,旨在打造中国元宇宙与碳中和融合领域研究与应用的高端智库、产学研政金综合服务机构、合作交流传播平台。

元宇宙是新一轮科技革命的集大成者,是数字经济未来的引领者,是新产业变革的驱动者,承载着人类命运共同体的未来。碳中和是人类命运共同体的保障,是可持续发展的关键,是国家确定的中长期战略,是我们必须实现的目标。

研究院将汇聚国内外产业界、学术界、科研界、政界、金融界等各领域一流的专家、团队和机构,致力于元宇宙与碳中和最前沿、最具应用价值的交叉融合研究和应用推广落地。尤其是对元宇宙全方位赋能碳中和、碳中和关键性支撑元宇宙相关的课题、技术、产品、解决方案的研究、挖掘、推广和应用。

研究院还将推出系列白皮书、公众号、系列论坛和峰会等。

元宇宙三十人论坛简介

元宇宙三十人论坛,是具有国际影响力的数字经济领域综合性智库平台,联合了各领域具有前瞻性及探索精神的科学家、经济学家、产业专家、企业家共同发起。论坛汇集了来自全球政府机关、研究机构和商业机构的中坚力量,围绕中国与全球数字经济发展的重点、焦点问题,每年组织前沿课题研究,定期召开闭门研讨会、大型峰会、国际交流会等,形成高质量研究成果,并出版系列图书。论坛致力于推动中国与全球元宇宙产业创新实践,为中国经济转型和高质量发展以及探索数字时代的全球治理做出贡献。

《元宇宙与碳中和》编委会

(按姓氏笔画为序)

王思晗　王　彬　王　健　王　辉　车佳伟　代志明
邢　杰　刘　嘉　刘　媛　刘　鑫　李　济　陈志坚
陈佳娜　夏修齐　陶艳梅　黄传星　黄　伟　焦天一
程苑芬　傅紫婷　熊　焰　樊东平